FINANCIAL INNOVATION LAW REVIEW

金融创新法律评论

2017年第 2 辑 · 总第 3 辑

中国政法大学互联网金融法律研究院 主办

李爱君 主编

法律出版社
LAW PRESS · CHINA

《金融创新法律评论》编委会

序

从20世纪50年代开始，特别是进入70年代以后，随着科学技术的发展并广泛运用于金融业，导致金融业的金融市场、金融工具、金融交易模式和金融服务方式等方面的创新。尤其，随着网络技术的发展，金融业在传统的业务活动和经营管理方式上进行了革命式创新，金融创新模糊了各类金融机构的界限，以及民间金融与正规金融的界限，同时加剧了金融业的竞争，给金融业带来了不稳定性，甚至导致系统性风险。2008年由美国引起的金融危机就充分证明了这一点。

进入21世纪，随着网络技术的发展与成熟，我国各类金融机构利用网络技术对金融市场、金融工具、金融交易模式和金融服务方式不断创新，同时，民间金融的各种结构化创新更是层出不穷。这些创新也同样引发了风险事件，使公民财产遭受严重损失，甚至影响金融稳定与经济发展。

金融发展史已充分证明，金融创新对金融发展和经济发展有积极推动作用，同时也存在不可低估的负面效应。克服与减轻金融创新的负面效应是发挥创新积极作用的前提，因此，各国都是通过制定不同的政策与法律制度予以规范。例如，金融创新对货币供求的不利影响，可以通过完善宏观调控来抵消；对货币政策实施效果的不利影响，可以通过中央银行的监管创新来消解；对系统性风险、区域性风险，可通过制定宏观审慎性与微观审慎性金融监管制度来防范；对经营风险和突破法律法规的行为，可通过金融监管和司法来控制。因此，政府在鼓励创新的同时，要不断根据创新过程中出现的问题调整政策和策略，加强金融监管和立法，消解金融创新的负面效应，保证金融市场的健康发展。

《金融创新法律评论》以探讨消解金融创新负面效应的法学理论、推进相关法制建设为己任，宗旨是发挥中国政法大学法学优势学科的力量，集高校、科研、立法、司法、金融监管等部门及各领域法学专家、学者的智慧，打造一个相关理论探讨和法制建设的智库平台，为我国的金融创新与经济发展贡献才智和力量。

衷心祝愿《金融创新法律评论》成为金融创新法治化的助推器。

时建中*

2016年9月20日

---

* 中国政法大学副校长，教授、博士研究生导师。

前言

法律是人性中所蕴含的最高理性，告诉人们所应做之事，禁止人们所不应做之事。

——罗马法学家西塞罗

熊彼特将金融创新分为五类，第一类是新技术在金融业的应用；第二类是国际市场的开拓；第三类是国内和国际金融市场上各种新工具、新方式、新服务的出现；第四类是银行业组织和管理方面的改进；第五类是金融机构的变革。根据熊彼特对金融创新的分类，21 世纪随着科学技术，尤其是网络技术与信息技术的发展，促使金融业在金融机构、金融业务、金融工具、金融市场等方面全方位的创新。网络技术与信息技术引入金融业，使金融业务发生了巨大的变革，如改变了传统的金融业务处理手段和程序，存、贷、取、汇、证券买卖、市场分析、行情预测乃至金融机构的内部管理，均通过网络与信息技术处理，电子化资金转移系统、电子化清算系统、自动付款系统、微信支付、电子钱包等创建，形成了国内外纵横交错的电子网络化资金流转网络，金融和经济信息的传递、储存、显示、记录、分析均借助电子信息技术的处理，各种金融交易也普遍使用网络与信息技术进行报价、撮合、过户、清算……网络与信息技术正在把各种金融业务织进一张巨大的网中。在我国不仅传统金融机构利用网络与信息技术进行创新，民间金融与网络与信息技术企业也翻天覆地进行结构设计从事金融服务。无论是传统金融还是民间金融，利用网络技术与信息技术不是与金融简单的嫁接，是采用新技术和方法，改变原有金融体系基本要素的搭配和组合而提供新的金融功能的过程，其目的是要形成新的流动性、营利性和安全性重组，从而提高金融效率，但同时也随之加剧了原有的风险或带来了新的风险。其中，网络技术与信息技术的金融创新风险产生的最重要的原因是制度与技术的二重性。制度与技术是推动经济增长的两个重要力量。对于一国的金融体系来说，它们的作用在于，使金融体系的最基本功能得以充分发挥，如金融体系的跨时空配置资源必然蕴藏着不确定性，但通过一系列契约安排和新兴技术的运用对这种不确定性加以控制，就可以有效降低资源配置过程中的交易成本。但由于人们的有限理性等原因，契约的不完备和技术运用的不合理在所难免，又产生新的不确定性因素。不确定性因素是金融风险产生的根源。可见，从金融风险产生的内部机理来看，利用网络技术与信息技术进行的金融创新具有制度与技术的二重性特征。因此，金融创新的风险就要通过法律制度的安排来防范，同时这也是由法律的安全价值所决定的，安全是法律持续性的制度安排与价值追求，成立法律的核心是保障金融的效率、秩序与安全。**“法律的存在，就在于给人们的生活提供方便，或者说给当下的行为以确定的（就义务而言）或可选择的（就权利而言）指向；给纷乱杂的生活世界一个规范性的确定，对人们未来的行为以明晰的可计量的预期。”因此，**金融创新应在法治的轨道上进行创新，进而维护**金融业的长期、稳定、规范化发展。**

李爱君

2017 年 2 月

目　　录

研究生论坛

特约稿

区块链的能与不能

温信祥[*] 张 蓓[**]

2014年在比特币横空出世后5年，其背后的区块链技术的热度开始超过比特币本身。为了这个看起来直白到不甚优美的技术概念，不少机构投下重金，一些研究者称其将改变经济和社会。本文拟从区块链与比特币、区块链的能与不能、中心化与去中心化、技术规则与法律规则、治理与监管、中央银行和商业银行等几个角度对区块链进行分析。

一、区块链与数字货币：技术与应用

区块链是伴随比特币热起来的一种技术。比特币作为数字货币，要具有可以传递的价值，就必须解决信任问题。以往的信任是通过中心化的方案来实现的，即通过某个公司或者政府信用作为背书，将所有的价值转移计算放在一个中心服务器中。比特币的创始人中本聪通过分布式账簿提供了一种去中心化的解决方案，即区块链。

在这个体系中，货币的拥有权由公共总账来记录，并由加密协议和挖矿社区来确认，具有分布式、去中心化、去信任化、不可篡改、加密安全性等特征。正是由于区块链很好地解决了数字货币中的“双花”和“拜占庭将军”难题，以比特币为代表的数字货币在一定范围内快速发展起来。

所谓“双花”难题，是指在区块链加密技术出现之前，加密数字货币和其他数字资产一样，具有无限可复制性，如果没有一个中心化的媒介机构，那么人们就没有办法确认一笔数字现金是否已经被花掉。因此，在交易中必须有一个可以信贷的第三方来保留交易总账，从而保证每笔数字现金只会被花掉一次。中本聪通过使用区块链盖时间戳并发布全网的方式，保证每笔货币被支付后，不能再用于其他支付。当且仅当包含在区块中的所有交易都是有效的且之前从未存在过的时候，其他节点才认同该区块的有效性。

---

* 任职于中国人民银行金融研究所。

** 任职于中国人民银行金融研究所。

本文只代表作者学术研究观点，不代表所在单位意见。本文原载《财经》杂志2016年第16期。

而“拜占庭将军”难题，是指东罗马帝国时期，几个只能靠信使来传递信息的围攻城堡的联盟将军，如何防止不会被其中的叛徒欺骗、迷惑从而作出错误的决策。

为了解决这个问题，数学家设计了一套算法，让将军们在接到上一位将军的信息之后，加上自己的签名再转发给除自己之外的其他将军。在这样的信息连环周转中，将军们可以在不找出叛徒的情况下达成共识，从而保证得到的信息和作出的决策是正确的。

区块链技术不仅可用于数字货币，还有其他更广泛的用途。货币范围的应用被称为区块链 1.0，主要解决货币和支付手段的去中心化问题。

早在比特币创建之初，中本聪就考虑让其具有可编程的特征，从而可以支持多种交易类型。以此为发端，区块链技术的应用范围超越了数字货币，区块链 2.0 可用来注册、确认和转移各种不同类型的资产及合约，如各种金融交易、公共记录、私人记录，从而更宏观地对整个市场去中心化。区块链 3.0 则进一步超越了经济领域，可用于实现全球范围内日趋自动化的物理资源和人力资产的分配，促进科学、健康、教育等领域的大规模协作。

可以说，区块链因比特币而为人们所熟知，但区块链比比特币走得更远。区块链是一种中性的技术，而比特币是其一种应用形式。

正如中金公司分析报告中所称，“比特币因其剧烈的价格波动和与犯罪相连的坏名声，2009 年诞生至今仍远未进入主流。作为比特币背后的架构协议，区块链越来越受到广泛关注”。英国政府科学办公室的报告《分布式账本技术：超越区块链》也指出：“关键不在于这项技术自身是好的还是坏的，而是这项技术有什么应用场景？为什么而设？如何应用？有什么相应的安全措施去避免可能带来的问题？”

二、区块链的能与不能：优势和局限性

2014 年以来，区块链技术已被与比特币分离看待，越来越多的企业、政府机构等开始对区块链这项技术感兴趣，也有越来越多的资本投入区块链应用的研究开发中去。不仅相关的创业公司不断涌现，而且传统机构也纷纷开始内部研究、外部联盟，布局区块链。

区块链之所以受到追捧，与其特点和优势是分不开的。根据英国科学办公室的定义，区块链是一种数据库，它将一些记录存放到一个区块里（而不是将它们收集到一个单一的表格或者纸张上），每一个区块使用密码学签名与下一个区块“链接”起来，可以在任何有足够权限的人之间进行共享和协作，采用“共识算法”来共同协作维护账本的真实性。

上述特点使区块链技术具有如下优势：一是去中心化。这意味着不需要一个可信的第三方，也意味着至少要攻击 51% 以上的节点才能破坏整个网络。

二是数据难以被篡改。首先，采用哈希算法通过单向数学函数检验是否有人试图篡改信息。其次，每个节点都能获得完整数据库的拷贝，任何试图篡改数据库的行为都显而易见。最后，采用工作量证明机制等方法来保证诚实的链条以最快的速度延长并超越其他竞争链条。如果想要对已出现的区块进行修改，则需要拥有超过全网 51% 的算力，这使作伪的成本会高于预期获得的收益。

三是去信任化。参与系统的每个节点之间进行数据交换无须互相信任，整个系统的运作规则是公开透明度，所有的数据内容也是公开的，因此，在系统指定的规则范围和时间范围内，节点之间不能也无法欺骗其他节点。

四是透明性与私密性相一致。账号全网公开而户名隐匿。

五是中立性。以比特币为例，任何人都可以使用比特币，而不受到文化、语言、宗教、地位、政治制度和经济区域限制。这意味着那些没有银行账户或者不能充分获得金融服务的人群能够在低技术的环境下使用比特币。

从金融领域来看，在银行、证券、保险领域已有一些应用实例。例如，Ripple 为金融机构提供跨境支付和外汇市场做市的区块链解决方案，可以提供 7×24 小时的全天候实时支付服务，一般几秒就可以完成交易，还可以通过算法寻找最优价格成交，提高效率、降低成本。美国纳斯达克（NASDAQ）与区块链初创企业 Chain. com 合作，正式上线了用于私有股权交易的 Linq 平台，2015 年 12 月 30 日在该平台上完成了第一笔股票发行。劳合社开始了名为“Target Operating Model”的现代化计划，包括由区块链驱动的交易室和以代币为桥梁的保险市场联盟，这种由区块链驱动的交易室可以使国际保险公司更安全便捷地参与全球分保、再保交易，而无须中间方。

从经济领域来看，区块链在物联网、共享经济、资产鉴定等方面的应用都有一定的进展。例如，2015 年建立的“Everledger”，是一个基于区块链技术的钻石数字账本，它可以为每一颗钻石建立一个数字“护照”，记录来源、跟踪所有权，并能够使用智能合约将钻石销售和传输的条款和条件相关联，从而自动执行合约。

在政府行政领域，区块链技术在发达经济体和发展中经济体都有应用空间。

波罗的海边的爱沙尼亚，人口只有 130 多万人，但却是世界上使用国家级公钥基础设施（Public Key Infrastructure，PKI）最多的国家。爱沙尼亚自 2013 年起采用区块链技术用于公民身份信息和企业信息管理。居民可以使用 PKI 领取处方药、投票、登录网上银行、查看子女教育记录、申请政府福利、报税、提交遗嘱、申请入伍等，功能多达 3000 多项；企业凭 PKI 身份可申请执照、提交财务报表、发布股权文书等；政府官员则用 PKI 加密文件以便进行安全通信、审核批准许可等，内阁会议成员使用 PKI 审查议程、投票表决并审核纪要。

英国对区块链技术也有浓厚的兴趣，政府科学办公室、英格兰银行等机构对区块链进行了深入的研究，英国政府赞助了“数字化五国”（D5 group of nations）项目，该项目旨在通过数字化改善公共服务的质量，成员包括英国、以色列、新西兰、韩国和爱沙尼亚。

但是，这并不意味着区块链技术不存在局限性。最早最大的区块链，比特币区块链存在区块容量限制、确认时间长、能量消耗大等缺点，限制了其商业应用。近年来，一些企业和机构开发出其他区块链协议，以权益证明、股份授权证明等机制取代费时费力的工作量证明机制，提高交易速度，降低能耗。

即便如此，区块链在应用中仍然面临一些挑战。

一是信任问题。尽管用户不需要信任交易中的另一方或任何中心化的媒介机构，但是需要信任区块链协议下的软件系统，大众可能仍然需要权威机构为之背书。区块链技术去中心化和不可篡改的特性是有限的，更多的是在私有链和联盟链层级上实现去中心化，还有更高层级的机构或系统可以对整个区块链进行把控。

二是技术鸿沟。有能力在互联网上安全使用区块链技术和无能力人群之间存在鸿沟。要解决这个问题，系统必须设计成“傻瓜式”，用户不需要了解太多关于这个系统的知识也能良好地使用这个系统，且系统能明确地向用户展示出其功能和带来的结果。

三是安全性。尽管破坏区块链系统需要攻击51%以上的节点难度较高，但攻击者可能转而攻击使用的个人，如侵入个人的钱包或攻击相关平台。

四是存在隐私挑战。用户与钱包之间的别名身份在匿名性上其实是很弱的，加上比特币区块链交易的透明性，任何人可以通过观察区块链得出关于某事的结论。

五是与现有应用技术以及使用习惯的平滑接轨。由于存在路径依赖，旧的观念可能制约新模式的产生。现有应用技术有一定的客户黏性，区块链技术要得到广泛接受，就必须克服既有的路径依赖。

六是技术规则可能缺乏现实世界中所需的必要灵活性。例如，中金公司的分析报告就提到了目前的区块链在改造金融基础设施中存在的不足，包括事后不可追索、无法以净头寸结算、无法融券、交易令牌与实物资产匹配不足、智能合约自动执行可能形成自我加强的反馈环导致金融不稳定，等等。

这些障碍，有些可以通过区块链技术的发展得以解决，有些也许需要区块链之外的其他技术才能解决。区块链并不是万能的，经过成本收益比较，部分领域更适宜使用区块链技术。例如，DTCC发布报告称，区块链特备适用于证券发行和后续服务、清算、教授结算、复杂金融合约的交易、记录和对照以及抵押品管理等。

历史经验表明，技术突破性发明从实验室走向商用普及，存在一个“30年法则”，即技术的突破是需要时间积累的。区块链技术虽然受到了追捧，但多数还在研究测试阶段，同时也有其他技术与其竞争，区块链真正大规模商业化应用还有待时间检验。

三、中心化与去中心化的权衡

尽管去中心化是区块链技术的核心,但是去中心化也带来高冗余、效率低和资源浪费。

去中心化要求信息全网广播、全网记账。对于动辄每秒几十万笔的金融交易频率而言,全网广播对网络性能提出极高要求;全网记账对存储空间提出了要求。区块容量也是一个问题,中本聪设计比特币区块链时设置了每个区块 1MB 的容量限制,随着比特币发行量的增多和应用推广,导致交易时间延长,甚至高峰时一些交易请求无法成功。之后的区块链在区块容量上有拓展,但依然存在"瓶颈"。此外,工作量证明机制,即"挖矿"带来了大量的能量损耗。

为了提高效率,之后的区块链技术在上述方面做出了改进,区块链的形式多样化发展。

根据中心化与去中心化的程度,有 3 种类型的区块链,即公共链(Public blockchains)、联盟链(Consortium blockchains)和私有链(Fully private blockchains),它们之间的区别如下表所示。

三种区块链:公共链、聪明和私有链

	公共链	联盟链	私有链
中心化程度	去中心化	多中心化	中心化
参与者	任何人自由进出	预先设定、具有特定特征的成员	中心控制者制定可以参与的成员
信任机制	工作量证明	共识机制	自行背书
记账人	所有参与者	参与者协商决定	自定
激励机制	需要	可选	不需要
典型应用	比特币	清算	内部研发测试使用

资料来源:根据公共资料整理。

公共区块链的优点已经由比特币的风行而得到体现,完全去中心化的特质可以保护用户免受开发者的影响,带来更大的网络效应,其所提倡的自由、中立和开放受到了很多人群的欢迎。

相比公共区块链,联盟区块链和私有区块链在效率和灵活性上更有优势,主要体现为以下几点:一是交易成本更便宜。交易只需被几个受信的高算力节点验证就可以了,无须全网确认。二是节点可以很好地连接,故障可以迅速通过人工干预来修复,并允许使用共识算法减少区块时间,从而更快完成交易。三是如果读取权限受到限制，可以提供更好的隐私保护。四是更灵活，如有需要，则运行私有区块链的共同体或公司可以很容易地修改该区块链的规则，还原交易，修改余额等。

区块链的发展和演变很好地体现了经济金融史一再重现的中心化和去中心化的互相交锋渗透。区块链现实的应用取决于现实的需求，正如以太坊创始人所说："只有一种区块链能活下来的想法是完全的误导……一切依你所需。"

四、法律规则和技术规则

区块链受到推崇还有很重要的一点，即技术规则对行为的约束。以智能合约为例，它是账本中具有可执行属性的数据记录，其内容在特定环境下会被触发执行，触发方式有时间驱动（如抵押赎回）、事件驱动（如遗嘱执行）、条件驱动（如对赌协议）、钱货两清（如无人工厂）等。

其实，现实世界的数字化早已在进行之中，法律规则和技术规则同时在起作用，只不过区块链技术使技术规则的作用更加凸显。基于区块链的比特币显示出它们能够在没有法律规则的情况下，仅依靠技术规则来实现有效运转。网络中的每一个参与者运行着相同或兼容的软件，即界定了行为规范。

例如，参与者只能花掉自己能够用密钥证明拥有的余额；每一笔交易在被登录到账本上前需要被验证，验证者通过"挖矿"来竞争记账的机会，并获得比特币的奖励；比特币的产生数量有限制等。

技术规则有一个重大的优势，即合规成本很低——参与者仅需要使用一个合规的软件包来签发交易。这使人们可以跨越时间和空间限制，依靠技术规则而不必依托于信任来完成协作、交易等。

但是在区块链的应用中，人们也逐渐发现仅依托技术规则不能解决所有的问题。一是机器会刚性地执行规则，哪怕遵守规则会导致产生未预见的或不想要的结果。二是区块链的应用如果涉及实物资产，而实物资产又受到管辖权的法律规则约束，那么技术规则与法律规则的协调是非常重要的。三是技术规则不可能仅由数学算法进行治理，它同样是由人制订出来的，只不过形式体现为代码和软件。谁来制定软件所体现的规则，影响到技术规则所涉及的每一个参与者。这也揭示出一点，在区块链的发展中，参与技术规则的制定是至关重要的。

五、治理和监管

这个问题与上一个问题相关。所谓治理，是指某一系统参与者制定规范，保护其私人权益；而监管则是由外部机关制定规范来保护公众利益。前者既包括企业、机构内部的治理，也包括行业协会、联盟的自律。

区块链的应用在不断发展中，对于企业和机构来说，一方面要通过内部治理的优化来满足客户需求,另一方面要积极参与相关联盟的规则制定。中国企业、机构已开始了这方面的尝试。2016年2月3日中关村区块链产业联盟成立,搭建横跨大学、科研院所以及企业之间的合作交流平台,组织国内外区块链产、学、研开展合作,致力于解决会员单位在发展中遇到的技术攻关、知识产权保护、产业化等问题,打造完整的区块链产业链。

对于监管者而言,面临的任务则更加艰巨。技术的发展,使监管者必须考虑同时通过法律规则和技术规则来进行监管,从而弥补市场失灵,抵御系统性风险。

通过法律规则监管公共区块链(如比特币)面临的一个巨大挑战是其去中心化的特征,使现有的法律很难找到适用的监管对象,且很容易被绕过。一个替代的解决办法是监管那些处理比特币的企业,如交易所和钱包服务商,从而保证相关交易没有违反现有的法律规定,如反洗钱、反恐融资。

正如上面提到的,区块链技术凸显了技术规则的重要性。对于监管者来说,必须要考虑通过技术规则来监管。其实这早已有先例,TCP/IP和其他一些互联网核心协议就是政府出资的研究项目的成果。这意味着监管者在技术规则的制定上面临来自国际的竞争与合作。

六、中央银行和商业银行:金融体系的重构?

在介绍了以上一些分析视角后,我们来关注一下区块链应用最为发达的领域——金融领域。

区块链技术同时对政府机构和商业机构提出了挑战。区块链的去中心化特征,既意味着商业银行可以不通过中央银行单独完成清算,也意味着中央银行可以不通过商业银行完成货币发行。前者反映了19世纪的“自由银行制度”思想,后者则是“狭义银行”体系的具体体现。

前者的例子是R3CEV,这个区块链联盟的核心职能是制定银行业区块链技术的行业标准,探索区块链的应用,目前的创始伙伴已经超过40多个,包括花旗银行、瑞士信贷、德意志银行、摩根大通、高盛、汇丰、荷兰ING、瑞穗等。R3已经进行了多项测试,有可能在技术进步基础上形成去中心的全球交易、清算体系,并突破分割、监管限制,降低成本。

后者的例子则是英格兰银行货币政策副行长本·罗德班特(Ben Broadbent)在其《中央银行与数字货币》的演讲中提到的中央银行的资产负债表向更多的金融机构开放,甚至向非金融机构乃至家庭和个人开放,这可能导致存款从商业银行转移到中央银行。

目前,究竟形势会向哪个方面发展,还很难下结论。从历史上来看,这是一个最终由市场来选择的过程,最有效率的体系最终会取得胜利,当然也有可能是竞争促进了效率的改进，最终形成并存的局面。

七、结语

区块链技术兴起的时间不长，有不少应用目前还处在概念阶段，但其带来的观念冲击值得重视。综合上面的几个分析视角，我们有以下几个结论。

一是区块链是一种中性的技术，有一定的应用前景，但并不是万能的。区块链有优势的领域包括在大家互不相信的情况下建立信用机制；解决中心化导致的非技术方面成本过高的问题，包括管理成本、组织机构的搭建等；使信息真实透明、可追溯而可减少欺诈、腐败等。但区块链也存在不少技术"瓶颈"，有些方面甚至远远落后于现有的中心化系统。因此，在应用区块链时需要妥善评估成本与收益。

二是技术的突破是需要时间积累的。区块链技术虽然受到了追捧，但多数还在研究测试阶段，也有来自其他技术的竞争，以及路径依赖所导致的取代旧技术的障碍，区块链真正的大规模商业化应用还有待时间检验。

三是区块链虽然带来了去中心化的理念和方法，但是去中心化和中心化各有优势和缺陷，现实的应用取决于现实的需求。

四是在日益数字化的世界中，法律规则和技术规则都会产生影响，参与规则的制定至关重要。

五是监管者在法律规则之外也要关注技术规则，并须面对国际的竞争和合作。

六是区块链技术可能引起包括金融体系在内的经济社会重构，最终哪种体系被采用，是一个由市场来选择的过程，最有效率的体系最终会取得胜利。当然，也有可能是竞争促进了效率的改进，最终形成并存的局面。

七是对于区块链技术，以谨慎的态度深化研究是必需的。但政府在多大程度上、以何种方式介入却值得探讨。应该交由市场主体的，由市场主体在竞争中发展优化；应该由政府负责的，则政府应该承担责任。前者是治理，后者是监管。

关于《电子商务法(征求意见稿)》的几点修订意见

周 昀*

第十二届全国人大常委会第二十五次会议对我国《电子商务法(草案)》[以下简称《电子商务法(征求意见稿)》]进行了审议,并于2017年1月11日将《电子商务法(征求意见稿)》在中国人大网上公布,向社会公众征求意见。笔者仔细阅读了《电子商务法(征求意见稿)》全文,针对该征求意见稿的内容和若干条文,特提出以下修订意见,意在抛砖引玉。

一、电子商务法应当重点规制商事主体与商事行为

电子商务法作为商法的新兴领域,其定位应当集商事主体法、商事行为法和商事管理法于一身,而商事主体与商事行为领域则应当成为电子商务法规制的两大重要领域。

作为一种新兴的商事行为,电子商务交易的范畴十分广泛,所有适合交易的商品与服务皆在其中,这一点与普通商事交易的范畴基本相同,因此,这里对电子商务的商事行为部分不再赘述。

笔者这里主要阐述一下电子商务法中的商事主体法部分。笔者认为,在电子商务法的商事主体法部分,应当创设“电子商务主体”这一名词,并建立其制度体系。具体来说,电子商务主体主要包括以下类型:

1. 电子商务交易中心:就是《电子商务法(征求意见稿)》第11条第2款规定的“电子商务第三方平台”。[1] 笔者不赞同使用“电子商务第三方平台”这个术语,尽管它是一个约定俗成的概念。电子商务交易中心是特殊的经营者,它经电子商务行政监管主体的授权集电子商务服务与一线自律监管职责于一体。作为商事主体的

* 中国政法大学民商经济法学院商法所教授,法学博士。

〔1〕《电子商务法(征求意见稿)》第11条规定:“本法所称电子商务经营主体,是指电子商务第三方平台和电子商务经营者。本法所称电子商务第三方平台,是指在电子商务活动中为交易双方或者多方提供网页空间、虚拟经营场所、交易撮合、信息发布等服务,供交易双方或者多方独立开展交易活动的法人或者其他组织。”

电子商务交易中心（“电子商务第三方平台”），它具有特殊经营者、电商规则的制定者和一线的自律监管者等多重身份，地位举足轻重，因此，应当在电子商务法中对其作出重点规制。

2. 电子商务经营者：所有通过互联网等信息网络进行商品交易或者服务交易的法人、其他组织与自然人。从广义上来讲，电子商务交易中心也属于电子商务经营者，但因其具有特殊的地位与职责，具有特殊的身份，因此，电子商务交易中心属于电子商务特殊经营者。

3. 电子商务行政监管主体：类似于工信部等下设的主管部门，主要负责制定电子商务交易管理法规，对电子商务主体和电子商务交易行为进行监督，并对违法的电子商务主体进行行政处罚。

4. 电子商务登记管理主体：可由国家工商行政管理局以及地方各级工商行政管理局下设机构行使职权，主要负责电子商务主体的登记管理。

5. 电子商务行业协会：主要由电子商务经营者、电子商务交易中心等成员组成，是电子商务领域或者行业的自律监管者和会员服务者。

6. 其他中介服务机构：如作为电子支付服务提供者的非银行支付机构等。

二、“电子商务经营主体”与“电子商务经营者”两个概念应当统一

无论是从中国汉语语言的通常理解，还是从其实质内容来看，“电子商务经营主体”与“电子商务经营者”这两个概念含义相同，不应同时出现在《电子商务法》中，可以考虑统一使用“电子商务经营者”，或者直接使用“经营者”这个在《消费者权益保护法》《反不正当竞争法》《反垄断法》中已经使用且含义明确的概念。

三、“电子商务第三方平台”的术语应当用“电子商务交易中心”替换

“电子商务第三方平台”虽然在个别部门规章中有所使用，并且出现在《电子商务法（征求意见稿）》中，但这个术语并不科学。原因如下：

第一，“电子商务第三方平台”给人以电子交易合同当事人之外的居间人的假象，但它并不从事居间服务，因此，《电子商务法（征求意见稿）》第 11 条第 2 款提到的“交易撮合”的规定并不妥当。

第二，“电子商务第三方平台”是为其他经营者提供电子交易场所及其服务的特殊经营者，它也是电子商务合同的当事人，并非“第三方”。更何况，《电子商务法（征求意见稿）》第 24 条还规定它可以自己经营。因此，称其为“电子商务第三方平台”并不妥当。

第三，“电子商务第三方平台”要制订交易规则，经授权，要履行必要的一线自律监管职责。因此，它的功能和地位比较类似于证券交易所、大数据交易所、商品交易

所等,所以可以考虑称其为"电子商务交易中心"或者"电子商务交易所"。但考虑到"交易所"术语的使用法律有限制,不能随意使用,因而可以用"电子商务交易中心"取代"电子商务第三方平台"的术语。它既是特殊的电子商务经营者,也是交易服务提供商,还是一线的自律监管组织(须经主管机构授权),3 种身份集于一身。

四、《电子商务法(征求意见稿)》对"电子商务"的含义界定不清

依照《电子商务法(征求意见稿)》第 3 条[1]第 1 款的规定,"电子商务,是指通过互联网等信息网络进行商品交易或者服务交易的经营活动"。这个界定不够周延。该款只规定了"经营活动"这种营利性活动,而对于通过互联网等信息网络进行物品互换或者服务互换的非经营活动也应加以规定,并用但书说明可以排除适用电子商务法,如自然人之间纯粹为个人消费需要进行的互易、赠与等非经营活动,这类交易行为应当不属于电子商务法调整的范围。总之,电子商务的内涵与外延应当界定清晰,并对不适用电子商务法的领域作出明确规定,以便更好地处理电子商务法与其他法律、法规的适用关系,调整好各种电子交易关系。

五、《电子商务法(征求意见稿)》关于法律适用的规定令人费解

在调整电子商务关系时,电子商务法与其他法律、行政法规究竟是何种关系?哪个是特别法?哪个是一般法?《电子商务法(征求意见稿)》第 3 条第 2 款的规定含义不清。从《电子商务法(征求意见稿)》的这条规定来看,电子商务法是一般法,其他法律、行政法规是特别法,特别法优先于一般法适用。但这个规定没有限制在同一范围,容易产生误解。因此,笔者认为,应当在同一调整范围内明确本法与其他法律、行政法规在适用上的相互关系。此款宜改为"电子商务领域的商品交易或者服务交易,适用本法。其他法律、行政法规对电子商务领域的商品交易或者服务交易有特别规定的,适用其规定"。

六、《电子商务法(征求意见稿)》与《合同法》要约、承诺规定不符

电子商务法就行为法角度而言,是电子商务领域的商品交易或者服务交易的基本法;但就整个交易法领域而言,它应当是《合同法》的特别法。但该征求意见稿第

---

〔1〕《电子商务法(征求意见稿)》第 3 条规定:"本法所称电子商务,是指通过互联网等信息网络进行商品交易或者服务交易的经营活动。法律、行政法规对商品交易或者服务交易有特别规定的,适用其规定。涉及金融类产品和服务、利用信息网络播放音视频节目以及网络出版等内容方面的服务,不适用本法。"

28 条[1]第 2 款“电子形式的要约或者承诺能够由收件人检索识别的时间视为该要约或者承诺到达的时间”的规定与《合同法》第 16 条[2]“要约到达受要约人时生效。采用数据电文形式订立合同，收件人指定特定系统接收数据电文的，该数据电文进入该特定系统的时间，视为到达时间；未指定特定系统的，该数据电文进入收件人的任何系统的首次时间，视为到达时间”的规定有差异，采用的术语也不完全相同。那么，究竟哪个术语更科学？哪个到达或者生效的时间标志更合理？这些都需要仔细研究、甄别后加以确定。如两者无实质区别，应当选取最合理的到达和生效的时间标志，并力求两法保持使用一致的术语和标准。

七、《电子商务法（征求意见稿）》第 30 条的规定有不合法理之处

《电子商务法（征求意见稿）》第 30 条规定：“电子合同使用自动交易系统的，在人机互动中用户发生输入错误，而该系统未提供更正错误的方式，同时符合以下要求的，用户有权撤回输入错误的部分：（一）该用户在发生错误后立即通知对方当事人有输入错误发生；（二）该用户没有从对方当事人处获得实质性的利益或者价值。”

笔者认为，这个规定不合法理。众所周知，电子商务具有简便快捷的特点，一般情况下，针对电子商务经营者的要约行为，[3]用户即消费者提交订单的行为应视为承诺行为。这种承诺行为一旦点击提交，瞬间即到达对方，已构成承诺，承诺生效时合同已经成立并生效。此时，赋予用户即消费者以“撤回输入错误的部分”（错误承诺）的权利与合同法的要约承诺的一般原理不合。所以，本法实际上应当赋予用户的是撤销基于意思表示瑕疵而产生的电子交易合同的权利。

为充分保护用户即消费者的合法权益，笔者赞同赋予用户即消费者在此种情形下的任意撤销合同权。原因如下：第一，电子商务合同的要约与承诺有一经做出瞬间到达对方的特点，而且“用户发生输入错误”通常是一种承诺的意思表示瑕疵即意思表示不真实的情形，可以适用《合同法》第 54 条关于合同撤销的规定。第二，合同

---

〔1〕《电子商务法（征求意见稿）》第 28 条规定：“电子商务经营主体发布的商品或者服务信息符合要约条件的，当事人选择该商品或者服务并提交订单，合同成立。当事人另有约定的，从其约定。电子形式的要约或者承诺能够由收件人检索识别的时间视为该要约或者承诺到达的时间。”

〔2〕《合同法》第 16 条规定：“要约到达受要约人时生效。采用数据电文形式订立合同，收件人指定特定系统接收数据电文的，该数据电文进入该特定系统的时间，视为到达时间；未指定特定系统的，该数据电文进入收件人的任何系统的首次时间，视为到达时间。”

〔3〕当然，在特殊情形下，电子商务经营者的某些公告行为不是要约行为，而是要约邀请行为，用户即消费者的提交订单行为应当是要约行为，经营者予以点击接受为承诺行为，此时，合同才成立。电子商务经营者对其商品或者服务的公告行为性质究竟为要约行为还是要约邀请行为，需要具体问题具体分析，根据其公告的具体内容加以判定。

法领域赋予一方任意撤销权已有先例。例如,《合同法》第186条规定:“赠与人在赠与财产的权利转移之前可以撤销赠与。具有救灾、扶贫等社会公益、道德义务性质的赠与合同或者经过公证的赠与合同,不适用前款规定。”第三,在电子商务领域,对用户即消费者的保护应当更为及时和周全。

因此,《电子商务法(征求意见稿)》第30条应当赋予用户的是任意撤销合同的权利,而非“撤回输入错误的部分”即撤回错误承诺的权利,否则,与《合同法》规定的承诺一经到达对方当事人就生效,合同就成立并成效,改变法律效果只能通过撤销或者解除合同等方式来实现的一般原理相悖。[1]

八、《电子商务法(征求意见稿)》应区分不正当竞争和非法垄断行为

《电子商务法(征求意见稿)》第55条[2]只对所谓的电子商务领域的不正当竞争行为进行罗列并加以规制是不合理的。这是因为在电子商务领域,不仅会发生不正当竞争行为,而且会发生非法垄断行为,这两种违法行为性质不同,规制措施也不一样。另外,该条也混淆了电子商务领域的不正当竞争行为与非法垄断行为,将本属于电子商务领域的非法垄断行为错误地作为不正当竞争行为加以罗列和规制。具体而言,第55条第2款第5项“利用服务协议等手段,限制交易、滥收费用或者附加不合理交易条件”的行为应当是典型的非法垄断行为,而不是不正当竞争行为。

因此,笔者建议,对《电子商务法(征求意见稿)》第55条的修订,有以下两种办法:一是将第55条分成两个独立条款,分别对电子商务领域的不正当竞争行为和非法垄断行为分别加以罗列并规制,这种规制方法是比较合理的。二是将电子商务领域的不正当竞争行为和非法垄断行为集中规定在一个条款中,但必须根据其内容分别加以罗列并规制。如果采用旧制,用第55条集中规制电子商务领域的不正当竞争行为和非法垄断行为,则笔者提出以下具体修订建议:第一,应将《电子商务法(征求意见稿)》第55条第1款“从事电子商务活动,不得有下列不正当竞争行为”修改为“从事电子商务活动,不得有下列不正当竞争行为和非法垄断行为”。第二,将该

---

[1] 《合同法》第25条规定:“承诺生效时合同成立。”《合同法》第26条规定:“承诺通知到达要约人时生效。承诺不需要通知的,根据交易习惯或者要约的要求作出承诺的行为时生效。采用数据电文形式订立合同的,承诺到达的时间适用本法第十六条第二款的规定。”

[2] 《电子商务法(征求意见稿)》第55条规定:“从事电子商务活动,不得有下列不正当竞争行为:(一)擅自使用与他人域名主体部分、网站名称、网页等知名商业标识相同或者近似的商业标识,误导公众,导致市场混淆;(二)假冒链接、混淆链接等不正当链接;(三)攻击或者入侵其他经营者的网络系统、恶意访问、拦截、篡改其他经营者的网络店铺,影响正常经营活动;(四)擅自使用政府部门或者社会组织电子标识,引人误解;(五)利用服务协议等手段,限制交易、滥收费用或者附加不合理交易条件;(六)法律、法规规定的其他不正当竞争行为。”参见《合同法》及全国人大常委会于2017年1月11日在中国人大网公布的《电子商务法(草案)》,即《电子商务法(征求意见稿)》。

条第5项所列行为，即“利用服务协议等手段，限制交易、滥收费用或者附加不合理交易条件”划归“非法垄断行为”之列，因其不属于“不正当竞争行为”。第三，将该条第2款第6项从原来的“(6)法律、法规规定的其他不正当竞争行为”修改为“(六)法律、法规规定的其他不正当竞争行为和非法垄断行为”。

金融法学理论

论基金管理人作为受托人的忠实义务

——以“老鼠仓”行为监管为例

胡继晔* 王秋辰**

我国证券投资基金业自20世纪诞生至今已20多年,虽起步较晚但成长速度很快,截至2016年年底,我国设立的公募基金公司已经达到108家,资产总额合计达到9.16万亿元,[1]证券投资基金已经成为重要的居民投资理财方式。由于近年来基金经理“老鼠仓”行为频发,亟须对该行为进行明确的法律定性。本文从证券投资基金管理人必须履行的忠实义务入手,探讨完善金融监管、保护基金投资者的合法权益的有效法律途径。

一、信托法中的忠实义务与基金管理人“老鼠仓”问题研究综述

当代金融法最古老的源泉之一就是信托法。英国牛津大学教授、著名英国法律史学家霍兹沃斯指出:“若无衡平法所创造的信托制度,英国法将无法充分地满足现代国家的社会与经济需求;该制度亦为世界法律思想宝库添加了一个完全原创的概念。”[2]各国的证券投资基金(美国称共同基金,mutual funds)作为典型的信托产品,是信托在当今金融体系中最广泛的应用之一。

证券投资基金以流动性金融资产为基础,需要根据金融市场的快速变化进行灵活的管理。因此,委托人赋予作为受托人的基金管理人广泛的权利进行交易,但必须受受托人信义义务(fiduciary duty)的约束。[3] 法律概念上的义务是对某种行为的一种做(或不做)的要求,义务是具有强制性和非随意性的,负有义务责任者除了必须履行之外没有别的选择,更不能否认或者无视该项义务。英美法学界将信义义

---

* 中国政法大学商学院教授,研究方向:法律与金融监管、养老金融。

** 中国政法大学硕士研究生。

〔1〕 资料来源:中国证券投资基金业协会官方网站:http://www.amac.org.cn/tjsj/xysj/jjgssj/391714.shtml。

〔2〕 Sir W. S. Holdsworth, *Sources and Literature of English Law*, Oxford: Clarendon Press, 1925, p. 201.

〔3〕 Robert H. Sitkoff, “The Economic Structure of Fiduciary Law”, *Boston University Law Review*, Vol. 91, 2011.

务在内容上分为忠实义务(duty of loyalty)与注意义务(duty of care),若受托人违反信义义务,则委托人有权选择要求损害赔偿以弥补所有损失或者补偿因受托人违约而丧失的所有收益,或者要求受托人返还其通过违反义务所取得的所有收益。[1]

在上述两项义务中,忠实义务作为受托人的基本义务是学界探讨的重点。海顿(Hayton)认为忠实义务在衡平法中的严格性是由禁止受托人将自身置于冲突位置表露出来的,并将忠实义务分为不得自我交易、公平交易以及受托人取得报酬需获得授权等内容。[2] 在1726年Keech v. Sandford一案中,受托人Sandford因以自己取代受益人Keech签署合约,其所得被法官追缴,并由此诞生了忠实义务的单一利益原则(sole interest rule),即"为保障受益人的信托利益,受托人忠实义务无法免除",信托的受托人不能将自己的受托人地位与个人利益置于相互冲突的位置,原因在于受托人处理信托财产的唯一目的是增加收益人的利益。该案例成为推定信托的规则源头,也为此后的公司法中董事的忠实义务奠定了法律基础,[3] 如我国《公司法》第148条、第149条就明确规定了董事、监事、高级管理人员对公司负有忠实义务和勤勉义务,违反对公司忠实义务的行为所得的收入应当归公司所有,给公司造成损失的应当承担赔偿责任。

忠实义务代表的是信义义务中禁止性的一面,即要求受托人为委托人的最佳利益,甚至只为委托人的单一利益而行动,以此来协调受托人与委托人的利益冲突。忠实义务推定性地禁止受托人进行自我交易,不能为其本人或任何第三人谋利;并规定委托人对此类交易行为的同意需满足一定的程序上和实体上的保护性要件,其中主要的保护性要件是规定受托人对交易负有完全和公正披露的义务。委托人本来就有权获得交易的利益,更有权就遭受的损失或者因受托人的背信行为而丧失的收益获得赔偿返还,其数额甚至可以超过赔偿委托人所需的数额,这体现了信义法除填补损失外的进行威慑和促进公正披露的目的。[4] 在美国的信托制度设计中,"忠实"意味着将他人利益放在先于自己的位置,[5] 对忠实义务的衡量有4个依据:"一是受托人的行为必须诚实信用;二是受托人不得利用信托获取不正当利益;三是受托人不得陷入利益冲突;四是受托人不得未经权利人同意,为自己或第三人的利

---

[1] Restatement(Third) of Agency § 8.01, cmt. d(1)(2006); Restatement(Third) of Restitution § 55, Tentative Draft No. 6, 2008.

[2] Hayton, D. J., *Commentary and Cases on the Law of Trusts and Equitable Remedies*, London, Sweet & Maxwell, 1996, 10th Edition, p. 569.

[3] 张开平:《英美公司董事法律制度研究》,法律出版社1998年版,第265页。

[4] Ian Ayres & Robert Gertner, "Filling Gaps in Incomplete Contracts: An Economic Theory of Default Rules", *Yale L. J.* 99(1989):87.

[5] Smith D. G, "The Critical Resource Theory of Fiduciary Duty", *Vanderbilt Law Review* 55, 2002, p. 1407.

益活动。"[1]也就是说,忠实义务要求受托人忠实于受益人的利益,不得为了自己的利益而作出不利于受益人利益的行为。

信义义务积极的内涵则由注意义务来体现,它通过设定一个合理(reasonableness)或者谨慎(prudence)的标准,该标准是客观的,是根据行业规范和实践来确定的。如果受托人具有与委托人委托的事务相关的专业技能,则适用的注意标准就以一个拥有此种专业技能的理智、谨慎的商人作为参照。[2]

受托人必须同时履行忠实义务与注意义务,才能对损害受益人利益的行为起到事前预防和事后救济的效果,可以说忠实义务是维护信托关系的底线,委托人与受托人之间无法以任何约定的形式对其进行削减,否则就是对信托原则的违背。在对受托人违背忠实义务的惩戒方面,公司法和信托法大家伊斯特布鲁克(Easterbrook)和菲谢尔(Fischel)认为更重要的是对背信行为的威慑而非事先对受托人的仔细审查,威慑的成本要低于事先审查的成本,就如同刑法更重视对抢劫银行者的惩罚而不是对每个进入银行者都进行是否携带武器的搜身。[3]

考特和尤伦将"预期惩罚提高,人们将减少犯罪数量"的命题称为"威慑第一定理"。他们认为:刑法必须最小化犯罪的社会成本,使其等于犯罪所造成的损害以及防范犯罪的成本。[4] 对背信行为的威慑不仅有利于受益人,实际上也使受托人降低背信罪的犯罪概率。

日本作为引进信托制度最早的民法国家之一,在2006年重修的《信托法》中将受托人忠实义务设置为任意性规定,有助于信托关系中当事人的意思自治,具体表现在明确了概括性的忠实义务内容,增加了可以解除忠实义务的适用条件,还对利益冲突的例外情形以列举的形式加以规定。[5] 此次修法使受托人忠实义务的法律规定呈现出更加灵活的趋势,扩大了信托当事人意思自治的空间,为我国《信托法》未来的修法提供了参考。

由于我国缺乏信托法的法律传统,在移植中对受托人的忠实义务的研究并不系统,我国学者的研究中以介绍信托制度为主,通过对比中外信托制度中忠实义务的制度设计来改进国内现行的法律规则。例如,何宝玉通过介绍英国法院的一些经典判例和随判例形成的信托法规则,展示了英国信托受托人义务的框架和忠实义务的

---

〔1〕 Walt G. Todd & Watt's, *Case and Material on Equity and Trusts*, Oxford University Press, 2005, Fifth Edition, p. 434.

〔2〕 Restatement (Third) of Trusts § 77(2007); Restatement (Third) of Agency § 8.08(2006).

〔3〕 Frank H. Easterbook & Daniel R. Fischel, "Corporate Control Transactions", 91 *Yale L. J.* 1982.

〔4〕 [美]罗伯特·考特、托马斯·尤伦:《法和经济学》,史晋川、董雪兵等译,格致出版社、上海人民出版社2012年版,第462页。

〔5〕 赵廉慧:《日本信托法修改及其信托观念的发展》,载《北方法学》2009年第4期。

原则、标准等。[1] 夏小雄系统地梳理了信托法的历史起源和制度变迁，指出现代信托制度的出现带来了受托人义务的变化。[2] 张军奎、蔡从燕则在分别对比了英国、美国、日本信托制度中对受托人忠实义务的设计后，认为中国的信托立法不能照搬国外的概念，且忠实义务应该尽量严格，避免弹性过大。[3] 张天民通过对比分析信托制度在两大法系中各自延伸进化轨迹的差别，指出受托人是信托关系中的核心，其所承担的义务必须严格按照法律规定。[4]

具体到证券投资基金行业，现实中将证券市场机构从业人员利用未公开信息交易、进行非法输送利益的行为称为"老鼠仓"十分形象。该行为主要表现为滥用信息优势和资金优势，破坏交易公平和市场定价机制，损害了基金投资者的利益。实践中"老鼠仓"涵盖的范围较广，迄今学界还没有给出得到一致认可的定义。蔡曦蕾把基金"老鼠仓"概括为"相关从业人员违背受托人义务，自己先行买入股票，然后用所管理的基金把股票价格拉升，自己买入的股票通过股价差获利"。[5] 周剑风认为，由于制度设计缺乏合理性导致对基金管理人监管不力，没有专门针对忠实义务的法律规制，是"老鼠仓"行为猖獗的重要原因。[6] 张浩提出"老鼠仓"泛滥的原因在于行为人通常设置多个非关联账户进行利益输送，隐蔽性极强，基金公司内部自查环节薄弱，甚至会出现公司包庇行为人的现象。[7]

对"老鼠仓"的法律监管，《刑法修正案（七）》中增设了"利用未公开信息交易罪"的规定，其前提是"情节严重"，对"老鼠仓"行为有一定威慑力。但在基金行业内部，随着信息技术手段的日益发达，基金管理人"老鼠仓"行为变得逐渐隐秘且灵活，监管机构难以察觉，暴露出来的"老鼠仓"案件只是冰山一角。也正因如此，蔡曦蕾认为，"老鼠仓"行为"本来应属于内幕交易罪的范畴，因此当下应对'老鼠仓'问题的最佳法律对策应为增设普通背信罪"。[8] 张容则指出一定要加强"老鼠仓"民事法律责任追究制度的立法完善，在民法框架下分析该行为的成因，并提出无论是从侵权关系还是信托关系，违法的基金管理人都应当承担民事赔偿责任，让受到侵

---

〔1〕 何宝玉：《英国信托法原理与判例》（修订版），法律出版社2013年版，第189～203页。

〔2〕 夏小雄：《信托法的历史起源和制度变迁——以英国信托法的发展为中心》，载《云南大学学报（法学版）》2014年第6期。

〔3〕 张军奎、蔡从燕：《功能扩张、工具创新与英美信托法之受托人制度——兼评我国〈信托法〉草案（第五稿）相关条文》，载《东南学术》2001年第6期。

〔4〕 张天民：《失去衡平法的信托——信托观念的扩张与中国〈信托法〉的机遇和挑战》，中信出版社2004年版。

〔5〕 蔡曦蕾：《"老鼠仓"问题法律应对探析》，载《山东警察学院学报》2009年第2期。

〔6〕 周剑风：《基金"老鼠仓"的成因与防治》，载《西南金融》2008年第11期。

〔7〕 张浩：《基金"老鼠仓"的法律思考》，载《市场周刊》2009年第8期。

〔8〕 蔡曦蕾：《"老鼠仓"问题法律应对探析》，载《山东警察学院学报》2009年第2期。

害的投资者得到救济。[1] 事实上,迄今查处曝光的所有"老鼠仓"案件的中利益受损的投资者尚无获得民事赔偿者,因此,将对投资者的权利救济落到实处,是监管"老鼠仓"的另一种途径,比起单纯对基金管理人以刑事与和行政手段惩治更加有效。

综上可见,国外学者对信托中受托人忠实义务的研究已经较为全面,国内学界也对"老鼠仓"行为进行了一定的剖析。本文侧重于分析基金经理的行为,将"老鼠仓"归纳为一种证券投资基金公司从业人员依靠掌握非公开的即将产生或已经产生的交易信息,通过买卖与目标股票一致的股票为自己或他人谋取利益的行为。本文把基金投资的所有当事人置于信托关系框架下,将基金管理人作为受托人来研究其忠实义务,探究"老鼠仓"现象发生的深层次原因,通过民事赔偿来加强对投资者的保护,以期能够为有效监管"老鼠仓"问题提供思路和建议。

二、基金管理人"老鼠仓"案例及其法律定性

1998 年我国证券投资基金业经过规范后开始了大发展,2000 年 10 月《财经》杂志曝光"基金黑幕"事件引起公众瞩目,2008 年唐建案作为第一起被证监会查处的基金"老鼠仓"案曝光后,[2]学术界此类问题的关注日益渐多。基金管理人作为信托关系中受托人一方必须对委托人履行忠实义务,"老鼠仓"是一种损害投资者利益的典型行为,这里以已经生效的判决——"李旭利案"来进行分析。

(一)李旭利"老鼠仓"案

2009 年 4 月李旭利在交通银行施罗德基金公司做基金经理期间,利用职务之便,在该基金旗下蓝筹基金、成长基金对中国工商银行、中国建设银行等股票进行建仓前,指示五矿证券深圳华富路证券营业部总经理李某,在李旭利及其家人控制的两个证券账户内,先于或同期于蓝筹基金、成长基金买入该等股票,累计成交额 5200 万余元,并于同年 6 月将上述股票全部卖出,通过股票交易的差价获利 899 万余元。此外,其还分得中国工商银行股票红利 170 万余元。2010 年 6 月中国证监会稽查人员在查办一起上市公司异常交易案中意外发现李旭利登记资料的错漏,引发后续的一系列调查。2011 年 8 月李旭利被刑事拘留;11 月中国证监会正式通报李旭利的"老鼠仓"行为;2012 年 5 月检方向上海市第一中级人民法院提起公诉;2012 年 11 月上海市第一中级人民法院下达《刑事判决书》,认定李旭利在 2009 年 4 月 7 日的

---

〔1〕 张容:《"老鼠仓"民事责任探讨》,载《金融法苑》2013 年第 2 期。

〔2〕 2006 年唐建任职上投摩根期间,利用职务便利通过其所控制的证券账户交易"新疆众和"股票,为自己及他人非法获利 152.72 万元。2008 年经证监会查处后取消唐建从业资格,没收其全部违法所得,并处 50 万元罚款。参见《中国证监会市场禁入决定书(唐建)》(〔2008〕9 号),载中国证监会官方网站:http://www.csrc.gov.cn/pub/zjhpublic/G00306212/200804/t20080430_23121.htm。

行为构成利用未公开信息交易罪,共非法获利 1071.57 万元,并依法判处李旭利有期徒刑 4 年,并处罚金人民币 1800 万元,违法所得予以追缴。李旭利不服一审判决提出上诉,2013 年 10 月上海市高级人民法院下达《刑事裁定书》,驳回上诉,维持原判。[1] 此后,中国证监会于 2014 年对李旭利作出了取消基金从业资格和终身禁止入场的行政处罚。[2]

通过李旭利案可以归纳出基金管理人"老鼠仓"行为的一些特征。第一,从行为主体来看,基金管理人的角色由基金管理公司扮演,而通常情况下"老鼠仓"行为大多是由基金公司中具体负责操作的基金经理具体实施;第二,从行为人利用的信息资源来看,李旭利所掌握的是非公开的即将产生或已经产生的交易信息;第三,从行为的关联程度来看,李旭利交易的标的股票与其受托管理基金所交易的标的股票相同,采取的方式是指示他人抢先交易,利用时间差购入标的股票;第四,从行为目的性来看,李旭利通过利益输送的方式为自己谋利。

一般而言,当股票的买单足够大时,其价格通常会表现出上升的倾向,而本案中李旭利正是按照该原理,通过抢先在低价买入标的股票,再利用掌控的公募基金拉高该股票股价,而后再在公募基金卖出之前卖出以获得高额收益,将自身利益置于受益人(这里亦为委托人)利益之上。也正是因为李旭利的行为符合"老鼠仓"的上述主要特征,故本文将其作为典型案例进行分析。

(二)"老鼠仓"是属于内幕交易还是背信行为?

对于李旭利这样的"老鼠仓"行为持内幕交易观点的蔡曦蕾认为,凡是涉及证券市场交易的信息,均属于应当披露的信息,无论是证券发行人的自身信息还是有关涉及证券市场的交易信息。[3] 尽管我国法律规定内幕交易的信息必须具有"重大性",但边界模糊,"未公开的其他信息"可能与"重大信息"重合。

持背信行为观点的学者多是从刑法角度入手研究,把"老鼠仓"行为归入"背信罪"。部分大陆法系国家如德国和日本刑法条文中的"背信行为"是指为他人处理事务的人,为谋取自己或第三者的利益,或以损害委托人的利益为目的,而违背其任务,致使委托人的财产受到损失的行为。[4] 有学者借鉴这些国家的经验,指出应当将我国的"老鼠仓"也列入"背信罪",[5] 因为此类行为的行为人不能忠于职守,违背了证券从业者的忠实义务,是为"背信"。

---

〔1〕 程丹:《证监会罚李旭利郑拓终身市场禁入》,载《证券时报》2014 年 12 月 30 日,第 A12 版。

〔2〕 参见《中国证监会市场禁入决定书(李旭利)》(〔2014〕14 号),载中国证监会官方网站:http://www.csrc.gov.cn/pub/zjhpublic/G00306212/201412/t20141229_265720.htm。

〔3〕 蔡曦蕾:《"老鼠仓"问题法律应对探析》,载《山东警察学院学报》2009 年第 2 期。

〔4〕 傅跃建、周国连:《论背信行为的犯罪化问题——以"老鼠仓"的刑法规制为视角》,载《江西公安专科学校学报》2009 年第 6 期。

〔5〕 叶建勋:《关于"老鼠仓"行为入罪的思考》,载《法学杂志》2009 年第 9 期。

本文更倾向于对“老鼠仓”是背信行为的定性。首先,内幕交易所强调内幕信息的“重大性”,其根本在于这些信息表明了股票发行人自身的盈利能力,需要强制性公开披露。而“老鼠仓”行为涉及“未公开的其他信息”,包含的是来自发行人以外的市场股票交易状况等外部信息,这些信息虽会对股票价格产生一定影响,但并非决定股票价值的关键,法律并不要求强制公开。其次,内幕交易与“老鼠仓”背后的法理不同。掌握内幕信息的主体在证券交易中占有绝对的信息优势,交易对手并不知悉法定公开而实际未曾披露的信息,内幕交易的违法性在于它所侵害的法益是市场运行中应当遵循的公平原则;而“老鼠仓”行为人掌握的是无须披露的交易信息,交易对手没有知悉这些信息的合法权利,所以“老鼠仓”的违法本质在于基金管理人将自身利益置于委托人利益之上,违反了受托人的忠实义务。

因此,“背信”定性更贴近于“老鼠仓”的性质,但本文认为不能仅局限于刑法规制,因为现有对“老鼠仓”定性的争论是以入罪为前提的,根据我国《刑法》规定,要入罪尚须“情节严重”,因此,“老鼠仓”行为的背信定性应更侧重于民法,即信托法角度。

(三)“老鼠仓”行为背信的信托法视角

探讨基金管理人“老鼠仓”行为是否符合“违反忠实义务”的性质,首先要从证券投资基金的信托性质入手。虽然我国证券投资基金业的监管主管部门是证监会,但从立法和司法实践来看,证券投资基金是典型的信托:基金投资者签约时是委托人,基金管理人是受托人,合约完成后的投资者是受益人。我国《证券投资基金法》第2条也明确该法未规定的,适用信托法、证券法和其他有关法律、行政法规的规定,此处将信托法置于首位更进一步表明信托法在监管证券投资基金中的重要作用。因此,对投资者委托于己的财产,基金管理人应当按照信托法的要求承担忠实义务,这是“受人之托,忠人之事”的根本价值所在。从发起设立的规则来看,证券投资基金将不特定的数量庞大的基金投资者财产汇聚在一起,交给基金管理人并由他们进行以提高基金收益为目标的投资处分行为。倘若投资者无法将自己的信任赋予管理人,那么他们不可能心甘情愿地将资产委托给基金管理人进行投资。虽然不同的国家建立的证券投资基金体系有所差异,但其建立的框架均是依托于《信托法》,信托本身的价值理念是证券投资基金当事人权利义务的来源和依据。

确认了证券投资基金的信托属性后,可以认为“老鼠仓”行为作为基金管理人的一种严重不当行为无疑是破坏信托法规则的,违背的是信托法中受托人最重要的忠实义务。虽然我国现行《信托法》并未对“忠实义务”直接规定,但第26条规定受托人除依照本法规定取得报酬外,不得利用信托财产为自己谋取利益;第28条规定,受托人不得将其固有财产与信托财产进行交易或者将不同委托人的信托财产进行相互交易。以这些标准来看,李旭利作为基金公司的从业人员,通过自己提前购入和卖出相同股票而获利的行为明显违反了这些条款。据此可以认定"老鼠仓"是基金管理人严重破坏忠实义务的行为,这种行为背弃了对受益人的忠实承诺,损害了投资者(受益人)的利益,因此,基金管理人"老鼠仓"本质上是违反受托人忠实义务的行为,信托法中对受托人忠实义务的监管规则完全适用于基金管理人。

三、基金管理人忠实义务的法理分析

"老鼠仓"行为是基金管理人的背信行为,要对其进行。监管必须从行为人应当承担的义务入手。

(一)基金管理人必须承担忠实义务

信托机制作为一种灵活的资产管理方式涵盖了资本市场与货币市场,成为金融领域的一个重要支柱,证券投资基金作为一种典型的商事信托是目前最活跃的实践者,其运行必须符合信托法的规定。基金管理人因其自身所具有的专业技能和理财经验被信托法赋予了受托人的职能,以订立契约的形式约定通过管理为投资者创造价值,并得到报酬。基金管理人与投资者在意思自治的基础上设立了一种信任关系,即委托人基于对受托人的信任所作出的托付行为,被信任的相对方即受托人应当履行忠实义务。在具有衡平法背景的国家,如果被信任的一方滥用了这种信任,那么相对方将得到法院根据衡平法赋予的救济,这种标准在英美学界被称为"信任标准"(trust and confidence test)。[1] 该标准逐渐发展成为"如果不存在正当合理的依据,则信任关系无法建立",呈现出客观化的趋势。

以信任标准检验基金管理人和投资者之间的关系,投资者对基金管理人信任的合理性在于基金管理人作为一类专业机构,无论是理财经验还是管理能力都强过一般的基金投资者。如果基金管理人的能力是依据经营业绩等客观数据而决定,那么能否信任基金管理人的品格对投资者而言是一种相对主观的判断,倘若制度安排无法使基金管理人承担强制性忠实义务,这种信任关系就岌岌可危了。基金管理人任何违背忠实义务的行为都破坏了投资者赋予的信任,这也更进一步说明"老鼠仓"行为符合背信性质的原因。

正是基于受托人角色,基金管理人在对基金财产进行管理时会面对操纵基金获得巨大利益的诱惑,这与其本身承担着的为受益人获取最高利益的职责相悖。如果没有强制性忠实义务对基金管理人行为加以监督和约束,受益人利益受损的可能性将大大提高。由于信息不对称,当基金管理人以"老鼠仓"的方式谋取私利时,投资者无法清楚认识到自己潜在利益的损失大小。

(二)信托法中忠实义务引进我国过程中的障碍

我国在金融法律体系中引入英美信托制度经历了较长的历程,《信托法》是在银

---

[1] Bristol and West Building Society v. Mothew, [1998] Ch. 1 at 18, per Millett LJ.

行法、保险法、证券法都在20世纪完成立法之后的2001年才正式在全国人大常委会通过的,立法过程中主要障碍之一在于双重所有权制度。信托兴起于实施普通法的英国,信托财产一旦从委托人转交至受托人手中之后,其普通法所有权(legal title)就归于受托人,受益人则享有信托财产的衡平所有权(equitable title),两种所有权并存但主体各不相同,并且信托财产的最终受益权归为受益人所有。当两种所有权相悖时,受益人的衡平所有权必然优先于受托人的普通法所有权,这种制度设计就是著名的"双重所有权"(dual ownership)。[1] 它随着信托制度的传播在普通法国家广为适用。按照"双重所有权"的设计,受托人行使普通法所有权时可以在实际意义上管理运营信托财产,但这些运营不能以损害受益人利益而使自己获利为出发点。信托制度"约束受托人为受益人的利益处分他控制的财产,任何一位受益人都可以强制实施这项义务。受托人的任何行为或疏忽如未得到信托文件条款或法律授权或豁免,均构成信托违反"。[2] 由此可见,受托人忠实义务对于保障受益人利益,乃至整个信托关系的维持都具有无与伦比的重要性。

在我国,"一物一权"观念根深蒂固,学界在信托财产的所有权到底应归属于受托人还是受益人的问题上的争论一直存在。由于无法做出恰当解释,立法者在我国《信托法》制定时对该项规定采取了回避的态度,在第2条中使用了"将其财产权委托给受托人"的表述,对于"委托给"是不是意味着委托人将财产所有权转交给受托人的问题,迄今尚无权威的司法解释。"双重所有权"本来是衡平法和普通法中最精妙的一环,是受托人承担忠实义务的制度基石,衡平法所有权是"终极所有权",以实现对受益人的司法救济,限制受托人在实际管理信托财产过程中的普通法所有权和自由裁量权,预防其因利益诱惑而以不正当的手段获得利益。在不具备衡平法的条件下,我国一些学者将受益人的衡平法所有权按照大陆法系传统对其进行了债权化定性,而且"规定了受托人违反信托本旨处分信托财产时,受益人仅有撤销处分之权利,这遵循了民法中债权人之撤销权设计"。[3]

由于我国立法设计对信托财产所有权并未做出清晰的归属,为弥补此缺陷,《证券投资基金法》规定管理人只是基金财产形式上的持有者,仅有对基金的处分权,而实际上对基金财产进行保管的是托管人(一般为大型商业银行),托管人按照基金公司的指示来对基金财产完成保管与核算等活动。但现实中,作为托管人的商业银行并没有动力去监督基金管理人,反而会去取悦基金管理人以免失去托管人资格,沦为只管赚取托管费的沉默者,并不能真正代表受益人的利益。

[1] 于海涌:《论英美信托财产双重所有权在中国的本土化》,载《现代法学》2010年第3期。

[2] [英]海顿:《信托法》,周翼、王昊译,法律出版社2004年版,第4页。

[3] 陈雪萍:《我国民事信托法律制度反思与重塑——兼议我国〈信托法〉之完善》,中国法学会2009年民法学会会议论文。

我国的《信托法》是信托领域的一般法,其法律规则适用于所有类型的信托,所以完善的受托人忠实义务规定,有利于降低受益人因受托人滥用权利而受损的风险。《证券投资基金法》作为信托法在证券投资基金管理领域的特别法,证券投资基金作为一种金融产品信托,由于受信托立法缺陷的影响,对基金管理人行为缺少强制性忠实义务的制约,当基金投资者的利益因基金管理人的不当行为受损时难以获得救济,这也是为何"老鼠仓"案件发生后利益受损的投资者的索赔诉讼请求得不到支持的深层次原因。比如,李旭利案被公开查处后,曾有沈阳的投资者以民事诉讼的方式,向李旭利和其所在的基金公司索赔,然而法院以损失无法计算为由不予立案。[1] 其实,早在 2008 年唐建案发生后,就曾有基金持有者向其基金公司提起仲裁要求追偿基金财产的情况,但却被仲裁庭以缺乏法律依据为由驳回了。[2]

可以看出,由于我国受大陆法系传统的"物权绝对化"思想影响,在信托立法中回避了两种不同所有权形式的矛盾,造成了对受托人权利界限规制的模糊。也正因如此,忠实义务在没有衡平法传统的中国更需要在信托法语境下突出强调,以确保在衡平法传统中具有终极所有权的受益人的利益。

(三)基金管理人作为受托人如何履行忠实义务

忠实义务承载的是信义义务范畴内消极的禁止性规则,核心包括"禁止冲突"(no-conflict rule)和"禁止图利"(no-profit rule),[3] 对基金管理人忠实义务的要求也是围绕这两条核心规则而展开的。我国《证券投资基金法》第 74 条就体现了"禁止冲突"规则,规定基金管理人应当遵循基金份额持有人利益优先的原则,防范利益冲突,并履行信息披露义务。禁止图利是禁止基金管理人利用其所处分经营的基金为自身或者除持有人之外的其他主体谋求利益,与"受益人利益最大化"一脉相承。

前述对基金管理人忠实义务的基本要求主要是针对基金公司来说的,除此之外,忠实义务中还有一项针对公司内部从业人员的具体要求,就是禁止自我交易,即禁止从业人员用个人名下的账户进行基金交易。[4] 忠实义务的内容之所以涵盖所有基金从业人员,是因为我国《侵权责任法》第 34 条规定,员工因职务行为给他人利益造成损害时,责任主体为用人单位。此外,基金管理公司从业人员是由公司任用进行基金产品投资的,公司理应对其员工的业务能力和人品有所了解,并对员工的工作负有相应的监督责任。在多起被查处的案件中,从业人员"老鼠仓"行为往往是被其工作所在的基金公司最先察觉的,然而出于对公司自身声誉、业绩影响等多种原因的考虑,一些基金公司对行为人采取了包庇纵容的态度,从而增加了法律监管

---

〔1〕 本报记者:《沈阳基民状告"老鼠仓"》,载《时代商报》2012 年 8 月 6 日。

〔2〕 敖晓波:《首例老鼠仓"民事追偿仲裁"被驳回》,载《京华时报》2009 年 2 月 7 日,第 39 版。

〔3〕 Kam Fan Sin, *The Legal Nature of the Unit Trust*, Oxford, Clarendon Press, 1997, p. 194.

〔4〕 王苏生:《证券投资基金管理人的责任》,北京大学出版社 2001 年版,第 107 页。

的难度。因此,基金管理公司及其内部的从业人员都负有基金管理人的忠实义务,这样才能更好地降低监管成本,提高防治"老鼠仓"的有效性,切实保护投资者利益。

虽然目前我国证券投资基金行业监管要求及制度安排中并无对强制性忠实义务的条文,但从证券行业总体的立法价值取向来看,是保护投资者利益的,因此,必须从保护投资者的角度完善对基金管理人的监督制约机制。忠实义务不仅强调约束基金服务机构的活动,更包含了对内部从业人员的职务行为管控,这样才能避免出现基金管理公司包庇其内部工作人员的现象,把"老鼠仓"的防控作为基金类金融机构内部控制的重要一环,以禁止性行为规范来约束基金管理人的行为,把受益人利益的潜在威胁扼杀在萌芽状态。

随着技术手段的不断进步,监管机构对于基金管理人的行为监控更为敏锐,反应速度也更加迅捷,大数据系统和舆情分析系统的运用降低了对基金管理人的监管成本,迄今国内最大基金"老鼠仓"案件,即"博时基金马乐案"的线索正是来源于上海证券交易所的日常监控,其通过海量数据筛查和比对及时发现了该案线索。[1] 2013~2015年,"捕鼠风暴"后离职的基金经理超过300名,一度引发投资基金业的震荡,因此,比起追踪基金管理人的行为数据,用严格忠实义务来制约基金管理人更能从根本上监督其不当行为,在当前具有现实意义。

从迄今公开的"老鼠仓"案件来看,国内对"老鼠仓"责任主体处罚之余却没有对基金份额持有人进行赔偿与救济,其中最重要的原因就是监管者偏好于以公权力维持投资基金市场秩序,却忽视了私法救济。根据2012年修法后的《证券投资基金法》第23条的规定,基金管理人应当从管理基金的报酬中计提风险准备金,基金管理人因违法违规、违反基金合同等原因给基金财产或者基金份额持有人合法权益造成损失,应当承担赔偿责任的,可以优先使用风险准备金予以赔偿。这意味着如果因"老鼠仓"问题而使投资者遭受损失,则投资者可向基金公司索赔,但在现实中,投资者却因"民事诉讼必须以证监会处罚决定为依据"而导致合理诉求无法得到支持。[2] 除了诉讼程序上的障碍外,该类诉讼在民事责任性质上也存在混乱,受益人维权的案件中可以提起诉讼的均是以违约责任向受托人追责,可期待利益有限。《证券投资基金法》第46条以基金额持有人的利益为被侵害的客体,但并非所有类型的基金管理人不当行为都会造成信托财产的减少,因此才会出现投资者维权时因为"损失难以计算"等原因造成拒绝立案的现象。这种情况一方面损害了基金份额持有人的合法权益,影响金融市场的稳定与繁荣;另一方面也是对"老鼠仓"行为的

---

[1] 李微敖:《"最大老鼠仓"马乐案再审改判三年》,载《南方周末》2015年12月11日。

[2] 最高人民法院《关于审理证券市场虚假陈述引发的民事赔偿案件的若干规定》第2条规定,人民法院受理的虚假陈述民事赔偿案件,其虚假陈述行为,须经中国证券监督管理委员会及派出机构调查并做出生效处罚决定。当事人依据查处结果作为提起法律诉讼事实的依据,人民法院方予依法受理。

放纵,使违法者不能得到责任追究,助长了基金行业非法牟利的不良风气。所有这些都使基金投资者作为受益人的权益难以得到保障,所以亟须立法、修法进行保护。

四、对完善基金管理人忠实义务的修法探讨

基于我国"一物一权"的物权法传统,参照衡平法双重所有权做法,未来可以在《信托法》《证券投资基金法》的修法中以受托人忠实义务的强制性实施为重点,解决"老鼠仓"问题,促进投资者保护。

第一,基于我国成文法传统,必须在《信托法》《证券投资基金法》的修法中以原则的形式确立受托人的法定忠实义务,而非以"诚实信用"等术语来替代,对忠实义务的内容、适用标准、例外规定等都以明确的条文形式确定下来。通过强调基金管理人承担信托法中忠实义务的重要性,给基金管理人划出违背忠实义务的"红线",形成对"老鼠仓"这类背信行为的威慑。根据波斯纳的威慑犯罪理论,即国家理性地估计对犯罪惩罚的代价,以罚金、徒刑等形式设置惩罚的刑罚成本来惩罚实施犯罪的人,而实施犯罪的人也确实被罚金或被投入监狱,以证明和维护刑罚威慑的可信性。波斯纳提出的最优刑事制裁理论假设罪犯是理性计算者,即"由于犯罪对他的预期收益超过预期成本,所以某人才实施犯罪",[1]对"老鼠仓"责任主体处罚的核心在于对其他基金经理的威慑。在对证券投资基金监管时,让基金管理人依法计算"老鼠仓"行为的成本和收益,一旦成本(金钱和声誉损失)远远大于其"老鼠仓"行为之所得,自然就会收手。精明如基金经理的唐建、李旭利、马乐等人,如果有再次选择人生的机会一定不会拿"老鼠仓"的不当得利来换取牢狱之灾和巨额罚款。

第二,探索在没有衡平法的情况下对信托财产所有权制度进行合理改造。我国已经引入了信托制度多年,重新制定或者引入衡平法是不现实的,但可以借鉴衡平法保证受益人利益、防止受托人自由裁量权扩张的思想,在《信托法》中明确将信托财产的所有权归属为受托人而非模糊的"委托给"。此外,作为基金受托人的基金公司负有管理信托财产的责任和信托义务,基金经理"老鼠仓"行为属于"监守自盗",基金公司的内部控制系统正常运转可以大大降低"老鼠仓"行为发生的概率。同时,把信托财产的受益权视为债权,受益人(投资者)对受托人享有债权请求权,确保受托人更彻底地履行忠实义务。

第三,完善投资者保护机制。目前,我国司法实践中,在查处以"老鼠仓"为代表的基金管理人违背忠实义务的行为时普遍存在"以罚代赔"的现象,所以必须改进民事责任追究机制,保证受托人违反信托义务的赔偿责任是可诉的。对受益人的民事

---

〔1〕 Richard A. Posner, An Economic Theory of the Criminal Law, Columbia Law Review, Vol. 85, Issue 6 (October 1985), pp. 1207 – 1208.

救济途径可以采用共同诉讼中的代表人诉讼或者可以由投资者形成集体组织作为诉讼主体,以投资者集体的力量弥补个体原告举证能力和诉讼能力的不足,增加可期待利益,提高胜诉的可能性。在民事责任主体上,基金管理公司应当与从事具体行为的基金从业者共同承担连带赔偿责任。因为基金管理公司及其从业者是一个有机整体,作为管理公司的一部分基金从业者也是承担受托人职责的具体执行者,因为基金公司对内部职工违背忠实义务失察或包庇会给投资者带来利益损失,所以其当然也应被纳入民事责任主体范围当中去。如此一来,既可以对投资者形成有效的救济途径,也可以督促基金管理人完善公司内控机制。

第四,从基金管理人的角度来看,应当合理激励基金管理人,从根本上杜绝基金经理的"老鼠仓"行为。我国目前大多数基金管理费按年基金资产净值1%左右的固定费率标准进行计提,使基金管理人的报酬高低与业绩无关,而是与其负责投资的基金规模相关,不能对基金公司及其内部工作人员形成有效激励,近年来公募基金经理大规模的离职潮就有这方面的原因,而私募股权基金吸引基金经理的"法宝"的就是收益分享机制。在证券投资基金管理费率改革中,可以采用固定费率和浮动费率两者结合的形式,借鉴私募基金经理的收益分享机制,使基金管理人在获得报酬的权利和履行忠实义务之间建立平衡关系,从而减小对投资者利益的潜在威胁。

浅谈IPO过程中欺诈发行的认定

周　昀*

我国股票首次公开发行(Initial Public Offerings, IPO)并上市过程中,欺诈发行案件频发,十分猖獗。欺诈发行从早期的蓝田股份案、绿大地案,到近几年的万福生科案,这些欺诈发行行为,违反了证券法上的诚实信用的基本原则,严重损害了广大投资者的合法权益,败坏了中国证券市场的声誉,从而严重影响了中国证券市场的健康、有序和快速的发展。

目前,我国股票发行制度正在进行重大的改变,即由原来的核准制向注册制转换。对此,2015年12月9日,国务院常务会议审议通过了拟提请全国人大常委会审议的《关于授权国务院在实施股票发行注册制改革中调整适用〈中华人民共和国证券法〉有关规定的决定(草案)》(以下简称《注册制授权草案》)。2015年12月27日,第十二届全国人民代表大会常务委员会第十八次会议审议通过了《注册制授权草案》,"明确授权国务院可以根据股票发行注册制改革的要求,调整适用现行《证券法》关于股票核准制的规定,对注册制改革的具体制度作出专门安排,这一决定的正式通过标志着推进股票发行注册制改革具有了明确的法律依据,提供了强有力的法律保障"。[1]

IPO从核准制转换到注册制以后,欺诈发行行为更容易发生,要有效遏制欺诈发行行为,更好地保护投资者的利益,就必须建立严密的IPO过程中的信息披露制度以及违反信息披露要求的欺诈发行行为的严苛的民事、行政和刑事责任制度。而在这一系列制度体系中,欺诈发行的界定是前提和基础。鉴于此,笔者拟对欺诈发行的概念、欺诈发行的构成条件以及欺诈发行的类型加以初步探讨,意在抛砖引玉。

一、IPO过程中欺诈发行的概念

欺诈发行可以发生在任何证券的发行过程中,但本文所探讨的欺诈发行仅限于股票公开发行过程中的欺诈发行。而股票的发行,根据区分依据不同,可以做不同

---

* 中国政法大学民商经济法学院商法所教授,法学博士。

〔1〕《全国人大常委会审议通过股票发行注册制改革授权决定》,载新华网:http://news.xinhuanet.com/finance/2015-12/28/c_128572881.htm,最后访问日期:2017年2月10日。

的分类。例如,根据发行对象是否特定,股票发行可以分为私募发行和公募(公开)发行;根据发行阶段的不同,股票发行可以分为股份有限公司上市前的发行和上市后的发行。

这里需要说明的是,IPO 即"Initial Public Offerings",其本意是股份有限公司股票的首次公开发行,而股票的发行与上市实质上是两个不同的概念和两个不同的阶段,两者的联系通常是股票的公开发行并达到法定比例是股票上市的前提和基础。有学者认为,股票的上市有普通上市和首次发行上市两种,我国现阶段主要采用首次发行上市的方法,即发行人在首次公开发行股票时,即已确定近期上市计划,并在发行成功后的合理期间申请股票上市交易。[1] 从我国证监会于 2015 年修订的《首次公开发行股票并上市管理办法》的规定来看,证监会采用的即上述学者所言的将公开发行与上市捆绑起来的直通车式的上市办法。因此,在我国,IPO 不仅包括股票的首次公开发行,还隐含着其随后的短时间上市,是把"股票的首次公开发行"与"及时上市"捆绑在一起的程序。因此,本文所探讨的 IPO 过程中的欺诈发行就是专指"股票的首次公开发行并及时上市"过程中的欺诈发行行为,不包括上市公司的私募或者公募发行行为。

关于证券发行的概念,学界意见不一。有学者认为,所谓证券发行,是指证券发行人依照法定程序将自己的证券出售或交付给投资者的行为。[2] 还有学者认为,证券发行是发行人制作证券并交付证券的行为,而募集则是发行人向投资者招募资金的行为。两者是相互关联的不同概念。[3]

笔者认为,如果单纯从语言解释学角度来讲,这种区分确有一定的道理,但确定证券发行的含义,不能脱离开我国的立法与司法实践活动。从我国证券立法的内容来看,证券发行应作广义上的理解,即证券发行是指发行人基于募集资金等特定目的,依照法定条件和程序向社会公众或者特定对象销售证券的行为。

可见,将募集视为一种招募、应募的合意行为,而将发行视为制作证券并交付的行为确实更符合我国"望文生义"的语言规范,但我国《证券法》上的证券发行可以理解为包括了证券的募集、制作并交付证券的整个过程。从某种意义上来讲,证券发行的含义更接近于证券募集这种合意的销售行为,证券发行与证券募集从我国实证法角度来看含义相同,没有区分的必要。

综上所述,笔者认为,证券发行有广狭两义:其一为广义,即证券募集的合意行为;其二为狭义,即证券做成并交付行为。需要说明的是,本文只就资本证券中最重要的一种,即股票的首次公开发行(IPO)过程中的欺诈发行行为进行研究和论述。

---

〔1〕 参见叶林:《证券法》,中国人民大学出版社 2013 年版,第 162 页。
〔2〕 参见赵旭东主编:《商法学》,高等教育出版社 2015 年版,第 232 页。
〔3〕 参见叶林:《证券法》,中国人民大学出版社 2013 年版,第 81 ~ 82 页。

在明晰了证券发行行为的含义以后，笔者认为，IPO 过程中的欺诈发行行为系指发行主体（股份有限公司）在 IPO 过程中，通过故意制造假象或者隐瞒事实真相等方法，欺骗核准机构或者注册机构以及投资者，诱使投资者上当受骗，从而将其公开发行的股票出售给投资者的行为。

二、在 IPO 过程中欺诈发行的构成条件

在 IPO 过程中欺诈发行的构成，需要同时具备以下条件。

（一）欺诈发行的主体

在 IPO 过程中欺诈发行的主体应当符合证监会《首次公开发行股票并上市管理办法》第 8～13 条规定的要求，即发行主体应当是业已成立并符合一定资质和条件的股份有限公司。

具体而言，该发行主体应当同时具备以下资质和条件：（1）其是依法设立且合法存续 3 年以上的股份有限公司，但经国务院批准的除外。其中，经国务院批准，有限责任公司在依法变更为股份有限公司时，可以采取募集设立方式公开发行股票。需要说明的是，尽管在《公司法》和《证券法》上，募集设立是股份有限公司设立的两种方式之一，但实践中，近年来几乎没有采用这种对于中小投资者更为公平和有利的发行方式，而是均采用发起设立的方式。（2）该股份有限公司注册资本已足额缴纳。（3）该股份有限公司生产经营符合法律、行政法规和公司章程的规定，符合国家产业政策。（4）该股份有限公司最近 3 年内主营业务和董事、高级管理人员没有发生重大变化，实际控制人没有发生变更。（5）该股份有限公司的股权清晰，控股股东和受控股股东、实际控制人支配的股东持有的发行人股份不存在重大权属纠纷。

（二）欺诈发行的主观方面

欺诈发行的主观方面体现在该发行主体在主观上有欺诈发行的故意，即其明知其欺诈发行行为会造成损害投资者利益和破坏发行秩序的后果的发生，却采用故意制造假象或者隐瞒事实真相的方法，希望和放任这种后果的发生。对欺诈发行者的故意，若有直接证据证明自然更好；若无直接证据证明，则完全可以从其欺诈发行行为反推其欺诈发行的故意。笔者认为，这里可以借鉴合同法上"过错推定"的方法，采用欺诈发行故意推定的方法，即只要有欺诈发行行为的外在表现，就可以推定发行主体存在主观故意，除非发行主体自身能够证明其没有任何故意。

（三）欺诈发行侵犯的客体

欺诈发行行为违反了证券法上的保护投资者合法权益、公开、公平、公正、诚实信用、等价有偿等基本原则，违反了发行主体应承担的确保发行信息真实、准确、完整的信息披露义务，侵犯了健康、公平、有序的证券市场发行秩序以及与该发行秩序息息相关的国家利益和社会公共利益。当然，欺诈发行直接损害了广大投资者的利

益,通常会使广大投资者蒙受较大的经济损失。

(四)欺诈发行的客观方面

欺诈发行的客观方面主要表现在发行主体为了达到股票公开发行成功并上市的目的,采用故意制造假象或者隐瞒事实真相的方法,欺骗股票公开发行的核准机构或者注册机构[1]以及广大投资者,从而使股票发行行为顺利进行,最终将股票出售给投资者。

发行主体的"欺诈发行行为"可能主要发生在以下两个方面:其一,发行主体不符合发行条件,但在招股说明书等发行材料中,采用故意制造假象或者隐瞒事实真相的方法,骗取股票公开发行的核准或者注册;其二,发行主体符合发行条件,但是为了提高发行的成功率或者能够以更高的价格发行股票或募集更多的资金,采用故意制造假象或者隐瞒事实真相的方法,造假美化公司业绩或美化公司基本面,从而对股票的定价及发行的成功率产生实质性影响,诱使投资者购买其股票。

三、在 IPO 过程中欺诈发行的类型

在 IPO 过程中的欺诈发行,发行主体的欺诈方法包括两种:一是积极、主动的方法,即故意制造该股份有限公司公开发行符合条件或者业绩、基本面良好的假象,是利好的"无中生有";二是消极的不作为的方法,即隐瞒该股份有限公司公开发行不符合条件或者隐瞒其虽然符合发行条件但公司业绩、基本面低劣的事实真相,是利空的"有中变无"。

在实践中,欺诈发行的类型,可以比照、参酌股票公开发行中的虚假陈述的类型加以分析。在 IPO 过程中,欺诈发行与虚假陈述是否具有相同的含义?绝大多数学者认为两者含义基本相同,但笔者认为,欺诈发行与虚假陈述两者之间有区分的必要。欺诈发行虽然在内容上在《证券法》第 189 条和《刑法》第 160 条均有规定,但作为一个法定概念,直到 2014 年 5 月,国务院公布的《关于进一步促进资本市场健康发展的若干意见》(以下简称《若干意见》)才首次明确提出了这一概念。《若干意见》第 2 条关于"完善退市制度"中明确指出,"对欺诈发行的上市公司实行强制退市"。而虚假陈述这个概念其早已有之,这主要见之于最高人民法院关于虚假陈述的司法解释,即最高人民法院《关于审理证券市场因虚假陈述引发的民事赔偿案件的若干规定》(以下简称《虚假陈述若干规定》)。《虚假陈述若干规定》第 17 条明确了虚假陈述的概念和具体类型,其第 1 款则对虚假陈述的概念进行了界定,即"证券市场虚假陈述,是指信息披露义务人违反证券法律规定,在证券发行或者交易过程

〔1〕 目前,我国股票的公开发行还实行核准制,需要证监会的核准;一旦国务院颁布实行注册制的行政法规,股票的公开发行将实行注册制,注册机构将是沪深两市的证券交易所。

中,对重大事件作出违背事实真相的虚假记载、误导性陈述,或者在披露信息时发生重大遗漏、不正当披露信息的行为”。

结合本文前述对欺诈发行概念的界定,可以看出虚假陈述与欺诈发行的几点区别:其一,虚假陈述不仅发生于股票等证券发行过程中,还发生在股票等证券交易过程中,而欺诈发行仅发生于股票的发行过程中;其二,虚假陈述中的重大遗漏从理论上讲并不属于欺诈发行中的欺诈的范畴;其三,虚假陈述的“虚”与“不实”同义,而“假”与“不真”同义。前者可以基于故意或者过失造成,而后者只能基于故意造成。因此,虚假陈述并非一定包含欺骗的故意,而欺诈发行中的欺诈行为则一定是一种故意欺骗行为。

就股票的公开发行阶段来看,欺诈发行与虚假陈述确实大同小异,法律对其规制的结果也基本相同,因此,下文笔者将结合《虚假陈述若干规定》第 17 条的规定,对于欺诈发行的类型作简单的分析。

(一)虚假记载行为

《虚假陈述若干规定》第 17 条第 3 款明确了虚假记载的含义,即“虚假记载,是指信息披露义务人在披露信息时,将不存在的事实在信息披露文件中予以记载的行为”。从最高人民法院的这个司法解释的规定来看,虚假记载是狭义上的概念,它是一种“无中生有”的行为,显属发行主体的故意欺诈行为。因此,在 IPO 过程中,虚假记载行为既是一种虚假陈述的类型,也是一种欺诈发行的类型,并且它应当是欺诈发行的积极、主动和最常见的类型。

(二)误导性陈述

《虚假陈述若干规定》第 17 条第 4 款明确了误导性陈述的含义,即“误导性陈述,是指虚假陈述行为人在信息披露文件中或者通过媒体,作出使投资人对其投资行为发生错误判断并产生重大影响的陈述”。从最高人民法院的上述规定来看,误导性陈述显然是发行主体故意为之,目的在于通过积极的主动的“投放烟幕弹行为”,“误导”投资者,使其上当受骗。因此,在 IPO 过程中,误导性陈述也是一种发行主体的故意欺骗行为,它属于欺诈发行中的积极、主动和较为常见的类型。

(三)不正当披露行为

《虚假陈述若干规定》第 17 条第 6 款明确了“不正当披露行为”的概念,即“不正当披露,是指信息披露义务人未在适当期限内或者未以法定方式公开披露应当披露的信息”。

“不正当”一词本身有“不合理、不合法或者不道德”的含义,从事不正当行为的主体,具有直接故意或者间接故意的主观状态。例如,在《反不正当竞争法》上,从事不正当竞争的经营者,其行为是一种不道德和不合法的竞争行为,其主观状态即为故意。

在 IPO 过程中，发行主体采用法定的方式及时披露发行信息是其必须履行的法定义务，不正当披露行为通常会严重损害投资者的知情权，使投资者的决策无所依据，从而给投资者造成较大的经济损失。因此，对于股票公开发行中的不正当披露行为，应当认定为欺诈发行行为的类型之一。

（四）关于重大遗漏行为是否属于欺诈发行类型的浅见

《虚假陈述若干规定》第 17 条第 5 款明确了重大遗漏行为的含义，即“重大遗漏，是指信息披露义务人在信息披露文件中，未将应当记载的事项完全或者部分予以记载”。“遗漏”一词，意谓行为人“因疏忽而漏掉”，这种行为显系疏忽即过失行为，而非故意行为。因此，从理论上来讲，重大遗漏行为是一种虚假陈述行为，但不属于欺诈发行行为的范畴。

但股票的公开发行行为是一种重要的商事行为，发行主体（股份有限公司）及其保荐人等中介机构均为商人和经济人，应当精通相关的经济、金融和法律等专业知识，对于其事关广大投资者的重要商事行为——公开发行股票的信息披露行为，显然应当尽到更为谨慎的注意义务，以保护广大投资者的合法权益。因此，对于“重大遗漏行为”，应当予以甄别，“去伪存真”，以确定其在实质上究竟是属于“隐瞒了事实真相”的欺诈发行行为的类型，还是仅属于虚假陈述中的“重大遗漏行为”的类型。

金融监管

数字货币的发展与监管

姚　前*

最近,比特币价格持续上涨,屡创新高,再度引起市场各方和监管部门的关注。与此同时,围绕比特币而展开的数字货币发展前景也激发了诸多讨论。但实际上,以比特币为代表的私人数字货币,自身尚未具备成为真正货币的条件,无法有效履行货币的基本职能,所以把它定义为"准"数字货币更为准确。因此,我们不能狭隘地把数字货币理解为就是比特币,而应该从私人数字货币上升到法定数字货币这样的视野来审视问题。央行法定数字货币的竞争力应该体现在两个方面:一是吸收借鉴先进成熟的数字技术;二是要把传统货币长期演进中的合理内涵继承下来。

一、比特币实为准数字货币

如今数字货币这个话题被炒得很热,人们大都认为比特币就代表数字货币。其实把比特币称为"准"或"类"数字货币可能更为合适。比特币、以太币等利用区块链技术,解决了数字化支付的技术信任问题,以太币的智能合约技术还可以开启新的商业应用模式。因此,其前景被投资者普遍看好,但先进技术并不能解决其背后的资产价值信任问题。

国际清算银行(Bank for International Settlements, BIS)和国际货币基金组织(International Monetary Fund, IMF)均指出,比特币背后缺乏强大的资产支撑,这样的弱点是致命的。有人开玩笑说"挖矿是比特币最大的败笔",尽管从技术角度来说,这是一种创新。这一固有缺陷导致比特币价值不稳,公信力不强,可接受范围有限,容易产生较大的负外部性。所以准确地说,虽然比特币名义上叫"币",但实质上只是一种非货币数字资产。

货币是资产,但资产不一定是货币。以比特币为代表的数字资产因流动性水平低,流动性风险高,无法有效履行货币的交易媒介、计价单位和价值贮藏3项基本职能,尚不具备成为真正货币的条件,更遑论取代由国家信用背书、具有最高价值信任的法币。

---

* 中国人民银行科技司副司长,中国人民银行数字货币研究所所长。

本文原载《中国金融》2017年第14期。本文仅为个人学术观点,与供职单位无关。

二、理性看待 ICO

有人认为,准数字货币代表的是技术基础设施的使用权,或者是使用开源项目服务的预付费,但目前来看,私人持有准数字货币,更多的是为了投资或投机,而不是用于交易支付。数据统计和专家评估结果显示,比特币拿来做交易的比例并不高。大部分持有者只是简单持有,交易的比例低于 20% 。从持有者结构来看,早期的比特币持有者中技术爱好者居多,但从 2013 年开始,一些非技术人员和机构开始持有比特币。相关经验也表明,新参与者把它作为一项资产去投资,而不是作为交易媒介来使用。

ICO 现在是区块链项目非常重要的融资手段,可以融到的资金量是 VC 投资的 2 倍以上。最早 ICO 被解读为"Initial Coin Offering"(初始数字货币发行),和 IPO 非常像。考虑到私人发行准数字货币的敏感性,并且对于"Coin 是否是货币"也存在争议,因此,有文献称其为"Initial Crypto Token Offering"(初始加密代币发行),是指通过发行加密代币方式进行融资。笔者认为,这个说法是比较准确的。所谓代币,现实中通常是指在一定范围内,使用替代货币的某种凭证。它可以被视为一种在区块链上发行和流通的加密股权。尽管目前来看,很多 ICO 并没有太大价值,但它们的出现对区块链行业的发展还是有利的。

例如,以太坊,它的起步是通过 ICO 募集了 3 万多个比特币,致力于发展一个无法停止、抗屏蔽和自我维护的去中心化智能合约平台。在区块链的发展过程中,智能合约是一个不错的方向。而在数据层上,ICO 发行的"Zcash"(零币)推进了交易信息完全匿名这项技术的发展,这个代币一问世价格就极高。此外,"NextCoin", ICO 募集的资金用于开发基于 PoS(权益证明机制,Proof of Stake)的区块链。类似例子很多,包括应用层面上基于支付、数字钱包、资产交易、基金管理、存储、博彩、游戏等各种去中心化的应用项目。

ICO 现象已无法回避,其定价问题值得研究。目前说 ICO 是投资也好,是投机也罢,总之它的收益率非常高。10 年前,1 万个比特币的市值买不到一张比萨饼,如今一个比特币的价格超过 1 盎司黄金。目前,我国对比特币持比较严厉的态度,但从某种意义上来说,是不是可以在谨慎的基础上对 ICO 市值排名前十的公司网开一面? 一方面,给大家提供一个投资的机会——投到黑科技,总比购买某些垃圾股强;另一方面,从国家的角度来说,包括日本、韩国、新加坡在内的周边国家均鼓励发展比特币,它们甚至认为比特币可能是优质资产,这一认知值得我们深思。

货币理论里也有一个和 ICO 加密股权非常相近的说法:现金或通货本质上是中央银行对公众发行的债务,由于其具有或有债权性质(Contingent Claims),亦可视同公众对主权国家持有的权益资产。因为私人准数字货币是一种在区块链上发行和流通的加密股权,与主权国家向公众发行的债务或者权益资产高度近似。所以,货币当局对"炒币风"心生警惕是可以理解的。但我们需要区别对待准数字货币,在严格监管的同时,保持一定的宽容态度,不可"一棍子打死"。

三、对ICO实施"沙箱监管"

目前,ICO业务主要存在于社区及代币交易所。由于社区和代币交易所本身是相分离的,这会导致监管的不连续,而且代币在交易所中炒作会导致ICO发行的代币价格严重偏离其项目的内在价值。理论上,代币的价格应该由ICO项目的内在品质来决定。倘若ICO项目本身没有实质价值,上家买入代币仅是期待下家能以更高的价格接盘,那么这种击鼓传花式的投机炒作,就是一个典型的"庞氏骗局"。对此,我们应给予足够的重视。

鉴于ICO处于法律监管的边缘,从制度建设出发,应该尽快在法律上给予ICO一个说法。一个完整的监管框架对于促进整个区块链行业的健康发展非常重要,对ICO实施"沙箱监管"不失为一种有效的办法。有几种方案可供参考。一种是成立类似众筹平台的ICO平台,承担投资者教育、风险提示、ICO项目审查、资格认定、资金托管、敦促信息披露、督察资金使用、反洗钱等相关职责。另一种是以加密代币交易所作为监管方式,但这种方式的缺点在于即使管住了代币交易所,它还可以通过去中心化来做交易。还有建议引入风险投资(Venture Capital,VC)的管理思路,让专业管理人员选择投资方向,辅助ICO项目运营,在促进创新的同时提升ICO项目的透明度。随着去中心化的交易所技术的发展和成熟,未来代币交易所也可能去中心化,届时单国的监管行动将失去抓手,国际监管合作与协调尤为重要。

英国和澳大利亚已经积累了一些"沙箱监管"的经验,它们有一个很清晰的金融监管模式来把控ICO项目。我国实行的是分业监管体系,在此体系下,很容易产生监管真空、监管套利和监管混乱的现象,也不符合ICO项目的多元创新特点和测试需要。因此,进一步加强金融监管协调机制,将其提升到更有效的层次,对于开展"沙箱监管"具有重要意义。

在ICO监管中,加强投资者教育尤为重要。成熟的市场需要成熟的投资者。回顾历史,各类资产泡沫和历次金融危机在某种程度上均是人性弱点的体现。目前,ICO代币还是一个新鲜事物,技术性强,人们对其属性界定和价值认知仍存在很大的分歧。ICO投资者保护需要监管有所作为。但从长远来看,根本上还需要投资者自身的成熟,包括具备专业的知识、稳定的情绪和理性的认知等。

四、以太坊与智能合约相互推动发展

在关于区块链的各种讨论中,为了解决传统区块链的性能问题,有人提出了基于时间的去中心化支付方案,具有一定的启示性。不过,这更像是私有链而非公有链下的方案。有两个问题在私有链能解决,但在公有链中却无法实现。第一,该技术方案要求一个统一的时间基准,系统的运行依赖于可信、可靠的时间基准服务,且各个节点能够保证绝对的时间同步。公有链的时间是相对的——不仅节点本地时间不同,因为通信延迟,节点收到数据包的时间有差异,连顺序也未必相同,因此,公有链只关心先后顺序,不关心事件的绝对时间,没有绝对时空的概念。第二,该技术方案只描述了常态下的系统运作。在公有链下,系统是在开放空间里,环境不可控,因此最大的难点在于各种异常处理,包括丢包、延时、出现"坏人"等。因此,公有链的设计重点应当是非常态下如何处理异常的机制。

目前,区块链研究中,共识算法方面没有取得特别大的突破。相反,因为以太坊,智能合约方面的突破比较快——考虑到以太币的上升势头,它是有可能超过比特币的。从应用的前景来说,区块链里面的组件也不是均匀发展的,目前基本都集中在智能合约上,这是不是区块链上的人工智能?因为其可以开启真正的智能化商业应用模式。正因如此,智能合约方面的技术在快速发展,尽管遭遇了"The DAO"这样的重大安全事故。只有攻克难关才会有创新,以太坊的努力吻合了这个方向。

五、"两个松绑"

在研究和设计数字货币时,可以考虑进行"两个松绑":一是将数字货币和比特币进行松绑;二是将数字货币和区块链进行松绑。

(一)将数字货币和比特币进行松绑

不要狭隘地把数字货币理解为就是比特币,应该从私人数字货币上升到法定数字货币这样的视野来审视问题。我们应对数字货币进行中国化的定义——这本就是全新领域,不一定要照抄已有说法。从公共经济学的视角来看,也许有助于理解这一点。

根据哈特穆特·皮希特1992年的观点,货币服务由"清偿服务"和"核算单位价值稳定化服务"构成,其中"清偿服务"(广泛清偿性)具有准公共产品属性,而货币的"核算单位价值稳定化服务"具有公共产品属性。

一般而言,私人部门若想成功地提供公共产品,需要具备一系列条件。首先,私人供给的公共产品一般应是准公共产品;其次,准公共产品的规模和范围一般较小,涉及的消费者数量有限;再次,在准公共产品的消费上必须存在排他性技术;最后,也是最为关键的,私人若想成功地提供公共产品,就必须要有一系列制度条件来保障。

对照来看,私人准数字货币的弱点是显而易见的。比如,我们经常会看到因私钥泄露导致数字资产被盗却难以追偿的情况发生;在维持比特币流动性最为关键的比特币交易所层面,亦未有相关的制度保障(类似于银行体系的存款保险、央行最后贷款人等制度安排),以保障比特币交易、提现和储藏的安全性。2014 年 2 月 7 日因遭到网络攻击,世界最大规模的比特币交易所 Mt. Gox 停止比特币提取业务,引发交易混乱,随后 Mt. Gox 宣布破产。显然,私人准数字货币不具备提供“清偿服务”和“核算单位价值稳定化服务”等公共产品服务的能力,唯有法定数字货币才能胜任和担当这一角色,唯有法定数字货币才能成为新一代金融基础设施以及未来数字经济发展的基石。

(二)将数字货币和区块链进行松绑

采用传统的分布式架构,能否进行数字货币的研发工作呢?当然不可能。数字货币原来是密码学的一个分支,远在比特币之前就存在。为什么我们要如此依赖区块链技术?区块链技术是否成熟?能否真正地大规模使用?对此的顾虑有很多,我们为什么一定要将区块链与数字货币互相捆绑?这是一项可选技术,至于怎么使用,却很灵活——这就是一个工具,该怎么用就怎么用。若不好用,则放弃它也是一种选择。

当然,对我们来说,区块链技术确实具有启发性。在我们进行系统建设的时候,最早怎么可能想到高价值数据不允许修改?这样的理念一定要植入新的系统建设中。传统分布式架构里的共识算法很少考虑异常情况。因为在从原来的专有系统走向开放系统的过程中,务必要考虑各种受到攻击破坏的可能以及极端异常现象。对此,区块链提供了很多借鉴,如采用“拜占庭协议”来处理出现“叛徒”的情况,这是对传统分布式系统的改进,我们可以学习这样的理念,但方法可以多样化。智能合约对央行数字货币提出了更高品质的要求,这个问题值得认真考虑。现有支付产品的用户体验已经很好了,新的支付工具必须具有更好的品质才能吸引用户。

(三)法定数字货币的竞争力

法定数字货币的竞争力体现在两个方面:一是从技术的角度来说,法定数字货币必须吸收借鉴先进成熟的数字技术,这一点非常重要——而这恰恰是私人准数字货币的长处;二是从经济学的角度来说,法定数字货币要把传统货币长期演进过程中的合理内涵继承下来。

法定数字货币作为一种新型货币,一定要考虑其与传统货币、私人准数字货币的异同。但不管如何变化,法定数字货币的内在价值支撑是不能有任何改变的。变化的地方在于货币形态数字化,在于数字发行技术。在传统的货币发行过程中,纸币上主要有面额、发钞机构、发钞年份、序列号等信息,但新的技术可以使货币的信息更加丰富。比如,可以在其中记下每张数字货币的持有人信息及流转过程中全生命周期的信息。当然,这不仅对技术系统提出了更高的要求,而且对央行和货币使用者的观念也提出了全新的要求。

从目前来看,法定数字货币的发行创造机制有两种方式。一种是按需兑换方式,如最近欧洲央行在一个评估报告中建议,允许非银行主体以1∶1的比率,将银行存款转化为数字基础货币,依据是非银行主体使用数字基础货币的主要目的是代替现金,而非银行存款。该报告认为,只要以取代现金为主,数字基础货币的负面效应就可以忽略不计;在起步阶段,可将央行数字货币定位成现金的补充或替代,直到获取更多的经验,这一循序渐进的思路值得各国央行借鉴。另一种是扩表发行方式——中央银行根据货币政策目标的需要,通过资产购买的方式向市场发行数字货币,扩大央行的资产负债表。当然,这样做的前提是要界定合格的资产类型,以适当的数量和价格进行购买。这种方式比较复杂,从某种意义上来说,欧洲央行提供了一个容易起步、也容易取得共识的方案。

需要特别说明的是,虽然法定数字货币天然具有法偿性质,在具备流通环境的条件下,任何人、任何机构不能拒收,但是如前所述,现金或通货本质上是主权国家向公众发行的债务或权益资产,因此,在主权国家债务货币化、外债水平过高、违约风险上升的情况下,本国居民也会对本币失去兴趣。在极端情况下,本国现金(包括法定数字货币)也可能失去货币的资格,这也不是危言耸听。反过来说,如何科学地决定并调控数字货币发行量,以确保币值稳定,应该成为央行发行法定数字货币最重要的考量,而其也会成为不同货币当局在数字经济时代展开数字货币竞争的关键所在。

"大资管"背景下互联网资产管理业务的法律风险及防范

白 玉*

"受人之托、代人理财"是资产管理的核心,服务实体经济是资产管理行业发展的基石,满足多层次财富管理需求是资产管理行业发展的关键。传统定义的"资产管理"是指委托人将自己的资产交给受托人,由受托人为委托人提供理财服务的行为。近年来,在大数据、云计算、移动互联网等信息技术快速发展的推动下,通过互联网开展资产管理业务成为各大资产管理公司、互联网企业创新产品服务、降低交易成本、满足多元化投融资需求的主要手段,对推动经济转型升级、促进创新创业发挥了积极作用。但通过互联网开展资产管理业务也带来了新的风险,一些互联网企业不断渗透各种金融领域,部分企业的不同业务板块间关联交易、利益输送情况严重,导致风险交叉传染;部分企业为抢占市场份额,通过交叉补贴提供显失合理的高回报金融产品,扰乱了市场公平竞争秩序;部分企业账户管理混乱,为不法分子从事洗钱等活动留下了可乘之机。本文将以"大资管"背景下通过互联网开展资产管理业务为研究对象,分析当前我国互联网资产管理市场的现状和若干风险问题,并在此基础上提出了若干行业发展建议,以期抛砖引玉。

一、"大资管"时代的到来

随着我国经济的不断增长和居民财富的迅速积累,我国资产管理行业获得快速发展,并已成为金融体系内最具活力和成长潜力的板块。尤其是在近年来"加强监管、放松管制"的金融改革思路下,监管部门出台了各项创新政策,在扩大投资范围、降低投资门槛以及减少政策限制等方面,打破了证券、基金、期货、银行、信托及保险等传统金融行业之间的竞争壁垒,逐步形成了"你中有我,我中有你"的混业经营状态,加上第三方理财机构的参与和发展,我国资产管理行业进入了竞争、创新、混业经营的"大资管"时代。

在"大资管"背景下,各类金融机构积极参与资产管理市场。截至 2015 年年底,

---

* 供职于中国银行总行。

包括银行理财、信托、保险资管、券商资管、公募基金、基金子公司、私募基金等在内的泛资产管理市场管理资产总规模约93万亿元，过去3年的年均复合增长率达到了51%。波士顿咨询预计，到2020年，中国泛资产管理市场管理资产总额将达174万亿元，年均复合增长率可达13%。

在“大资管”背景下，以互联网金融平台为典型的互联网因子进入资产管理市场，充分运用互联网的特点和优势，或把线下的资产管理业务搬到线上，促进资产管理业务的更精准化发展；或通过数据分析技术和信息系统，做到更精准的资产和资金的匹配，降低交易成本；或通过全程准确记录交易过程，降低交易风险，将投资人保护落到实处。具有中国特色的，领先于世界金融行业的互联网资产管理业务初具规模。

二、互联网资产管理的界定及主要业态

对于什么是互联网资产管理，目前尚无一致的观点。2016年中国人民银行联合17家部委印发了《通过互联网开展资产管理及跨界从事金融业务风险专项整治工作实施方案》（以下简称《实施方案》），首次在官方层面提到“通过互联网开展资产管理及跨界从事金融业务”，但对于什么是“通过互联网开展资产管理及跨界从事金融业务”却并没有明确的界定。从《实施方案》整治的重点来看，国内从事“互联网资产管理”的业务机构主要有两大类。

一是银行、证券、保险等传统金融机构通过互联网销售资产管理产品，主要包括商业银行、证券、基金公司在线销售理财产品以及第三方机构代销公募基金、保险产品等。

二是未取得金融业务牌照非金融机构，以“互联网资产管理”“互联网理财”为名开展业务，实务中主要有4种业务模式：(1)集合类资金管理模式。机构通过互联网金融平台募集投资者资金，代理投资者进行投资，业务流程与传统资产管理模式相似，如公募基金、资金信托计划。(2)资产证券化模式。机构通过互联网平台将私募债、信托计划、小贷债权等单一资产或资产组合收益权通过互联网等额拆分转让给投资者，如信贷资产证券化、财产信托计划。(3)证券中介模式。机构通过互联网平台充当信息中介进行撮合借贷双方或者通过互联网平台向投资人销售在地方金融交易所或者交易中心发行的私募债券等产品，如P2P（Person to Person，P2P）网络借贷、金融产品代销。(4)信用中介模式。机构通过互联网向投资者承诺收益，连续不断募集资金，形成资金池，再用资金池内资金进行投资。

综上所述，互联网资产管理涉及互联网平台通过创新产品或服务，按照合同约定的方式、条件、要求及限制，实现客户资产经营运作及投资管理服务的业务形态。笔者认为，互联网资产管理的本质仍是资产管理，只是嵌入了互联网的因素。但互

联网资产管理不仅是传统资产管理业务在互联网渠道销售的延伸,也包括互联网平台和各种类型的资产管理机构利用互联网技术为市场提供更加丰富多样的投资产品、营销、获客等方面的服务。

三、美国互联网资产管理的发展及其监管经验

美国资产管理业务起步于20世纪30年代,经过最近30年的高速发展,已经成为世界上规模最大、最成熟、竞争最激烈的资产管理市场。目前,美国资产管理产业管理的资产规模(Asset Under Management,AUM)已经超过50万亿美元,在全球前500强资管机构中,美国资管公司上榜超过200家,管理资产规模达到占比53%,在全球前20大资管机构中管理资产规模占比高达65.5%。

美国的资产管理机构主要包括注册投资咨询机构、保险公司、银行控股公司和银行以及私募公司共四大类。传统资产管理机构提供的服务覆盖投资管理、财务计划、信托、退休养老计划、银行业务、保险、税务和法律咨询,部分新兴资产管理机构还会通过计算机技术提供智能投资管理服务。美国资产管理覆盖各类资产,包括权益类、现金以及现金等价物、固收类、房地产和其他投资(包括结构型产品、对冲基金、衍生品、外汇、商品和私募基金),以权益类资产为主。

伴随着科技创新和日益增加的市场需求,20世纪90年代初,美国资产管理业务开始向互联网资产管理产业转型。互联网金融平台开始从早期的“连接”“建议”向“投资决策”阶段发展,个体投资者可以通过线上渠道直接进行个人资产的管理。到20世纪90年代末,美国基本形成了较为成熟的互联网资产管理模式和相对完整的产业链。2008年美国智能投顾创业平台诞生,投资人不需要接触理财师,只需对着电脑或手机屏幕就能完成一系列的投资理财决策。目前,基于金融数学模型以及计算机科学的智能投资顾问已经成为美国资产管理业务的一大热点,包括从传统向互联网转化的先锋基金、嘉信等机构以及直接从互联网起步的Wealthfront等。2014年美国排名前11家的智能投顾公司管理的资产规模上升65%。

在美国,证券交易委员会(Securities and Exchange ,SEC)、美国金融业监管局(Financial Industry Regulatory Authority ,FINRA)对互联网资产管理业务享有直接的约束管理能力。无论互联网资产管理平台还是传统资产管理机构,只要承担资产管理、证券投资建议、理财规划服务提供方均承担投资顾问角色,都会受到证券交易委员会SEC《1940年投资顾问法》及相关规则的监管。SEC设立了对投资管理机构进行监管的投资管理部,负责颁发投资顾问牌照,投资顾问牌照基本涵盖了整个市场的资产管理和理财服务,获得投资顾问牌照的公司既可以为客户提供投资建议服务,也可以直接管理客户的资产。

后来随着智能投顾创业平台的诞生,美国金融监管部门意识到智能投资工具可

能由于存在潜在的局限而提供不适当的投资建议，现有《1940 年投资顾问法》和 SEC、FINRA 联合监管的模式已经不能完全适应互联网资产管理发展的需要。2010 年 7 月美国通过《金融监管改革法案》，提出金融监管要严格化，降低系统风险，成立金融稳定监管委员会（Financial Stability Oversight Council，FSOC），负责监测和处理威胁国家金融稳定的系统性风险，并对一向是监管真空的对冲基金提出了相应的要求。接着，2015 年 5 月 SEC 和 FINRA 两个机构又联合发布了一份关于包括机器人投资顾问在内的自动投资工具的提醒声明，提醒投资者在投资之前应当了解产品的相关条款、技术局限、关键假设、个人信息保密性等。这不仅体现了美国监管当局在火爆的机器人投资顾问市场环境下对投资者教育不足的担忧，而且对机器人投资顾问在产品设计、用户服务、符合监管等方面也提出了更高的要求。

四、我国互联网资产管理存在的主要问题

在过去数年间，我国互联网资产管理行业快速扩张，从业平台大多乘风破浪，趁势扩大规模，以致核心能力参差不齐。随着当前我国经济下行压力变大，互联网资产管理平台面临资产违约的信用风险敞口放大，一些长期积累的行业问题开始集中暴露。

（一）缺乏统一的准入标准

当前我国市场上通过互联网方式开展资产管理业务的主体既有拥有资产管理经营资质的合格资产管理公司，也有打着财富管理、P2P 等旗号的各类普通咨询公司或企业。对于具有资质的持牌金融机构开展资产管理业务，我国有明确的要求。但对无牌从事互联网资产管理业务的机构则缺乏统一的准入标准，在平台设立、客户准入、产品投向方面没有明确的法律限制。有些机构以科技公司、信息咨询公司的名义注册公司，实缴注册资本为 0；有些机构高管人员没有经过合理审慎的选用，没有任何金融从业经验，甚至有些股东还有违法行为记录。

（二）趋利现象明显，风险承受能力差

互联网资产管理业务参与企业众多，除了持牌金融机构外，很大一部分都未持有相关金融业务牌照。以科技公司、商务公司、信息公司等名义注册的电子商务公司、信息服务公司等，实缴资金低、人员缺少金融从业经验，为了牟取利益，主要针对喜爱上网、喜欢尝试、希望“以小博大、一夜暴富”的年轻人或者风险识别意识薄弱的中老年人、退休人员进行营销，以“高收益”吸引流量。在进行资金配置时，他们更倾向于无法从金融机构得到贷款，未受到天使投资基金青睐，但愿意以高回报率进行融资的中小微客户群。这样，一边风险承受能力极低，一边又存在极大的违约风险，一旦行业或者整体经济形势出现变化，资金链断裂，将给投资者带来无法弥补的损失，严重影响市场稳定和行业发展。

（三）大多数机构缺少核心管理能力

互联网资产管理平台的核心管理能力在于通过大数据的技术手段促进前端金融产品和后端客户需求的有效匹配。前端主要是对金融产品进行比对，促进金融产品往标准化方向上靠拢；后端则主要是对客户零散、深层次的需求进行挖掘。虽然部分平台会对投资者进行能力测评，但由于目前对互联网资产管理业务信息披露缺乏强制性的要求，大部分平台并没有切实有效地对投资者和融资者进行核查，风险提示和理财教育形同虚设。而且大部分互联网资产管理平台疏于资金管理和内控机制的建设，为了追求快速收益，并不在乎于平台对金融资产的信息收集是否完备、齐全，发行方的资质、能力是否适当，产品发行是否合法合规，风险管控是否满足外部监管的需求等。为了满足客户的需求，有些机构甚至不惜虚构产品信息、许诺高额回报，诱骗投资者进行投资，在缺乏核心能力和风控机制的情况下盲目扩张，其注定无法持续发展。

五、关于促进互联网资产管理业务健康发展的若干建议

一是明确互联网资产管理的定位，设置准入标准。互联网资产管理业务的兴起，弥补了传统资产管理产品单一、业务简单的不足，但也增加了资产管理的风险系数。笔者建议参照《证券法》《基金法》等有关规定，将互联网资产管理定位为私募市场，通过小额分散的业务模式，为风险偏高的中小投资者提供额度较低的融资服务，严格遵循“禁止向不特定公众进行公开宣传”“产品实际持有人不得超过200人”等规定，设定每个私募产品的最大投资额度、最高投资比例等，降低投资风险。

二是明确监管主体，鼓励混业发展。如前所述，美国各资产管理机构奉行多元化投资理念，资产管理产品种类繁多且相当成熟，纵观美国资产管理业务的发展史，其经历了由分业经营向混业经营的发展转变。目前，我国互联网资产管理业务尚处于金融分业经营的管理状态，这在一定程度上束缚了资产管理机构推动创新和改善服务的积极性。建议明确互联网资产管理业务的监管主体，结合资产管理和互联网业务双重特性考虑颁发互联网资产管理业务牌照，在依法合规的前提下，有序适度监管，鼓励互联网资产管理业务混业发展。

三是推动行业自律组织发展及行业规范建设。建议在现有中国互联网金融协会的框架下成立资产管理行业委员会，以规章的形式赋予专业委员会自律监管权，明确和规范其监管职能，提高行业自律监管的权威性。建立统一的资产管理产品信息披露平台，明确信息披露的具体标准和流程，完善资产管理从业人员培训机制和资格准入机制，建立资产管理市场评级制度，完善投资者保护基金制度。

四是加强投资者风险教育。建议加强资产管理规则的宣传和引导，提高投资者

风险防范意识,逐步打破资产管理产品"刚性兑付"的预期。允许资产管理产品法律风险的正常暴露,资产管理机构按照"契约精神"处置产品法律风险,充分利用市场机制化解兑付危机,推动树立"卖者尽责,买着自负"的资产管理理念。

金融消费者权益保护

P2P 网络借贷消费者权益保护研究

张玉凯*

一、P2P 网络借贷消费者理论分析

P2P 网络借贷中的贷款人因购买平台的 P2P 产品或接受平台服务而成为 P2P 网络借贷消费者，由于贷款人兼具投资者的身份，因此其是否可以作为消费者便存在颇多疑义。在探讨 P2P 网络借贷消费者权益保护问题之前，需对 P2P 网络借贷消费者的地位进行界定，而且目前没有关于 P2P 网络借贷消费者的研究，因此更需要将其概念阐释清楚。

（一）P2P 网络借贷消费者界定

1. P2P 网络借贷消费者概念

P2P 网络借贷是指“Peer to Peer Lending”或“Person to Person Lending”，2005 年起源于英国的 Zopa，自此以后呈席卷全球之势，我国第一家 P2P 网络借贷平台为 2007 年成立于上海的拍拍贷。然而短短几年间，最新数据显示，截至 2016 年年底，国内 P2P 平台已达 1625 家，被称为“野蛮式增长”。P2P 网络借贷平台在我国本土化之后，已经逐渐脱离了纯中介模式，通过引入担保和债权转让模式，平台经营者逐渐介入到借贷关系之中。这些平台便不再是单纯的信息中介，而是或多或少地参与到货币资金的融通过程之中，具有准金融机构的性质，其提供的 P2P 产品和服务也就具有金融产品和服务的性质。而购买金融产品和服务的主体包括机构投资者和个人投资者，一般将个人投资者界定为消费者在金融领域中的延伸。

我国《消费者权益保护法》将为生活消费需要购买使用商品或者接受服务的人定义为消费者。日本学者金泽良雄认为，“消费者是指为生活消费而购入和利用他人所供应的物资和劳务的人，是与供应者相对应的概念”。[1] 由此可见，“生活消费”是界定消费者的重要因素，但随着社会生活的发展，生活消费已经不仅局限于衣食住行等基础生活层面，而是扩展到现代生活的方方面面。随着社会制度的变迁，购买金融产品、接受金融服务业已成为现代人们生活的不可或缺的重要组成部分，“金融消费者”的概念也随之应运而生。

---

* 北京大学 2015 级行政法专业博士研究生。

〔1〕［日］金泽良雄：《经济法概论》，满达人译，中国法制出版社 2005 年版，第 460 页。

我国虽然还没有“金融消费者”的概念，但其已经出现在世界多国的立法中，例如，“美国《1999 年金融服务现代化法》认为金融消费者是指为个人、家庭成员或家务目的而从金融机构得到金融产品或服务的个人”。[1] “英国《2000 年金融服务和市场法》提出金融消费者是参与诸如金融机构提供的投资、储蓄、资产管理等金融活动的主体。日本《2001 年金融商品交易法》将金融消费者定义为不具备金融专业知识，在交易中处于弱势地位，为金融需要购买、使用金融产品和接受金融服务的主体。”[2]

金融消费者的概念不仅得到多国立法的认可，而且不少学者也将金融消费者界定为消费者，认为“金融消费者是通过购买、使用金融服务机构提供的金融商品或接受其提供的金融服务而满足个人生活需要的个人投资者”。[3] 因为尽管提高投资收益是这些金融产品、金融服务的目标，但金融产品与金融服务本身却并不是投资者的投资目标，而只是作为投资者实现投资收益目标的手段，投资目标与投资手段的混淆，导致“原本作为投资手段或介质的金融衍生品异化为投资目标，投资者由对投资对象的选择嬗变为对投资手段或介质的选择，实质上由投资者擅变为金融产品或服务的消费者”。[4]

P2P 网络借贷属于新生事物，相关研究在逐渐增多，但目前还没有人专门研究过 P2P 网络借贷消费者的权益保护问题。然而，可以依托 P2P 网络借贷所属的互联网金融行业，从而将购买 P2P 网络借贷产品、接受服务的个人投资者认定为金融消费者，然后结合金融消费者的定义，将 P2P 网络借贷消费者定义为通过购买 P2P 网络借贷平台经营者提供的产品或接受其提供的服务而满足个人生活需要的个人投资者。P2P 网络借贷的消费者不同于一般意义上的消费者，它融合了消费者和投资者的双重身份。“在现代生活消费中，金融消费已经渗透到日常生活的每个方面并同生活消费不可分离，消费者必须借助和依靠于金融服务机构实现其生活消费需求。”[5]

P2P 网络借贷的消费者将闲散资金通过平台贷给借款人而获得资金效益最大化，确实符合为了获得利益或者利润的投资者定义，但其获得投资收益的目的却与生活消费息息相关，是为了降低个人财产的贬值风险和未来的不确定风险，从而进行财产的保值或增值，为以后的生活消费储备资金。“基于消费者权益保护法保护

---

[1] 叶建勋：《金融消费者的概念和内涵》，载《浙江金融》2012 年第 5 期。

[2] 罗传钰：《金融危机后我国金融消费者保护体系的构建——兼议金融消费者与金融投资者的关系》，载《学术论坛》2011 年第 2 期。

[3] 吴弘、徐振：《金融消费者保护的法理分析》，载《东方法学》2009 年第 5 期。

[4] 陈洁：《投资者到金融消费者的角色嬗变》，载《法学研究》2011 年第 5 期。

[5] 马国泉：《金融消费者保护研究》，法律出版社 2013 年版，第 14 页。

弱者的立法宗旨以及金融业和金融商品的复杂性和特殊性,往往把接受金融机构服务的个人投资者看作金融消费者保护”。[1] 而且个人投资者的保值增值投资虽然也具有营利性,但此营利性与以营利为目的的企业的营利性却有显著差别,不可同等看待。反而应该认为“投资可以看作迟延的消费,投资者保护就如同消费者保护的另一面”。[2]

2. P2P 网络借贷消费者的特殊性

P2P 网络借贷产品是信用商品,不属于勘验商品和经验商品,不能通过勘察、使用等方式来确定商品的质量,而是依赖于平台提供的信息。P2P 网络借贷产品主要是包含一系列借款人信息的借款合同,消费者购买的是一束由金融信息构成的权利义务的集合。消费者在购买 P2P 网络借贷产品时不能通过产品的质地、外形等客观因素对其进行界定,而是通过平台公布的借款人信息(经营状况、信用情况、资金用途等)等电子化的信息进行界定而做出判断和选择。消费者得到的是 P2P 网络借贷平台的信息服务、和借款人签订的电子版借款合同或者购买的平台的理财产品。信息是 P2P 网络借贷消费者做出抉择的重要依据。因此,与一般的实物产品不同,P2P 网络借贷平台提供的产品有其自身特性。P2P 网络借贷的消费者属于个人投资者,结合投资者的身份、互联网金融行业的特性以及 P2P 网络借贷产品的特殊性,P2P 网络借贷消费者群体与普通消费者群体不同,有其特殊之处。

第一,P2P 网络借贷消费者属于非理性群体。P2P 网络借贷的消费者缺乏专业的金融知识和投资经验,很可能被表面的高收益率所迷惑而进行盲目投资。而且在风险发生后,消费者的风险自担意识薄弱,往往还存在“刚性兑付”的思想烙印。个人资产低、专业知识薄弱、风险承受能力差导致这些消费者在做出投资决策时往往是非理性的。P2P 网络借贷也没有合格投资者的要求,任何人都可以成为消费的主体,消费群庞大但消费者的金融素养却参差不齐。

P2P 网络借贷行业的高收益吸引也是引发投资者非理性的重要因素,网贷之家公布的数据显示,2016 年网贷综合收益率为 17.86%,远远高于银行的存款利率,正是其高收益导致广大投资者趋之若鹜。然而,高收益往往伴随着高风险,P2P 面对的投资者群体是不被传统金融覆盖的群体,他们主要为广大中低收入阶层、贫困人口和融资难的中小微企业。而 P2P 网络借贷是一种无担保的信用借款,虽然平台推出的是小额借贷,通过债权的拆分来分散投资风险,但无论如何分散,信用贷款依然是高风险的投资。银行对发放信用贷款一般都有很严格的规范要求,《商业银行法》第 36 条规定:“商业银行贷款,借款人应当提供担保,经商业银行审查、评估,确认借

[1] 马国泉:《金融消费者保护研究》,法律出版社 2013 年版,第 13 页。
[2] A. C. Pageand and R. B. Ferguson. *Investor Protection*, London: Weidenfeld & Nicolson, 1992. 14.

款人资信良好,确能偿还贷款的,可以不提供担保。"[1]而P2P网络借贷的借款人在平台上发布借款信息,却无须提供任何抵押和担保。P2P网络借贷平台对借款人的信用审查主要是利用大数据,但网络数据以及借款人提供的个人信息却极有可能是虚假、片面的,这就更加剧了P2P网络借贷的风险性。作为投资者的消费者都追求最大利润而忽视由此带来的负外部性。

第二,P2P网络借贷消费者数量多,涵盖广。"2016年网贷投资人数和借款人数分别达116万人和23万人。截至2016年12月底,单月活跃投资人数和借款人数分别达88.20万人和17.85万人。"[2]P2P网络借贷投资消费进入门槛低,最低50元起投,因此,P2P网络借贷消费者人数众多,涉及广大工薪阶层、学生阶层、个体工商户等。而且借助于互联网技术,P2P网络借贷突破地域的限制,其消费者更是遍及全国。

第三,P2P网络借贷消费者处于弱势地位。P2P网络借贷属于互联网金融行业,互联网金融亦仍是金融行业,金融行业本身就具有高度的专业性,如高超的金融技术、晦涩难懂的金融术语、复杂的金融交易流程等,加之P2P网络借贷融合了互联网技术,不断推出快速变化的创新产品更增加了其复杂性和专业性。看似简单的产品背后蕴含的风险却是不为人知的,如宜信的债权转让模式,消费者对于一般的债权转让可能并不陌生,也知晓投资期限、预期收益率等基本信息,但是对于原始借款人的信用状况、债权投资的风险、内部操作流程却不得而知。消费者很可能被表面的高收益所吸引而陷入风险之中。经济和金融市场的高速发展在某种程度上蒙蔽了金融组织的风险意识,也使消费者的有限理性消失殆尽。这就使得在系统性风险触发的情况下,金融消费者利益根本无法得到有效的保障,金融消费者无疑成为最大的受害者。

而且,作为准金融机构,P2P网络借贷平台拥有较为雄厚的人力、物力、财力。相关数据统计表明,"2016年新上线的平台注册资本多在1000万~5000万元,占比高达61%,注册资金在1亿元以上的平台多达48家"。[3] 而P2P网络借贷的消费者却多为缺乏专业知识、缺少投资经验的中低收入群体。注册成为平台用户的消费者一般都与平台签订服务协议,此服务协议为格式合同,且大都约定了一定的免责条款,而消费者作为非专业人员,无法理解这些免责条款的深层含义。无论是地位还是专业水平,消费者都完全无法和平台相抗衡,只能"相形见绌"。此外,平台的利益能够及时得到满足,在消费者购买平台的P2P网络借贷产品之时,平台即能够从

---

[1] 参见《商业银行法》第36条。

[2] 《2016年中国网贷行业年报》,载网贷之家:http://news.wangdaizhijia.com/20150106/16305.html,最后访问日期:2017年1月16日。

[3] 同上。

借款人处收取佣金手续费,而消费者的利益只能在后续较长一段时间内通过借款人的还本付息才能实现,相较于平台经营者,消费者处于更大的风险之中。

(二)P2P 网络借贷消费权益保护的基础理论

1.实质公平理论

"法律的基本价值包括公平、自由、秩序和效率,公平是其中的一个重要价值取向。"[1]经济法倡导的实质公平不同于形式公平。众所周知,公平原则是民法的基本原则之一,但民法的公平价值取向侧重于形式公平,即意味着机会平等即可。实质正义寻求的是结果公平,允许适当的差别待遇。因为"现代社会的发展已经导致人们相互之间在能力、财富拥有等方面的差异愈加显著,如果法律对这些先天性不平等的情况视而不见,依然对所有人一视同仁,就只能使不平等变得天经地义,甚至加深这种不平等"。[2] 适当的差别待遇是法律依据不同主体的具体情况而给予权利义务的区别对待,对处于社会不利地位的弱者给予一定的补偿和救济,在不平等的强者与弱者之间寻求平衡。

消费者相较经营者而言天然处于势单力薄的弱势地位,其在财力、物力上都无法与经营者相抗衡。从实质公平的角度出发,《消费者权益保护法》对经营者科加了种种义务,但对消费者则是赋予了各类权利。P2P 网络借贷消费者属于金融消费者,购买的 P2P 网络借贷产品作为金融产品本身的专业性、复杂性和消费者知识结构的局限性加重了消费者的弱势地位,更需要法律的倾斜保护,进而实现实质正义。可以说"民法以平等求得形式公平,经济法则以不平等求得实质公平"。[3]

2.适度干预理论

由于市场不完全、信息失灵、外部性、经济周期等因素的影响,导致市场无法实现资源的优化配置,出现"市场失灵"。市场失灵的存在就需要政府进行适当干预,以弥补市场缺陷,但是由于政府运行效率低下、政府过度干预、权力"寻租"等又会出现"政府失灵"的情形。适度干预理论寻求市场自由与国家干预之间的平衡,强调干预的谨慎性与合理性,干预必须尊重市场经济发展规律,既不能放任自由干预不足,也不能干预过度,阻碍市场经济发展。

P2P 网络借贷属于新兴行业,如果放任 P2P 网络借贷"横冲直撞"地发展,P2P 网络借贷市场可能陷入"市场失灵"的困境,P2P 网络借贷消费者的权益保障则更无从谈起,这就需要监管部门的介入。但金融监管必须适度,不能以金融监管为名遏制金融创新,否则将得不偿失。作为行为监管重要内容的金融消费者权益保护就成

---

[1] 赵军:《经济法人本主义的理论剖析和实践解读——以〈反垄断法〉为视角》,载《宁夏大学学报》2010 年第 3 期。

[2] [美]彼得·斯坦:《西方社会的法律价值》,王献平译,中国法制出版社 2004 年版,第 71 页。

[3] 李昌麒主编:《经济法学》,法律出版社 2008 年版,第 71 页。

为适度干预的重要手段,既不像传统的审慎监管,设置严格的风险控制体系,又不能放任其自由发展。例如,美国并没有因为P2P网络借贷行业的出现而设定专门的监管机构或颁布特殊的法令,而是在原有的制度基础上对P2P网络借贷消费者进行保护,因为在金融危机之后,各国都在加大对金融消费者的保护力度,力争构建金融消费者保护的良好机制。例如,"美国监管体系对P2P平台关注主要集中在消费者保护上"。[1]

3. 信息不对称理论

"市场经济活动中,信息不对称理论是指交易双方所掌握的信息在数量和质量上存在差异,即一方掌握数量较多和质量较高的信息,处于有利的低位。"[2]然而,信息不对称的情形在P2P网络借贷的消费者和经营者之间是普遍存在的。"将金融消费者保护作为金融监管的重要目标,其理念在于金融业中金融产品和服务的提供者和消费者之间存在极大的信息不对称,这会给提供者利用信息优势欺凌盘剥消费者提供渠道和机会。"[3]也正是由于信息不对称的存在,导致P2P网络借贷消费者只看到了P2P网络借贷的高收益、高回报却忽略了其背后的高风险因素。

消费者作为个人投资者势单力薄,加之获取信息的成本非常高昂,不是普通的个人消费者能够负担的。消费者不仅需要获得信息,还需要在众多纷杂的信息中甄选对自己有用的信息,更是难上加难。而理性决策的前提是获得充分的信息,市场上充斥的大量信息是无法被投资者获得的,利害关系人可能会放大或缩小甚至隐瞒部分信息,更何况获得未公布的信息也是存在成本的,这些因素导致投资者很难作出理性决策。"资源的配置都是特定决策的结果,而人们做出的任何决策都基于给定的信息。"[4]哈耶克此言足见信息的重要性。

信息不对称最易产生逆向选择的问题,阿克洛夫提出"柠檬市场"模型。消费者无法从表面甄别柠檬的好坏,因此只愿意支付平均市场价格,久而久之,高质量的柠檬会逐渐被排挤出市场。在P2P网络借贷中也是如此,因为消费者掌握的信息较少,他们只选择收益最高的平台却不了解平台背后的风险,而为了降低风险提高成本的平台反而得不到消费者的青睐而逐渐退出市场。整个P2P网络借贷市场就逐渐处于越来越高的风险之中,加上参与的消费者众多,涉及金额庞大很容易引发整体的金融风险。

---

〔1〕 姚文平:《互联网金融——即将到来的新金融时代》,中信出版社2014年版,第288页。

〔2〕 何颖:《金融消费者权益保护制度论》,北京大学出版社2011年版,第42页。

〔3〕 刘迎霜:《我国金融消费者权益保护路径探析——兼论对美国金融监管改革中金融消费者保护的借鉴》,载《现代法学》2011年第3期。

〔4〕 [英]哈耶克:《个人主义与经济秩序》,贾湛等译,北京经济学院出版社1991年版,第74页。

4. 行为监管理论

将金融消费者保护引入金融监管的是英国经济学家迈克尔·泰勒于 1995 年提出的"双峰理论",其认为金融监管存在两个并行的目标:一是审慎监管目标,旨在维护金融机构的稳健经营和金融体系的稳定,防止发生系统性金融危机;二是保护消费者权利的目标,通过对金融机构经营行为的监管,防止和减少消费者受到欺诈和不公平待遇。[1] "与审慎监管关注金融机构的安全和健康发展不同,行为监管的任务是保持市场的公正和透明,维持金融消费者信心。"[2]行为监管不是不关注金融机构的安全和健康,而是通过规范金融机构的行为,保护金融消费者的权益,保障金融市场的稳定和健康发展。泰勒的行为监管理论将金融消费者权益保护纳入金融监管的范畴之中,成为各国设立金融消费者保护机构的重要理论依据。

P2P 网络借贷平台虽然具有准金融机构的性质,但并非金融机构,无法按照传统的审慎监管的标准去要求它们。如果设置类似银行的准入门槛、资本充足率等要求,则无异于将 P2P 网络借贷行业扼杀于摇篮之中。而通过规范平台经营者对待 P2P 网络借贷消费者的行为,保障消费者的安全权、知情权、隐私权、受教育权等合法权益,保障 P2P 网络借贷市场的公正和透明,行为监管是目前金融监管的趋势和潮流,互联网金融行业更适合行为监管的理论,而非传统的审慎监管理论。

二、P2P 网络借贷消费者权利与经营者义务

权利义务关系是分析任何法律问题的前提,作为法律关系的当事人,一般都处于对等的权利义务关系之中,但是考虑到 P2P 网络借贷行业的特殊性,平台和消费者之间由于信息不对称和悬殊的实力差距,决定了处于弱势地位的 P2P 网络借贷消费者需要得到更多的关注和保护。因此,本文也是着重分析消费者的权利与经营者的义务。

(一)P2P 网络借贷消费者的权利

权利是做某事的正当性,确认 P2P 网络借贷消费者的权利是保护其权益的基础。《消费者权益保护法》中确认了消费者具有安全权、自由选择权、公平交易权、知情权、依法求偿权、人格尊严不受侵犯的权利等,结合 P2P 网络借贷的特性,笔者在此主要分析 P2P 网络借贷消费者的财产安全权、知情权、隐私权、求偿权和获取相关知识权这几项较为重要的核心权利。

1. 财产安全权

财产安全权是安全权的下位概念,安全权最早出现在英国 1215 年的《自由大宪

[1] 参见邢会强:《处理金融消费的新思路》,载《现代法学》2009 年第 9 期。
[2] 廖岷:《银行业行为监管的国际经验、法理基础和现实挑战》,载《上海金融》2012 年第 3 期。

章》之中，其39条规定："凡自由民除经依法判决或遵照国内法律之依据外不得加以扣留、监禁、没收财产、剥夺其法律保护权或加以放逐、伤害、搜索或逮捕。"[1]我国的《消费者权益保护法》也确认了消费者的安全权，即"消费者在购买、使用商品和接受服务时享有人身财产安全不受损害的权利"。[2]

P2P网络借贷平台经营者提供的产品和服务一般不涉及人身安全的问题，因此在这里只讨论财产安全的问题。P2P网络借贷消费者的安全权是指消费者在购买和接受服务时所享有的财产不受侵害的权利。"财产安全权是P2P网络借贷消费者最重要的权利，也是其他权利的基础。"[3]P2P网络借贷的消费者购买P2P产品接受服务就是为了将闲散资金用于投资并获得收益，进行个人财产保值增值。保障P2P网络借贷消费者财产安全权最主要的是保障其账户的资金安全。平台不得滥用消费者账户的资金或以任何方式将消费者账户资金挪作他用。

P2P平台经营者为消费者提供各种P2P金融产品和服务，"平台的建设将直接影响P2P企业的生存和发展。平台的安全性、平台数据处理的效率直接关系到P2P网络借贷消费者资金和信息的安全性"，[4]影响消费者的权益。互联网金融依托于互联网，互联网本身存在的风险增加了互联网金融的风险性，降低了互联网金融的安全系数。互联网除了自身系统的安全性、可靠性、稳定性等问题之外，还可能存在计算机病毒、电脑黑客的攻击等，这些因素都威胁着P2P网络借贷消费者的财产安全。因此，平台经营者应当提供完善的计算机安全系统，保障P2P网络借贷消费者的资金安全。

2. 知情权

P2P网络借贷消费者与P2P平台经营者之间存在严重的信息不对称。这种信息不对称表现如下："第一，P2P网络借贷消费者在购买P2P产品或者接受服务前，难以认知并了解产品或服务的特性；第二，P2P产品作为金融商品结构复杂，即便一般消费者的认知正确，但是对有关其细节的信息却仍难以了解；第三，P2P产品或者服务的效果与影响只有在经过一定的期限之后才能显现。"[5]正是因为这种信息不对称的存在，导致P2P网络借贷消费者知情权保障具有现实必要性。

《消费者权益保护法》规定："消费者享有知悉其购买、使用的商品或者接受的服务的真实情况的权利。"[6]具体到P2P网络借贷中，消费者具有知悉其购买的

---

〔1〕《自由大宪章》原文，载百度百科：http://baike.baidu.com/subview/76568/15421144.htm#3_2，最后访问日期：2017年2月12日。

〔2〕参见《消费者权益保护法》第7条。

〔3〕伏洁：《论电子商务中的消费者安全权保护》，苏州大学2011年硕士学位论文。

〔4〕宋晓源：《基于互联网金融条件下的金融消费者保护》，载《海南金融》2014年第6期。

〔5〕廖凡：《金融消费者的概念和范围：一个比较法的视角》，载《环球法律评论》2012年第4期。

〔6〕参见《消费者权益保护法》第8条。

P2P 网络借贷产品基本信息的权利，如借款金额、期限、利率、资金用途等信息。了解 P2P 产品的基本信息是购买的前提，如前文所述，P2P 网络借贷产品不同于一般的产品，消费者本质上购买的是一系列信息，并且这些信息具有高度专业性和复杂性。众多 P2P 网络借贷消费者自身却并不具备能够辨别利害和风险信息的专业知识，如果不能充分保障知情权，其权益就很有可能受到侵害。

P2P 网络借贷消费者很难在购买 P2P 产品和服务之前对其有充分的了解并掌握其价值，即便消费者在购买之前得到了较为详细和准确的信息，他们也会很容易会被 P2P 产品的复杂性和专业性所迷惑。而且 P2P 网络借贷平台经营者是以利润最大化为目标的，在提供相关信息时往往会出现收益和风险提示不均衡的现象，P2P 网络借贷消费者往往会由于过分重视收益而忽视了应有的风险。金融产品特殊的信息性要求 P2P 网络借贷平台经营者保障消费者的知情权，平台经营者不仅需要保证这些信息的真实性，而且需要保证信息的针对性、充分性；不仅要保证其提供的借款人信息的真实、准确、完整，还应保证其发布的信用评级信息、风险提示信息的真实、准确、完整。凡是对消费者是否购买 P2P 网络借贷产品、接受服务有直接联系的信息，消费者都有权了解。正是由于前文分析的 P2P 网络借贷中消费者处于弱势地位，所以其知情权应该得到更多的关注和保障。

3. 隐私权

“隐私权作为具体人格权，是指自然人享有的私人生活安宁与私人信息秘密依法受到保护，不被他人非法侵扰、知悉、搜集、利用和公开的一种人格权。”[1]与传统隐私权不同的是，P2P 网络借贷中的隐私权是以具有财产利益的信息为指向，以信用信息为核心。P2P 网络借贷消费者在注册、交易过程中提供给平台的个人信用信息和交易信息受法律保护，不被他人非法获知、公开和利用。在此大数据时代，信息具有重要的经济价值，用户信息泄露事件时有发生，消费者的隐私权无法得到切实保障。P2P 平台经营者掌握消费者的大量具有财产利益的私人信息，消费者隐私权处于危险之中，需要更多的关注和保护倾斜。

P2P 网络借贷消费者的个人信息，具体包括消费者的个人基本信息、账户信息及其他信息。个人基本信息主要与身份特征相关，如姓名、性别、年龄、职业、有效证件编号等信息；“账户交易信息则是在交易过程中形成的，如交易时间、价格、账户资金余额等与交易资金运动记录有关的信息”；[2]以及任何与 P2P 网络借贷消费者相关的其他信息，如交易对象等基于账户而产生的信息。P2P 网络借贷消费者对这些信息都具有绝对的支配和使用权，在不涉及国家安全和社会公众利益的前提下具有

〔1〕 王利明：《隐私权概念的再界定》，载《法学家》2012 年第 2 期。

〔2〕 王圣：《我国金融消费者保护法律制度研究》，首都经济贸易大学经济法专业 2014 年硕士学位论文。

绝对的秘密性,所有的P2P网络借贷平台经营者及其从业人员,未经消费者本人同意,均不得泄露任何与其业务有关的消费者信息。

4. 求偿权

P2P网络借贷消费者的求偿权是救济权的一种,本质上为一种请求权。我国《消费者权益保护法》第11条规定:"消费者因购买、使用商品或者接受服务受到人身财产损害的,享有依法获得赔偿的权利。"[1] P2P网络借贷消费者作为一种特殊的消费者,在其合法权益受到侵害时,有权依据与P2P平台经营者签订的合同以及相关的法律法规向经营者提出赔偿请求。

P2P网络借贷消费者的求偿权可以通过自力救济和公力救济的途径实现。就自力救济而言,P2P网络借贷消费者在发现其遭受侵害时,可以直接告知平台经营者,要求经营者给予适当赔偿,也可以要求消费者协会协助其与平台经营者交涉以获得赔偿。就公力救济而言,则主要是通过向有关行政机关申诉的途径要求经营者赔偿。必要时,P2P网络借贷消费者还可以向法院提起诉讼。

P2P网络借贷消费者的求偿权是在其权益受到侵害时享有的救济权,同时,"求偿权的行使往往与国家机关、消费者组织联系在一起,求偿权的行使会导致经营者承担损害消费者利益的责任及接受制裁。因此,赋予并保障P2P网络借贷消费者的求偿权是约束平台经营者,对经营者的行为进行监督的一种有效手段"。[2] 国家、消费者组织以及社会舆论应当积极支持P2P网络借贷消费者行使求偿权,通过法制宣传教育,提高P2P网络借贷消费者的权利意识,鼓励其为维护自己的合法权利而斗争。

5. 获取相关知识权

《消费者权益保护法》第13条规定,消费者享有获得有关消费和消费者权益保护方面知识的权利。P2P网络借贷消费的受教育权是指消费者享有获得有关P2P网络借贷知识的权利。互联网金融行业具有金融行业高度专业性的特征,虽然平台投资消费的门槛很低,但是对于知识专业性的进入门槛却很高。投资消费是一个不断学习的过程,通过对金融、理财知识的学习和实践经验的积累,从而形成P2P网络借贷消费者自己的投资理念。

P2P网络借贷消费者的受教育权作为一种权利,首先,意味着消费者可以通过适当方式获得有关P2P网络借贷产品、服务消费的知识的要求是合理的,消费者可以通过一定的方式要求平台来实现这一要求。其次,作为一种权利,它还意味着政府、社会、平台经营者应当努力保证消费者能够有机会接受这种教育。有关部门除了要督促平台经营者充分客观地披露有关P2P网络借贷产品、服务的信息外,还应

[1] 参见《消费者权益保护法》第11条。

[2] 翁建敏:《论消费者的索赔权》,中国社会科学院研究生院2003年硕士学位论文。

当通过各种制度和措施促进相关知识的传播和普及，保障 P2P 网络借贷消费者的受教育的权利能够充分实现。银监会于 2006 年 12 月 6 日发布的《商业银行金融创新指引》中提出，“银监会与商业银行、银行业协会有义务共同加强对社会公众金融知识的宣传和教育，增进公众对金融创新的了解和买者自负原则的认识，增强公众对现代金融知识的理解，不断提高公众的风险防范意识和风险承受能力”，从该指引中也可以看出国家对金融消费者教育的重视。

（二）P2P 网络借贷经营者义务

“义务是指设定或者隐含在法律规范中、实现于法律关系间的，主体以相对抑制的作为或者不作为的方式保障权利主体获得利益的一种约束手段。”[1]权利与义务向来是不可区分的，P2P 平台经营者的义务主要来源于 P2P 网络借贷行业的特殊性以及相较于消费者所处的强势地位。对应 P2P 网络借贷消费者的权利，平台经营者的主要义务是保密义务和信息披露义务。

1. 保密义务

“金融市场所存在的信息分享，虽然有助于减缓交易双方存在的信息不对等的情况，但相对而言，却也衍生出消费者个人信息被滥用、隐私权被侵害等问题。”[2] P2P 网络借贷消费者注册成为平台用户需提供身份认证信息，包含身份证号码等私人重要信息，以及后续的交易信息、资金流向信息，这些信息在大数据时代具有重要的财产价值，若被不当使用或者泄露，将对 P2P 网络借贷消费者产生难以估量的影响。所以，必须对信息分享可能造成的问题加以规范，确立平台经营者的保密义务。

保密义务保障的是 P2P 网络借贷消费者的隐私权，隐私权是一种宪法规定的权利，因此，保障 P2P 网络借贷消费者隐私权的保密义务应当是一项法定义务，无论平台经营者与其消费者缔结的合同中是否有保密义务的意思表示，平台经营者都应当履行保密义务。保密义务不仅要求平台经营者对于取得的 P2P 网络借贷消费者的资料采取积极措施妥善保管，避免该信息被窃用、盗用，还包括平台经营者不得从消费者信息中为自己或其工作人员谋取利益。若因此使 P2P 网络借贷消费者的权益受到损害，则消费者有权要求赔偿。

保密义务的发生时间为平台经营者与 P2P 网络借贷消费者的法律关系成立之时，即始于消费者注册成为平台网站的用户之时。然而，即便消费者结清其账户、注销其账号不再作为平台的用户，平台经营者的保密义务也并不因此而终止。平台经营者的保密义务针对的是消费者的人身信息和财产信息，这些信息并不会因为 P2P 网络借贷消费者不再是平台的消费者而丧失其价值。如果存在法律强制规定、基于

〔1〕 张文显：《法理学》，高等教育出版社 2007 年版，第 142 页。

〔2〕 Thomas A. Durkin, Gregory, *Disclosure as a Consumer Protection*, *The Impact of Public Policy on Consumer Credit*, 2002, p. 239.

公共利益的需要或者已经征得P2P网络借贷消费者的同意等情况，则保密义务可以除外适用。

需要注意的是，P2P网络借贷的一个突出特征是电子化、无形化，最终是信息在P2P网络借贷市场上汇集和传递。P2P平台经营者在日常经营过程中应当采取必要的技术手段以及严格的审批程序等保障措施来确保P2P网络借贷消费者的信息安全，由于P2P网络借贷依托于互联网，技术手段则成为平台经营者履行保密义务的重要手段，因此，平台经营者应当完善其计算机应用数据库保护机制，建立安全程度高、不易被入侵的运营系统。

2. 信息披露义务

“金融消费的对象是一系列信息的组合，或者说，金融产品的质量取决于信息质量如何，具体包括交易初始信息是否准确完整、持续信息是否及时全面。”[1]信息披露义务是保障金融消费者权益的重要手段。信息披露义务是P2P网络借贷平台经营者对其提供的P2P产品和服务的有关情况给予充分、准确、必要的告知，对其存在的风险进行提示的义务，实质上是一种附随义务。“附随义务是一种(1)债务人之义务；(2)非独立性义务；(3)其目的在于保护固有利益；(4)附随义务之法源于诚信原则。”[2]平台经营者的信息披露义务是为保障消费者之情况而附加的，以防止P2P网络借贷消费者在对相关消费资讯不清楚的情况下购买产品、接受服务，导致不能实现消费者潜在的期待利益，将财产置于不合理的风险之中。

信息披露义务来源于诚实信用原则，应该赋予其强制性，因为诚实信用原则是民法中的“帝王条款”，为保障法律的公平正义，即使在当事人没有进行合同约定的情形下，也应当将信息披露义务作为P2P网络平台经营者的强制义务，当事人也不能以意思自治而排除平台承担的信息披露义务，以便更好地保护作为弱者的P2P网络借贷消费者。在P2P网络借贷中，平台经营者承担的信息披露义务不仅在于保障主给付义务的实现，更重要的是要保护P2P网络借贷消费者的权益。因此，这种保护性的附随义务不因当事人的意思自治而改变，可直接作为P2P网络借贷消费者和平台之间权利义务的内容。

平台经营者的信息披露义务是经营者对其提供的P2P网络借贷产品和服务的相关情况给予真实、准确、充分、及时的告知义务。从P2P网络借贷消费者保护的立场上来看，平台经营者的信息披露义务是与P2P网络借贷消费者的知情权相对应的，以保护P2P网络借贷消费者的知情权得以实现，避免在对P2P相关产品或服务

---

〔1〕 中国人民银行西安分行课题组：《金融消费者保护：理论研究与实践探索》，经济科学出版社2011年版，第31页。

〔2〕 姚志明：《诚信原则与附随义务之演绎》，台北，元照出版股份有限公司2003年版，第51～62页。

的资讯信息不了解的情况下购买 P2P 产品或接受 P2P 经营者提供的服务,从而不能实现 P2P 网络借贷消费者的期待利益,使消费者的财产陷于一种不合理的危险之中。

关于信息披露义务的标准,不能以 P2P 平台经营者的主观感觉为判断标准,而应以 P2P 网络借贷消费者对信息的理解程度为标准。这里不具体强调每一个人在购买 P2P 产品和接受服务时对平台披露信息的理解程度,而是只要平台经营者披露的信息符合一般人的理解即可,否则就过于苛求平台经营者了。但如果在具体实践中,该信息是针对消费者的个人咨询所作的信息,则需要考虑到消费者的特殊情况,披露的信息应得到该特定消费者的理解和接受。"对 P2P 网络借贷产品服务的信息披露不仅要求全方位披露,还要求全程披露。全方位要求 P2P 平台经营者在披露产品和服务信息时,不能只披露有利于自己的信息,必须做到全面、准确",[1] 尤其是在 P2P 产品的销售环节,信息披露的范围涵盖平台经营者的相关资料、双方的权利义务划分以及产品可能蕴含的风险等方面,不能夸大产品的收益,掩饰风险。消费者应当被真实、准确、完整地告知产品信息、市场潜在风险、免责条款等情况。全程披露则要求在产品和服务的存续期间,信息要进行持续披露。全方位披露是在内容广度上对信息披露的要求,而全程则是在时间长度上对信息披露的要求。

P2P 网络借贷行业属于金融行业,因其特殊的高风险,信息披露义务中的关键点是风险告知义务。2016 年 3 月消费维权单位发布的《维权成本调查报告》中显示,超过 6 成的参与调查者碰到过"网络理财产品风险提示不充分"的情况。[2] 为了使 P2P 网络借贷消费者了解 P2P 产品可能存在的各种风险,应当强制平台提供风险告知书,使消费者了解 P2P 产品的特性及其潜在风险。

三、P2P 网络借贷中消费者面临的风险

"在现代化进程中,生产力的指数式增长,使危险和潜在威胁的释放达到了一个我们前所未知的程度。"[3] P2P 网络借贷在传统高风险的金融行业的基础上结合新兴的互联网,意味着 P2P 网络借贷行业是一种双重高风险行业。P2P 网络借贷消费者面临的风险主要有违约、诈骗、个人信息泄露等风险。风险的存在是加强 P2P 网络借贷消费者保护的现实驱动力。

---

[1] 徐尉:《我国金融消费者权益保护法律问题研究》,南京航空航天大学法学院 2014 年硕士学位论文。

[2] 参见中国消费网:http://www.ccn.com.cn/news/yaowen/2014/0317/532906.html,最后访问日期:2017 年 2 月 15 日。

[3] [德]乌尔里希·贝克:《风险社会》,何博闻译,译林出版社 2004 年版,第 15 页。

（一）违约风险

“违约行为是指当事人违反合同义务的行为”，[1]我国《合同法》将违约行为表述为“当事人不履行合同义务或者履行合同义务不符合约定的”。违约风险是P2P网络借贷消费者面临的风险中最为普遍的，平台经营者一旦不履行或不按约定履行合同，就会侵犯P2P网络借贷消费者的财产安全权、知情权、隐私权等合法权益。P2P网络借贷消费者面临的违约风险不仅包括平台的违约风险，更主要的是借款人的违约风险，因为借款人是最终的还款主体。而P2P网络借贷消费者对借款人的违约风险的认知取决于平台对借款人的信用审查，借款人的高违约率牵涉平台没有尽到合理审查、信息披露以及提供高品质的产品或服务的义务。

平台经营者的违约行为包括发布的借款人信息不真实、不准确、不完整，不履行帮助P2P网络借贷消费者催收账款的责任，不履行维护消费者信息安全的责任，不按约定承担本金保障责任等。无论是平台发布的信息不实还是平台不协助消费者催收账款，最终都导致消费者购买的P2P产品得不到收益。借款人的违约责任则主要是不还款或延期还款。归结起来，P2P网络借贷消费者面临最大的违约风险就是贷款资金不能按期得到偿付。

国内大部分P2P网络借贷平台都推出了本金保障、本息垫付、风险准备金等吸引消费者的手段，如拍拍贷、人人贷的本金保障计划、有利网的本息保障制度、积木盒子的第三方本息保障等，[2]在此先不论这些担保或类担保的合法性，只说平台或者与其合作的第三方担保公司能否对巨大的交易金额承担担保责任。保障金一般都是在交易额中按照借款人的信用等级按比例提取的，以担保平台的交易额，本身就存在巨大的杠杆风险。同样，第三方担保机构面对如此巨额的交易总额，其担保能力也令人质疑，而很多P2P网络借贷消费者正是因为看到平台经营者的这些“100%资金安全”“本金保障”等宣传才选择平台的产品和服务的。高杠杆率大大增加了平台的违约风险。

P2P平台经营者对借款人进行信用审核，“是通过搭建数据模型来完成，利用模型对采集到的相关信息进行分析，从而对借款人给出一个合理的信用评级和安全的信用额度”，[3]这种低成本的信用评级模式是其主要优势所在，这也是国外P2P公司普遍采用的方式。但是，由于我国公民信用信息数据系统尚不健全，P2P平台尚

[1] 王利明、房绍坤、王轶：《合同法》，中国人民大学出版社2013年版，第202页。

[2] 参见拍拍贷官网：http://www.ppdai.com/，人人贷官网：http://www.renrendai.com/，有利网官网：http://www.yooli.com/，积木盒子官网：https://www.jimubox.com/，最后访问日期：2017年2月23日。

[3] 《两大P2P网贷模式解析》，载和讯互联网金融：http://iof.hexun.com/2013-12-04/160282217.html，最后访问日期：2017年1月28日。

未被纳入央行征信中心的金融信息基础数据库,所以进行信用评级的信息多来自客户自己提交的工作证明、银行流水、手机话费,以及其在网站的交易记录、资料填写的完整度、网站社区的表现和微博、QQ 等社交信息。这些自己填写的信息和网站虚拟信息本身并不足以证明客户的信用程度,而且容易造假,容易出现冒用他人材料和一人注册多个账户的情况,借款人信用风险大,以致违约风险高发。

很多 P2P 平台上的网络借款协议都由出借人以网名签订,协议的证据效力偏弱。在贷后资金用途方面,网络借贷协议也只是模糊地规定为消费、经营等,无其他违约和惩罚措施,"如果出现不合符借款用途而进行购买股票、彩票等高风险投资的现象",[1]不按约定使用贷款资金将导致借款人无力偿还而违约。借款人也可能恶意拖欠或者直接拒绝还款,因为"网络上从事借贷活动的交易对象都是陌生人,传统亲友熟人之间所依靠的乡规民约、声誉、道德等约束机制很难在互联网金融中发挥作用",[2]增加了违约风险的发生率。而且我国目前尚未建立完善的个人征信信息系统,借款人的违约成本低廉。

除了前面的一般违约之外,还有一种约定利率高于银行同期贷款的 4 倍,到期以该约定违反国家强制性法律规定而无效以逃避高于 4 倍部分的利息的现象。借款人为了迅速融到资金,在平台发布利率极高的借款信息,到期后却依据最高人民法院《关于人民法院审理借贷案件的若干意见》中"民间借贷的利率不得超过银行同类贷款利率的四倍"的规定为由,对超出部分不予支付。利率高,贷款人承担的风险就大,借款人事后对于超过 4 倍部分的违约则侵犯了贷款人对于承担风险对价的期待。虽然超过 4 倍的利率违反了司法解释的规定,但是这不同于常规的民间借贷,在某些情形下,P2P 网络借贷的贷款人即购买 P2P 产品的消费者承担着比一般民间借贷贷款人更大的风险,这些风险是否可以得到更高利率的补偿还有待监管部门的确认和规范。

(二)诈骗风险

诈骗风险主要是财产损失风险,侵犯 P2P 网络借贷消费者的财产安全权。P2P 网络借贷平台对借款人虽然建立了一定的信用审查机制,但是却不能保证借款人提供信息的真实性、准确性及完整性。借款人提供虚假的身份信息或者虚假的资金用途或虚假的商业计划书等与贷款人签订借款合同,符合《刑法》合同诈骗罪的罪状描述,即"以非法占有为目的,在签订、履行合同过程中,骗取对方当事人财物",[3]而且平台是将一个人的借款金额拆分成多份小额借款以满足多个贷款方的资金供给,或一个借款人可能在多个平台进行虚假融资,不明就里的 P2P 网络借贷消费者极易

---

[1] 吴晓光、曹一:《论加强 P2P 网络借贷平台的监管》,载《南方金融》2011 年第 4 期。

[2] 冯果、蒋莎莎:《论我国 P2P 网络贷款平台的异化及其监管》,载《法商研究》2013 年第 5 期。

[3] 参见《刑法》第 240 条。

受到欺诈蒙骗。而且"交易市场是由P2P网络贷款平台自身组建的,其完全可以利用自身权限,通过后台更改数据、虚拟债权等方式进行骗贷,加上没有信息披露和资产隔离等规则要求,因此很难保证出借人的资金安全"。[1]

此外,由于有利可图,部分从P2P平台辞职的工作人员专门从事借款人的"包装"工作,对不满足条件的借款人通过虚假性、误导性的资料美化其信用,由于背后的这些专业人员熟稔信用评估流程和审贷要求,他们的参与和配合大大增强了欺骗能力,让P2P网络借贷消费者防不胜防。同时,平台推出的"秒标"产品在短期能汇集大量资金,但如果这些巨额资金没有被及时冻结,则很容易引发金融诈骗。"秒标"标榜满标后即会自动还款,起初是作为一项消费者的体验服务而推出的,后来发展成为吸引消费者的产品,"秒标"很容易虚增交易量和虚降坏账率,造成平台的虚假繁荣,误导P2P网络借贷消费者。"秒标"的期限极短,但收益却很高,其背后蕴藏的诈骗风险也是同步递增的。现实中很容易发生这样的情形:平台经营者发布"秒标"并获取资金后,却不对消费者购买的P2P产品进行兑付,而是将汇集的资金非法占有,卷款"跑路"。

新近如火如荼的债权转让模式更是非常容易出现"庞氏骗局"。债权转让模式是指专业放贷人首先在平台上以个人借款的形式将资金放贷给借款人,与他们签订借款合同,取得合同债权。然后,再将取得的债权进行期限拆分和金额拆分,分割为若干个金额不一、期限不一的债权包,放在平台上供出借人选择。当出借人与专业放贷人达成债权转让合意时,双方签订债权转让合同,出借人取得拆分后的债权,原来的一个债权经过多个分割、转让行为分别由若干个出借人享有。然而,如果不存在真实债权或者可以隐瞒债权的风险信息而循环转让,则很容易引发流动性风险,形成"庞氏骗局"。在此诈骗风险中,P2P网络借贷消费者的回报不是来自还款人的还款收益,而是来自虚假债权和债权重复转让形成的现金流。

(三)个人信息泄露风险

个人信息泄露不仅涉及P2P网络借贷消费者的隐私权,还关涉消费者的财产安全权,因为个人信息包含着如资金账户信息、交易信息等财产信息。"人们在享受便捷高效的金融服务时,也形成了对金融服务业的高度依赖,金融产品或服务已经成为满足个人或家庭生活需要的必需品。个人或家庭为了生活需要不得不'自愿'将其个人或家庭信息完全告知金融机构。"[2] P2P网络借贷消费者注册成为平台的用户需提交一系列的身份信息,如姓名、性别、年龄、工作单位、有效身份证件号码、联系方式、家庭住址等;在后续的交易中还将形成交易信息,获取P2P网络借贷消费者

---

〔1〕 冯果、蒋莎莎:《论我国P2P网络贷款平台的异化及其监管》,载《法商研究》2013年第5期。

〔2〕 阳建勋:《金融创新、权义平衡与风险防范——金融消费者保护的法理分析与制度完善》,载《财经科学》2013年第2期。

的财产状况。而在21世纪的信息时代，“互联网金融机构可通过云计算、大数据等技术轻易获得金融消费者的个人信息，包括消费者的资产状况、信用等级、投资偏好、个人身份信息等”。

四、对P2P网络借贷消费者权益的四维保护

（一）民法维度的保护——以《合同法》为核心

目前，学界将P2P网络借贷界定为民间借贷，认为P2P网络借贷的实质是“民间借贷的网络版”，[1]更确切地说是一种民间小额借贷，最早可追溯到个人互助借贷模式，亲戚、朋友以及社会团体之间通过小额信贷来解决缺少资金的燃眉之急，如江浙地区的“和会”“标会”等。只不过，这种民间借贷的模式和互联网技术的结合使其更加复杂化、多样化，但这并不能改变民间借贷的实质。

P2P网络借贷为民间借贷，平台经营者是居间人，消费者与平台之间存在居间合同关系。“居间合同是居间人向委托人报告订立合同的机会或者提供订立合同的媒介服务，委托人支付报酬的合同。”[2]平台经营者作为居间人为借贷双方提供基本信息，通过大数据等网络技术或线下实地考察借款人信用并协助贷款人催收贷款等，是连接借贷双方的桥梁。平台作为居间人，负有如实告知的义务，不得隐瞒重要事实或提供虚假情况，即平台对借款人发布的借款信息进行审查，保证其真实、准确、完整。例如在拍拍贷的服务协议中表明拍拍贷有权核实借入人、出借人提供的所有信息，对借贷双方信息的审核不仅是拍拍贷的权利，更是拍拍贷的义务。作为居间人的平台承担如实告知义务的同时，也对借贷双方的个人信息、商业秘密负有保密义务，不得泄露当事人信息或将当事人信息用于不正当之途。

此外，《合同法》规定，当事人对于故意隐瞒与订立合同有关的重要事实或者提供虚假情况而造成的损失应当承担赔偿责任，并且对于存在欺诈、重大误解等情形的，P2P网络借贷消费者可申请法院撤销合同。借款人在成为P2P网络借贷消费者之前都与平台订立用户协议，该协议作为一种格式合同，受《合同法》第39条关于格式条款的规范约束，[3]提供格式条款的平台经营者应当遵循公平原则来确定当事人之间的权利和义务，并采取合理的方式提请P2P网络借贷消费者注意免除或者限制其责任的条款，并按照消费者的要求，对该条款予以说明。而且对于格式条款的理解有争议的，首先按照通常情理来解释；存在两种以上解释的，应做出不利于提供

---

〔1〕 陈静俊：《P2P网络借贷：金融创新中的问题和对策研究》，载《科技信息》2011年第13期。

〔2〕 江平主编：《民法学》，中国政法大学出版社2011年版，第662页。

〔3〕 采用格式条款订立合同的，提供格式条款的一方应当遵循公平原则确定当事人之间的权利和义务，并采取合理的方式提请对方注意免除或者限制其责任的条款，按照对方的要求，对该条款予以说明。

格式条款一方的解释。平台经营者是格式条款的提供者，如果存在对格式条款有两种以上解释的情形，那么将做出不利于平台经营者的解释。格式合同提示告知义务和不利解释原则的目的在于提供一定程度的实质公平。

（二）经济法维度的保护——以《消费者权益保护法》为核心

《消费者权益保护法》作为经济法，更加注重实质公平，对处于弱势地位的消费者加以倾斜保护，确定了消费者的种种权利，为经营者设定了诸多义务，虽然还没有真正将金融消费者明确纳入《消费者权益保护法》之中，《消费者权益保护法》第2条仍然只针对在一般的商品和服务消费过程中如何保护消费者的问题，对于消费者的定义过于狭隘，将生活消费作为界定消费者的重要因素。但是就广义上而言，可以将金融消费纳入生活消费之中，因为金融消费已经成为现代生活消费不可或缺的重要组成部分，进而逐渐把金融消费者认为是现代消费者在金融领域的延伸，这一观点也得到越来越多的学者认可，所以应将P2P网络借贷消费者界定为《消费者权益保护法》上的消费者。

P2P网络借贷消费者作为特殊的消费者，享有《消费者权益保护法》规定的消费者权利。我国《消费者权益保护法》确立了消费者的安全权、知情权、公平交易权、求偿权、结社权、受教育权等合法权利，也为经营者设定了安全保障义务、真实信息告知义务、质量保证义务、个人信息保护义务等种种义务。新修订的《消费者权益保护法》第28条更是增加了特殊经营者的信息提供义务，其中，包括网络经营者的信息披露义务，即"采用网络、电视、电话、邮购等方式提供商品或者服务的经营者，以及提供证券、保险、银行等金融服务的经营者，应当向消费者提供经营地址、联系方式、商品或者服务的数量和质量、价款或者费用、履行期限和方式、安全注意事项和风险警示、售后服务、民事责任等信息"。[1] P2P网络借贷产品和服务是通过网络方式提供的，理所应当受到新《消费者权益保护法》第28条的约束。

此外，《消费者权益保护法》为P2P平台经营者设定了消费者个人信息保护的义务，要求平台经营者在收集、使用P2P网络借贷消费者个人信息的过程中，"应当遵循合法、正当、必要的原则，明示收集、使用信息的目的、方式和范围，并经消费者同意。经营者收集、使用消费者个人信息，应当公开其收集、使用规则，不得违反法律、法规的规定和双方的约定收集、使用信息"。[2] 平台经营者及其工作人员对收集的P2P网络借贷消费者个人信息必须履行严格的保密义务，还应当采取必要的技术手段，如身份识别、手机短信验证服务等，防止P2P网络借贷消费者的个人信息泄露或遗失。

《消费者权益保护法》对欺诈行为设定了惩罚性赔偿规则，即"经营者提供商品

[1] 参见《消费者权益保护法》第28条。

[2] 参见《消费者权益保护法》第29条。

或者服务有欺诈行为的，应当按照消费者的要求增加赔偿其受到的损失，增加赔偿的金额为消费者购买商品的价款或者接受服务费用的三倍”。[1] 平台经营者如果存在欺诈购买P2P产品消费者的情形，则消费者有权依照《消费者权益保护法》的此条款要求平台经营者承担3倍的赔偿。

（三）行政法维度的保护——以监管为核心

目前，我国金融监管制度不完善，缺乏专门保护金融消费者的机构，而在分业监管的模式下，对金融消费权益保护的协调机制也不健全。我国并没有针对网络贷款平台的专门法律法规，平台经营者仅接受同普通非金融公司一样的监管规则。对P2P网络借贷平台缺乏监管即是放任其自由发展，直接造成了P2P网络借贷消费者保护的缺失。因为对平台的监管即是对P2P网络借贷消费者的保护。目前的监管措施主要体现在以下几个方面。

在监管机构方面，2015年1月20日银监会宣布进行机构调整，将原有27个部门分拆、合并成23个部门，包括22个行政职能机构及1个事业单位。设立普惠金融工作部，将P2P网络借贷行业纳入其监管范围。在行业准入方面，只需满足《公司法》的规定，根据《公司登记管理条例》在工商部门进行注册，“根据《互联网信息服务管理办法》及《互联网站管理工作细则》的相关规定在通信管理部门履行备案手续”。[2] 此外，根据《电信管理条例》的规定，P2P平台还需在电信管理局进行注册登记，业务种类为“因特网信息服务业务”。

在持续经营方面，P2P平台仅需依据《公司法》《合同法》《互联网信息服务管理办法》以及《电信管理条例》等一般民商事法律规范和相关网络规范开展业务活动即可。在市场退出方面，P2P网站也仅接受《公司法》《企业破产法》等一般民商事法律的监管，并未因涉及民间借贷和P2P网络借贷消费者权益而有其他特殊规定。

在行业自律方面，2013年1月11日全国P2P行业规范管理指导意见论证会在京召开。中国担保协会P2P工作委员会起草了《全国担保行业等机构P2P业务规范管理的指导意见》的初稿，对为P2P提供中间业务的机构的资质、设立、等级、变更与终止等提出了初步指导意见。2013年8月26日中国小额信贷联盟P2P行业委员会起草的首部《P2P行业自律公约》面世，人人贷、拍拍贷等55家P2P机构签署了行业自律公约。“这份公约要求，P2P服务机构应提供充分的信息服务，不控制客户资金，杜绝虚假债权，引入第三方审计，定期向行业委员会披露风险指标、贷款成本等

[1] 参见《消费者权益保护法》第55条。

[2] 林荣琴：《论我国P2P线上网络借贷的法律风险控制》，中国政法大学法律硕士学院2014年硕士学位论文。

运营信息,加强消费者权益保护。"[1]

(四)刑法维度的保护——以"非法集资"为核心

刑法是最严厉的手段,P2P网络借贷采用公开方式为借款人提供资金,在我国从一诞生就面临着非法集资的风险。对切实符合非法集资的P2P平台经营者进行刑法的规制无疑是保护P2P网络借贷消费者的重要威慑手段。

2010年12月发布的最高人民法院《关于审理非法集资刑事案件具体应用法律若干问题的解释》中规定:"违反国家金融管理法律规定,向社会公众(包括单位和个人)吸收资金的行为,同时具备下列四个条件的,除刑法另有规定的以外,应当认定为刑法第一百七十六条规定的非法吸收公众存款或者变相吸收公众存款:(一)未经有关部门依法批准或者借用合法经营的形式吸收资金;(二)通过媒体、推介会、传单、手机短信等途径向社会公开宣传;(三)承诺在一定期限内以货币、实物、股权等方式还本付息或者给付回报;(四)向社会公众即社会不特定对象吸收资金。"[2]

"P2P网络借贷天然具有非法集资的性质",[3]符合非法集资的构成要件:首先,P2P本身就属于借贷,必然意味着承诺到期还本付息,给予相应的资金回报,同时部分平台还存在本金保障计划、第三方担保等形式保障该资金回报,更坐实了平台在一定期限内给付回报的承诺。其次,P2P产品主要是通过网络进行销售,而网络面对的用户群体必然具有公开性与不特定性,即符合采用公开方式,面向不特定的社会公众进行集资的形式。而"是否具有公开宣传行为以及是否向不特定群众吸收资金,则是非法集资与民间借贷活动最为显著的区别"。[4] 以网络的公开方式宣传向不特定公众集资,直接把P2P网络借贷推向了"非法集资"的泥潭。

更何况目前的P2P平台几乎都已经脱离了不吸存、不放贷、不担保、不垫付的传统平台模式,而是推出本金保障计划、第三方担保与债权转让等新兴模式。本金保障计划由平台依据借款人的信用情况不同,按照不同比例从借款金额中提取的资金集合而成,实质上无疑仍是一种担保,只不过是一种有条件、有限度的担保。购买P2P产品的消费者享受此担保需满足特定条件,签订的只是附生效条件的担保合同。无论是平台以自有资金或风险准备金还是引入第三方担保公司为借款人提供担保的行为,均可认定为从事融资性担保业务。而融资性担保业务是须经过特许才可经营的金融服务业务,法律上也设立了严格的准入门槛。融资性担保属于金融服

---

[1] 《P2P行业首部自律公约面世》,载中国证券网:http://www.cnstock.com/v_fortune/sft_yh/tyh_jgzc/201308/2714824.htm,最后访问日期:2017年2月19日。

[2] 参见最高人民法院《关于审理非法集资刑事案件具体应用法律若干问题的解释》第1条。

[3] 彭冰:《P2P网贷与非法集资》,载《金融监管研究》2014年第6期。

[4] 杨振能:《P2P网络借贷平台经营行为的法律分析与监管研究》,载《金融监管研究》2014年第11期。

务,“任何单位和个人未经监管部门批准不得经营融资性担保业务”。[1] 导致平台经营者不仅具有非法集资的嫌疑,还存在违法经营金融业务的可能。此外,平台将专业放贷人的债权拆分成不同份额、不同期限的债权转让给新的贷款人,并且该债权可以在平台上进行流通,此债权转让已非传统民法上的债权转让,而是平台经营者在从事金额错配、期限错配的金融行为。P2P 网络借贷第一案“东方创投案”即被定义为非法集资,给存在资金池倾向的平台经营者敲响了警钟。

五、结论

P2P 网络借贷有助于改善中小微企业的融资环境,促进金融资源优化配置,提高金融体系的包容性,发展普惠金融。我国 P2P 网络借贷行业发展势不可当,不断有大额资本进入 P2P 网络借贷市场,但 P2P 平台频频出现问题,也令人担忧。P2P 网络借贷目前尚处于发展的观察期,虽然银监会宣布进行机构调整,设立普惠金融工作部,将 P2P 网络借贷行业纳入其监管范围,但还未出台任何监管措施。随着平台逐渐推出担保模式、债权转让模式等异化产品,导致 P2P 网络借贷平台金融机构的属性越来越强。P2P 网络借贷能否进一步蓬勃发展,在很大程度上依赖于处理好金融创新与消费者权益保护、风险防范之间的关系。因此,P2P 网络借贷消费者的权益保护不仅是出于消费者权益受损的现实需要,更是成为 P2P 网络借贷监管的重要手段之一。

金融消费逐渐成为现代生活消费的一部分,金融消费者兼具消费者与投资者的双重身份,并逐渐从投资者向消费者进行角色转变,消费者权益保护也应顺应潮流,确立金融消费者的消费者身份,将 P2P 网络借贷消费者纳入消费者的保护范围之内。在目前的法律框架内对 P2P 网络借贷消费者的保护主要包括以下几个方面:(1)民法维度的公平原则、诚实信用原则、《合同法》中格式条款的适用原则;(2)经济法维度《消费者权益保护法》对消费者的保护;(3)行政法维度监管部门对平台经营者的监管;(4)刑法维度“非法集资罪”对平台经营者的威慑作用。P2P 网络借贷消费者面临着重重风险,应当加大对 P2P 网络借贷消费者权益的保护力度,进行全方位、立体化、持续性的保护。

---

〔1〕 参见《融资性担保公司管理暂行办法》第 8 条。

域外金融法律动态

批准草案《虚拟货币商业统一监管法》

指导老师：李爱君
翻译成员：方　颖　方宇菲　李　昊
李廷达　芦　姗　马　军
任依依　姚　岚　王　璇

全国统一法律委员会议
第126届圣地亚哥加利福尼亚会议
2017年7月14～20日

美国《虚拟货币商业统一监管法》

2017年版
全国统一法律委员会议通过

本草案所载想法和结论，包括拟议的法定语言和任何评论或记者手记，均未经全国统一法律委员会议或起草委员会会议通过。它们不一定反映会议及其委员、起草委员会及其成员和记者的意见。建议的法定语言不得用于确定任何已颁布的最终法定提案的意图或意义。

2017年6月8日

《虚拟货币商业统一监管法》起草委员会

由全国统一法律委员会议任命，并代表其起草本法案的委员会，由以下人员组成：

Fred Miller, 80 S. 8th Street, 2000 IDS Center, Minneapolis, MN 55402 – 2274, Chair

Boris Auerbach, 5715 E. 56th St., Indianapolis, IN 46226

Thomas J. Buiteweg, 3025 Boardwalk St., Suite 120, Ann Arbor, MI 48108

William H. Clark, JR. , One Logan Square, 18th and Cherry St. , Philadelphia, PA 19103 – 2757

Thomas E. Hemmendinger, 362 Broadway, Providence, RI 02909 – 1434

Kieran Marion, 430 W. Allegan St. , 4th Floor, Lansing, MI 48933

H. Kathleen Patchel, 5715 E. 56th St. , Indianapolis, IN 46226

Keith Rowley, University of Nevada Las Vegas, William S. Boyd School of Law, 4505 S.

Maryland Pkwy. , Box 451003, Las Vegas, NV 89154 – 1003

Edwin E. Smith, 1 Federal St. , Boston, MA 02110 – 1726

Charles A. Trost, Nashville City Center, 511 Union St. , Suite 2700, Nashville, TN 37219 – 1760

Suzanne B. Walsh, 185 Asylum St. , Hartford, CT 06103 – 3469

V. David Zvenyach, 707 10th St. NE, Washington, DC 20002

Sarah Jane Hughes, Indiana University Bloomington, Maurer School of Law, Baier Hall,

211 S. Indiana Ave. , Bloomington, IN 47405, Reporter

依据职权

Richard T. Cassidy, 1233 Shelburne Rd. , Suite D5, South Burlington, VT 05403 – 7753, President

Cam Ward, 124 Newgate Rd. , Alabaster, AL 35007, Division Chair

美国律师协会顾问

Stephen T. Middlebrook, Atlantic Station, 271 – 17th Street, N. W. , # 2400, Atlanta, GA30363, ABA Advisor

美国法律研究所顾问

Richard Field, 755 Anderson Avenue, #4, Cliffside Park, NJ 07010, ALI Advisor

执行董事

Liza Karsai, 111 N. Wabash Ave. , Suite 1010, Chicago, IL 60602, Executive Director

本法副本可由此获取：
全国统一法律委员会议
111 N. Wabash Ave. ,Suite 1010
Chicago,IL 60602
312/450 - 6600
www. uniformlaws. org

序　言

法案的目的

该法旨在建立一个“虚拟货币商业活动”的法定结构，建立面向本国居民提供服务或产品的货币商业活动规范。本法所涵盖的“虚拟货币商业活动”类似于许多州的法规规定的“货币传输”或“货币服务”中渗透的审慎监管理念。应当注意的是，在商业活动涵盖以下方面的情形下，将需重视执照审慎监管以及客户保护要求：

(1)兑换现金、银行存款或其他虚拟货币的虚拟货币；

(2)从一个客户的虚拟货币账户转移到另一个账户；或者

(3)某些产品涵盖“虚拟货币”资产的托管或受托服务。

促成这一行为的基本假设在于适当的监管将会保障使用虚拟货币产品和服务者的利益，能够保证这些机构像其他金融服务和产品的提供者一样公平地受到管制。因此，本法案规制的是“虚拟货币商业服务”的提供者和“虚拟货币”的发行者，通过统一货币服务，借鉴类似的企业、银行和供应商的审慎监管制度的方式[如国家银行监事会议(Conference of State Bank Supervisors,CSBS)2015 年 9 月框架虚拟货币业务]，对机构的汇款业务、支票兑现行为进行规范。这个行为也有助于明确哪些国家的法律监管制度将有助于虚拟货币的发展——对从事“虚拟货币商业活动”领域的货币传输”、一般“货币服务”、执照管理、审慎监管、消费者保护进行规范。清晰的监管制度将有利于规范虚拟货币的商业活动，帮助许多国家的虚拟货币业务合法发展，统一货币商业监管行为，并将加强本行业吸引企业投资以及客户的能力。

决定虚拟货币产品和服务提供商的关键因素在第 102 条关于两个术语——虚拟货币”和“虚拟货币商业活动”的定义中有所提及。此外，该法包含许多豁免情形。这些豁免规定与统一货币服务法、其他国家的“货币传输”法规中的规定以及财政部案例执法网络(“法网”)于 2013 年 3 月发布的指南类似。豁免规定具体见本法第 103 条。

这项法令拥有一些新特点，这些新特点有利于设计应对当前监管问题的相对统一的现代化法律。同时，这些特点使之区别于在过去两年中许多国家所采用的“货币服务”或“货币传递”法规，包括：

(1)确定由从事轻微活动者和临时中间人组成的免税供应商的三级制度。注册状态被建模为“入口匝道”或“监管沙盒”，要求旨在促进更为温和的虚拟货币商业创新监管，并实施指定的业务提供者完全许可；

(2)《统一商法典》(U. C. C.)第五部分第8条规定的在供应商控制下对虚拟货币资产的强制申请，有利于保护供应商的资产，也有利于提供一个有助于获得信贷以及其他熟悉的基础商法概念规则；

(3)高度关注供应商跨州“互惠许可”，使供应商能够在较低的监管下向更多的客户提供新产品。下面将更详细地描述这些特性；以及

(4)与《统一商法典》(U. C. C.)第五部分第8条与资产保护相关的供应商货币传输保护，其规定对净值和准备金的要求比现存制度更为灵活。

本法是根据《统一货币服务法》并遵照金融犯罪执法网络(FinCEN)出版指导法的要求制定的。FinCEN重点关注《银行保密法》“预付存取”中规定的“虚拟货币”制度。FinCEN指导明确指出供应商提供的产品或者服务应当作为FinCEN中的“货币服务业务”进行登记，从而不至于违反《美国法典》(U. S. C.)(1960年)第18条的规定。

本法在很大程度上依附于前文所提到的2015年9月的标准框架。本序言和官方评论更加详尽地解释了《统一货币服务法》《行为规制和引导》和CSBS标准框架是如何影响该法案规定的。

统一法委员会赞助起草像虚拟货币业这样的项目是不常见的。其中的一些驱动因素已经在上文有所提及，但规范虚拟货币业务还有两个更重要的原因。各国颁布这一法案的原因之一是创新者要想获得成功就要有顾客需求，而客户想知道新产品和服务是如何运作的，以及这些金融服务“空间”范围内的业务活动会不会被金融服务监管部门审核。

该法案强调这些未来客户的需求。各国颁布这一法案的第二个原因就是虚拟的货币业务需要银行的信贷机会以及早期融资。这项法案旨在推进银行、银行监管机构以及投资者拥有成功商业业务的清晰思路与银行服务和他们背后更大的监管确定性相结合的进程。

什么是虚拟货币，如何使用它？

什么是虚拟货币？

虚拟货币是无形的。它的“表现”形式是一长串的被称为私钥和公钥的计算机地址。此时，为了转移地址所表示的值，需要同时访问公钥和私钥。分布式分类账是一种资产登记方式，它记录了发行或获得的价值和利益转让的价值。虚拟货币的

价值是市场所能承受的价值,而不是由政府规定或由国际组织决定的价值。因此,即使在交换价值"浮动"的情况下,虚拟货币价值也能够像商品一样波动,而不是像许多政府规定的"交换"价值那样波动。

虚拟货币的传输类似于利用互联网发送电子邮件。发送方向收件人发送消息;消息包含表示要传递的值的地址。传输信息的"条点"系统与互联网操作非常相似。下图说明了这个过程:

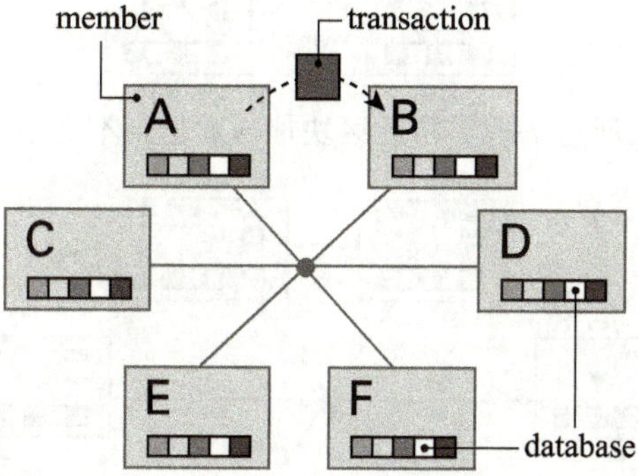

所有成员拥有共享数据库一份。当一个成员希望向另一成员传输货币(如从 A 到 B)时,一个区块就产生了,用来代表这次的交易。

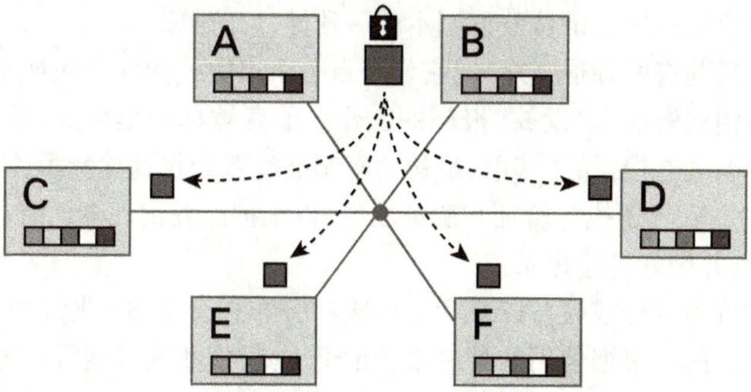

数据加密的作用在于进行群体交易的同时保证双方隐私。由于数字签名(只有真实交易才能使用的公开签名,只有签名者能够看见)的存在,网络可以识别有效交易。

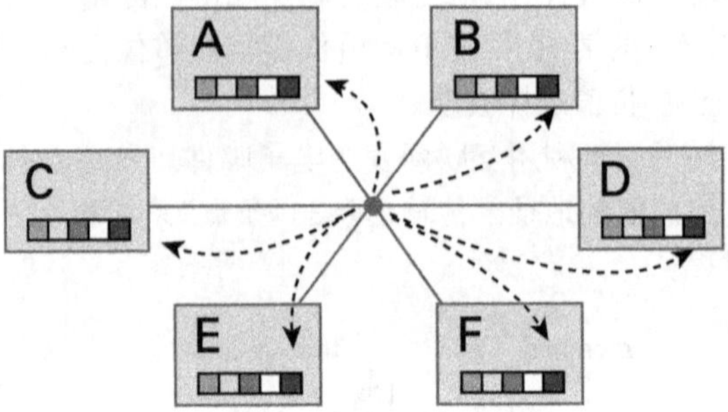

一旦区块被证实,所有的成员将此区块加入数据副本之中。

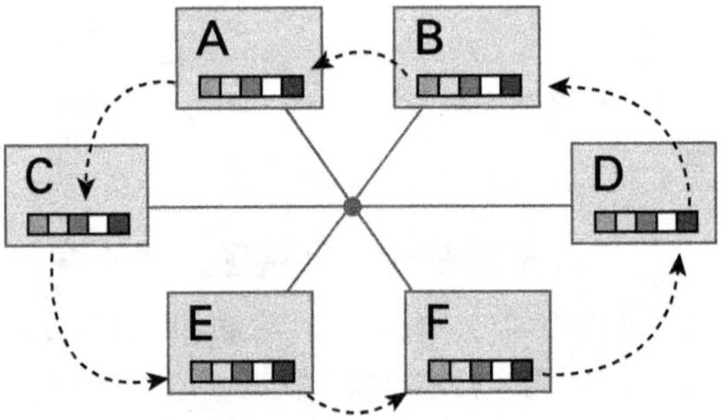

复杂的数字化被用于确认数据副本的一致性,以防篡改。

虚拟货币目前有两种形式之一:它们来自一个集中式的发行人或是来自一个进行虚拟货币秘钥破解的人“发放”报酬的工作。前者被称为集中式,后者是分散式。在一个分散的系统之中,如比特币,最初的密钥破解者会收到比特币作为奖励,他们被称为“矿工”。矿工还执行验证和验证功能,以维护已登记现有比特币的分布式分类账的完整性,并做好传输记录。

记录虚拟货币发行或收益以及利益传输的分布式分类账(或资产登记)可以是公共的或者私人的。根据使用的算法以及记录方式,这些账目通常被称为“区块链”作为分类账所存储的早期信息块的补充。在集中化系统中,由一个操作员管理发行和转账。在分散化系统中,由一组管理人员负责维护注册中心的完整性。在比特币领域,中本聪创造的虚拟货币模式中,解决问题的管理人员被称为“矿工”。而集中化系统中的发行者不需要借助矿工创建单位或记录转移,只有比特币此时才需要使用“矿工”。

虚拟货币是数据加密的子集。作为交换媒介,他们提供了一种 P2P 的对等交易通信技术。这相当于不可逆地,不依赖第三方(银行)进行交易的现金支付。然而,这并不意味着用户不需要使用第三方托管或中介机构执行交易或促进虚拟货币资产存储。

一些虚拟货币的一个关键特征是,P2P 交易通过匿名化或者上述地址进行操作。这很有可能重建影响一个单位价值的一系列转移,而不一定要识别该单位能够启动转移的人员。

根据统一修订的《无人认领财产法案》,虚拟货币被视为"财产"而不是货币。

虚拟货币是如何为本法的目的而定义的?

虚拟货币,在第 102(22)条中有如下定义:

(A)指有价值的数字表示:

(1)用作交换媒介、记账单位或价值储存;

(2)不是法定货币,不论是否以法定货币计价;以及

(B)不包括:

(1)管理数字价值表示传输的软件或协议;

(2)商户提供的交易奖励计划,将其价值作为亲和力的一部分,不能从法人、银行信用证或可转换虚拟货币中获得,也不能与之交换法定货币、银行信贷或可转换虚拟货币;或者

(3)在同一游戏平台上出售的在线游戏,游戏平台或游戏系列中所使用的有价值的数字表示。

"虚拟货币"既不是"法定货币",也不是纯粹的"金钱",虚拟货币是债务人、债权人之间达成协议,办理业务如易货交易的"金钱"的替代品。也就是说,关于何时发生"债务"解除的效果不受法律规定。

这个定义取决于几个活跃的概念,如"控制""交换""存储"和"转移"。

第 102(3)(a)条定义了虚拟货币本身的"控制"一词,与实体控制相对,"控制"意味着:

(A)用于虚拟货币的交易或关系时,"控制"是指单方执行或进行无限期虚拟货币交易的权力。

……

第 102(6)条将"交换"定义为:

……接管来自居民或代表居民对虚拟货币的控制,至少暂时地控制虚拟货币出售,交易或转换:

(A)法定货币、银行信用或一种或多种形式的虚拟货币;或者

(B)一种或多种形式的虚拟货币的法定投标书或银行信用证。

第 102(19)条和第 102(20)条中,将术语"存储"和"转移"定义为:

(19)"储存"是指居民以外的任何人代表居民控制虚拟货币的行为。

(20)"转移"是指从居民或代表居民处控制虚拟货币;并

(A)将虚拟货币贷给另一居民或个人;

(B)将虚拟货币从居民账户转移到同一居民的另一账户;或者

(C)将对虚拟货币或虚拟货币凭证的控制权交给另一个人。

该法案涵盖哪些虚拟货币商业活动?

认定是否适用与虚拟货币有关的产品或服务的特定提供者有3个因素:第一个因素是产品或服务是否与本法第102条所界定的“虚拟货币”有关。第二个因素是该产品或服务是否符合本法第102条规定的“虚拟货币商业活动”的要求。这个因素取决于上面提到的4个定义——控制、交换、存储和传输。

第102(24)条中的“虚拟货币商业活动”一词是指:

(A)与居民或代表居民交换、转移或存储虚拟货币,直接进行虚拟货币管理或借助与虚拟货币控制服务供应商的协议进行虚拟货币管理;

(B)代表另一人持有先前电子贵金属、电子证书,或发行代表贵重金属利益的股份或电子证书;或者

(C)以一种或多种形式的可兑换虚拟货币来交换其他不可转换的数字单位,或者在收到原始数字单位的同一发行商提供的在线游戏、游戏平台或游戏系列之外的法定货币或银行信贷来交换其他不可转换的数字单位。

第三个因素是供应商能否根据第103条适用豁免。第103条包含了该法涵盖范围的16种豁免类型。在国家制定的“货币服务”和“货币传输”法规中,有许多都是常见的。其中一些来自FinCEN迄今发布的指导意见。

统筹考虑3个因素,有一些例子能够说明这3个因素是如何发挥作用的。

“控制”旨在表示虚拟货币的“所有者”向从事虚拟货币商业活动的另一人授予权力的情况,允许第二人单方面处理或永久性防止与“所有者”虚拟货币的交易。为了实现这一点,“所有者”给出使用虚拟货币进行交易的公钥和私钥。如果“所有者”给予的权力少于交易或阻止交易,则“控制”不存在。在该社区中,有一种产品或服务被称为“多重信号”。在“多重信号”情况下,提供商可能具有几个私钥中的一个,并且需要两个或更多个这些密钥来允许交易发生。没有能力实现交易或防止交易的“多信”提供者没有“控制”。

“转移”与在“货币服务”或“货币兑换”的普通系统下的交易执行相当,或者实际上是在电汇或支票托收操作中“推”或“拉”的交易。供应商只同意在交易的一端采取资金或价值,并将其交付给另一端的指定人员。本法所规定的虚拟货币业务将需要拥有足够的凭证,才能在其社区中得到承认,并且还可以验证虚拟货币“转移”。我们可以用比特币进行说明。

比特币依赖于自己独特新颖的架构。比特币是一种支付系统,通常是一种分散的(由用户控制的)网络,允许具有内置安全性的交易,从而无须中央银行。比特币

交易是在公共分类账上进行的。公共分类账使其听起来像个大公告板(用计算机数据库用语来说叫作区块链)。公共分类记录,扩散交易到整个网络。例如,假设A想要将01000101号比特币转移到B,只有通过A计算机代码才能识别A,并与运行数据库分类账的服务器进行联系,并将其转移到B,这一过程只能通过A和B所知道的计算机代码来识别。服务器对数据库分类账进行更新,比特币自此属于B。如果A尝试将此比特币再次转移到C,则服务器将检测到并拒绝为A不再拥有比特币。

交易,如使用借记卡或信用卡购买一杯咖啡的交易与银行挂钩。如果您的账户或者信用卡中有足够的钱,银行授权交易,您因此获得咖啡。如果您用比特币购买了同一杯咖啡,则可以按照以下步骤操作:您可以通过直接进行P2B交易,通过向矿工提供的指示,更新区块链、比特币的注册表,继而将所有权转让给咖啡馆就完成了交易。矿工将对交易进行验证,如果不涉及银行或任何其他金融机构(及其所有交易费用),则将有效的记录在公开分类账上的所有权变更。商人拿了钱,你拿了咖啡。

"虚拟货币商业活动"在该法案的不同定义下,将P2P交易替换为仅用交易描述的咖啡馆,该交易使用了一种媒介,将自己作为一个面向公众的值得信任的实体存在。因此,该法案的重点是虚拟货币产品和服务的中介提供者——而不是虚拟货币本身或虚拟货币的"所有者",这些虚拟货币拥有必要的工具,来达到代表其自身支付咖啡的作用。

"存储"类似于存款和持有,或是安全存款业务。虚拟货币供应商有获取特定形式的虚拟货币或应有现有形式的能力,并为其客户提供保管服务。虚拟货币的存储可能涉及虚拟货币的"所有者",向"存储"公司提供一些凭据,并且凭据很可能使存储公司能够将虚拟货币返回到"所有者"或其指定人。因此,存储类似于将资金存入银行。虚拟货币世界中的存储可能是"电子钱包"或其他形式。

如果一个人将虚拟货币存储在个人计算机上,或者与包含虚拟货币存储的业务的另一个人存储,通常称为"电子钱包",然后通过发送消息来使用存储的虚拟货币(如果虚拟货币由另一个人持有,则消息首先传递给该持有人),通过公共分类账(而不是银行)到因货物或服务接受支付的商家的计算机。这是与涉及银行中介交易相当的交易,除了可能更快外,一般不受撤销,理论上更安全。

该法案包括多种形式的虚拟货币吗?

这个问题的基本答案是"是"。起草该法案,以捕获尽可能多的目前在市场上以集中或分散的方式发行虚拟货币类型。它也还涵盖了"电子黄金"的当代等价物,一个针对持有贵重金属的系统,证书可以通过协议从一个所有者转让给另一个人。

最后一点也可以帮助理解。

支付卖方的一种方式是交付现金。这里的重点不是虚拟货币的转移在大多数方面是优越的,如果不是在所有方面都以现金付款,实际上对大多数现代付款方式的确是如此,但为什么商家同意接收现金(忽视法律规则,没有选择法定货币的参与)。这不是因为纸币具有内在价值,也不是因为它可以交换黄金(也没有内在价值),而是因为人们认为法律规定赋予了美元纸币价值。同样对于虚拟货币,人们看到其作为付款方式的价值,当法律规则明确和可行时,本法案将同时增强价值观念。因为可用于管理虚拟货币商业交易的现行规则不是最优的设计,在应用上也不清晰。规则中也至关重要的是,由于该法案将是州法律,对跨州运营的企业来说是统一的,同时这也是统一法律委员会构建的成果。

为什么对虚拟货币商业的监管应当现在出现呢?

尽管所有媒体的注意力都集中在虚拟货币上,但重要的是理解:(1)虚拟货币和区块链技术提供的更快捷的,跨境的,远距离的,廉价的交易;(2)一个平衡的监管体系所能提供的发展基础。

区块链技术是一种巧妙的计算机代码,完全由计算机存储,形成了成千上万支付系统的基础架构,并且还显示出超越货币的巨大前景,如转移记录、证券等。区块链提供发生过的所有交易的永久记录,通常是在一小时内不可改变的历史记录。以比特币为例,数百万的独立计算机记录交易。这是重要的价值——通过数百万的计算机达成共识的数学验证,见证了发生在同一时间的同样事件。

分布式分类账是相互共享的分类账。它们创造了多方交易的单一记录,提供了数据的一个不可改变的"黄金副本",所有各方同时看到并可信任其有效。因此,当事人不需要保留自己一份并相互调整。分布式分类账是附加数据库,它可以保持一个完美的,不可变的对何者何时做了何事的审计跟踪。信任是区块链的产物,同时规则强化了这种信任。

继续现在采取行动的理由,虚拟货币的价值来自于人们对其所具有的属性的需求,例如,其没有像银行这样昂贵的中间商,而与区块链服务目的相关(银行在更为传统的系统中运行);虚拟货币交易的速度和确定性;以及这种交易的安全性,即使存在与之平衡的一些风险,与银行账户或证券账户不同,虚拟货币交易没有对破产的政府保险。

区块链技术的优点在于其能够将个人安全和在线身份置于其个人手中的能力。21世纪,对于身份盗窃的网络攻击成了明确的安全威胁之一。黑客攻击政府,造成大百货商店的数据泄露,甚至名人裸照泄露,都是同一问题的结果;这是犯罪分子突破网络安全而获得了数据库中充满的宝贵的个人信息。区块链技术为不希望看到个人信息成为互联网上的猎物的消费者提供了一个安全的选择。它提供在互联网上交易却不需要分享其个人信息给第三方的能力。第三方的数据库是黑客的目标。然而,区块链技术在互联网上提供的安全也有另一面。它所提供的匿名性给犯罪分子和恐怖分子提供了一个机会，让他们可以通过互联网发送和接收金钱，而且几乎是匿名的，没有第三方。因此，洗钱、恐怖融资、逃税是技术的固有风险，因此有一定数量的规范来改善这些问题也是谨慎的，也是本法案追求的。传输速度很快，交易每隔 10 分钟就会被分组，但许多交易可以是即时的；交易通常不能被取消或逆转，因此具有支付的虚拟性。

现在行动的最终理由是各州已经开始采取如下描述的行动了。因为虚拟货币交易和企业不限于少数几个州，一个统一的法案是希望避免可能阻止发展的重复或不必要的负担。本法案提供了必要的一致性，同时也避免了对货币服务和货币发送行为的修正案，如果仅修改虚拟货币，则不适用于虚拟货币商业法规。

建立相关立法的法律工作

各州正在研究监管结构的建立健全问题，如纽约州和加利福尼亚州。纽约市金融服务部门（Department of Financial Service，DFS）宣布了对比特币执照的最终规定。参见《纽约州网络安全监管规则（2015）》。纽约的监管计划包括：（1）许可规则和遵守的规定；（2）资本要求；（3）代为保管和保护消费者的资产和其他消费者保护规定，包括投诉程序；（4）注意在业务中的材料变化以及控制、并购与重组；（5）账簿和记录；（6）检查；（7）建立和维护反洗钱、网络安全性、业务连续性和灾难恢复计划。纽约市金融服务部门 2015 年 11 月 9 日发布的强调网络安全程序的细则包括：（1）信息安全，访问控制和身份管理系统和网络安全、客户数据隐私等方面；（2）第三方服务商的管理，包括多因素认证来限制访问敏感数据和系统，以及使用加密计划保护传输中和静止状态下的数据；（3）雇佣网络安全官员和足够的人员来管理网络安全风险和履行核心职能，提供一个年度审计，并注意网络安全事件。纽约也在 2015 年 5 月出台了信托公司执照，使公司能够为客户的资产托管，包括比特币。

国家银行监事会（Conference of State Bank Supervisors，CSBS）提出了一个示范监管框架的原则，将虚拟货币定义为一种数据表示，作为交换媒介的价值，账户单位或存储的价值，但不具备美国政府承认的法定货币地位（所谓“法定货币”）。虚拟货币不包括管理对价值转移的数字表示的软件或协议。虚拟货币不包括只能在货物中的存储价值，或涉及一个确定的供应商的限于交易的服务，如奖励计划。

该框架涉及以下活动：

1. 传输；

2. 为虚拟货币交换“法定货币”（货币），或法定货币交换虚拟货币；虚拟货币交换虚拟货币；以及

3. 便利第三方交换，存储和/或传输虚拟货币的服务（如钱包、保险库、自助服务终端、受让方或付款处理者）。

国家银行监事会(CSBS)的监管框架鼓励有一个所谓的“斜坡”的执照要求来促进创业企业,规范财务实力和稳定性,同时允许投资,提供包括披露和通知风险在内的消费者保护、网络安全和审计,遵守反洗钱和用于检测与监测欺诈和其他非法活动的程序,以及其他必应的账簿和记录。

统一法律委员会制定的法案是对虚拟货币进行审慎监管的统一法规,其中包括作为用户保护条款中一些商业法律类型规则。本法案于 2017 年完成制定,遵循大部分国家银行监事会(CSBS)标准监管框架,同时涵盖相同类型的活动,执行虚拟货币商业活动的执照业务,要求审核,报告和记录,执行,具有用户保护,并需要网络安全、业务延续和灾难恢复计划。其范围的定义需要位于任何位置的任何人与颁布州的居民从事或自行参与虚拟货币商业活动的许可,并且具有某些例外情况,如特许为银行的个人,以避免双重或重叠监管。

该法案的发展

制定各州统一法案的实质是,在各州立法机关制定法律的时候,在不同选区的利益之间取得平衡,从而获得充分的一致意见。简言之,在法案的规定中,每一利益方都必应看到更多的利益而不是损害。如果这一目标得以实现,那么所有 50 个州的立法机构都有可能普遍和统一采用。另一个重要的考虑因素是,法律的规定必应反映良好的政策,并且是可行的规则,以指导该法案所管理企业当前业务的运作。

为了实现这一目标,统一法律委员会的做法是宣布起草工作,并广泛发布公告,一般是在所有确定的利益相关方的一次会议之后,通常会对所提议的目标的适当方向进行披露,并确定这一目标是值得的。那些希望能够参与其中的利益方,随着法案推进随后将被邀请参与起草工作。由于所有统一的法案在完成后均需提交给美国律师协会(American Bar Association,ABA)批准,由美国律师协会指定的来自美国律师协会的一名或多名顾问将参加起草委员会会议,并征求美国律师协会及其对该议题可能有利益的成员各方的意见。其他与会者称为“观察员”(但观察员做的远远不止这些,同时观察员将建议起草委员会的成员制定可行的规则及其实用性),并在起草委员会的许多会议上广泛参与和讨论,其中包括:

由安妮·希尔·沃尔沃克(Anne Shere Wallwork)为代表的美国财政部;

由玛格丽特·刘(Margaret Liu)为代表的高级国家银行监管机构会议;

副总裁兼副总法律顾问,以及副总法律顾问马特·兰伯特(Matt Lambert);

由皮特·范·瓦尔肯博(Peter Van Valkenburg)(律师)为代表的货币中心;

由西德利 & 奥斯丁律所(Sidley & Austin,Palo Alto)的帕梅拉·马丁森(Pamela Martinson)为代表的美国商业金融律师学院;

有其执行董事佩里安·博英(Perryanne Boring),以及J.达科·汉森(J. Dax Hansen)、达纳·锡拉库扎(Dana Syracuse)和来自伯金斯·科埃(Perkins Coie)的其他人,以及原卡罗尔·范·克莱夫(Carol Van Cleef)为代表的数字商会;

由布伦达·麦基(Brenda McGee)以及原丹尼尔·伍德(Daniel Wood)为代表的得克萨斯银行业部门;

由史蒂芬·劳(Stephen Lao)为代表加的利福尼亚商业监督部;

由赖安·泽刚(Ryan Zagone)和Jesse Chen为代表的Ripple实验室公司;

以Jamie Williams和Lee Tien为代表的电子自由边界;

以首席执行官Juan Suarez,首席法律和风控官为代表的Coinbase公司;

由Michael Warnecke为代表的美国娱乐软件协会;

Carol Van Cleef, Baker Law, Washington, D. C.;

Rebecca Simmons, Sullivan & Cromwell, New York City;

Ryan Strauss, Dorsey & Whitney, Seattle;

得克萨斯A&M大学法学院法学教授Mark Burge;

Tom Brown, Paul Hastings, San Francisco。

其他参与者包括纽约联邦储备银行、加利福尼亚州商业监督办公室、华盛顿州银行部和贝宝平台。

该法案的起草委员会每年举行两次会议,为期2年。该法案得到了包括来自各个州、哥伦比亚特区、美属维尔京群岛和波多黎各所在的统一法律委员会两年度会议审核,并于2017年的年度会议上通过了该法案。

在这个漫长的协商过程中达成的共识是平衡和质量。该法案的报告人是布鲁明顿印第安纳大学毛利法学院的教授莎拉·简·休斯(Sarah Jane Hughes),一位美国律师协会的活跃会员,也是多产的学者,以及众多计划和立法听证会的发言人,其拥有浩瀚知识和技能。ULC还承认了美国律师协会顾问史蒂夫·米德尔布鲁克(Steve Middlebrook)(起草委员会成员)的精湛工作,最后同样重要的是委员会的观察员给予他们时间和知识,同时表达利益代表也承认任何立法中有必要妥协实现公共利益。

平衡的实现

A. 虚拟货币的所有者。虚拟货币所有者通过接受强有力的监管结构,从法案中受益:(1)提供明确的规则;(2)防范风险,经济和滥用行为;(3)提供重要资料,允许对参与和预期交易进行评估;(4)如果事情变得恶化,则提供有效的补救措施;(5)要求通过和维护政策和计划,以减少欺诈和不正当活动的风险。

B. 参与虚拟货币商业活动的个人。

希望从事虚拟货币商业活动的个人:(1)获得一个平衡合理的监管结构,这能验证良好的业务实践,从而增强对虚拟货币用户的信任,并可能导致SEC批准虚拟货币供应;(2)通过临时注册的测试过程,获得进入业务的灵活性;(3)事情恶化前的监管检查;(4)通过防止破产和其他风险的要求,并更好地确保业务变化不会损害其操作,来帮助他们运行业务;(5)操作时,特别是在几个司法管辖区,防止不必要的负担和其他保护互惠,同时对机密信息进行保护;(6)保护私人行为不受侵害,同时仍然采取强有力的行政行为;(7)通过合并现有的融资结构,克服目前困难,以获得充足信贷的能力;(8)此外,还要通过监督管理结构的优点,获得更多的银行业务关系。

第一章　一般规则

第101条　法律简称

本法可称为《虚拟货币商业统一监管法》(Uniform Regulation of Virtual Currency Businesses Act)。

第102条　术语定义

在本法中:

(1)"申请主体"是指根据本规则的规定申请许可的人。

(2)"银行"是指由联邦特许的或国家特许的存托机构,或者由货币监理授予执照的从事银行业务而非吸收存款业务的人。"银行"不包括:

(A)实业贷款公司、国家特许信托公司或有限目的信托公司,但部门授权该公司从事虚拟货币商业活动的除外;或者

(B)州所特许的信托公司或有限责任信托公司,且与本州并未达成信托公司活动互惠协议。

(3)"控制"是指:

(A)当用于虚拟货币交易或关系时,指的是单方面执行或阻止虚拟货币交易的权力;以及

(B)当用于为他人提供虚拟货币产品或服务的人时,则是指其以自己的名义或者依据合同或者协议,通过合法的或者有利的表决权直接或间接执行管理、运行或者政策的权力。

(4)"可兑换虚拟货币"是指符合以下条件的虚拟货币:

(A)与法定货币有同等价值,并且可以兑换为法定货币或银行信贷;或者

(B)可以兑换为法定货币计价的利益。

(5)"部门"是指执行本规则的州立机构。

(6)"交易"是指控制虚拟货币(至少是暂时)从居民处或者代表居民进行出售、

交易或者交换：

(A)以虚拟货币交易法定货币、银行存款或者一种或者多种形式的虚拟货币；或者

(B)以法定货币或者银行信贷交易一种或多种形式的虚拟货币。

(7)“执行官”是指董事、主管、经理、管理人员、合伙人或受托人。

(8)“法定货币”是指包括美国政府发行或者承认作为交税和抵债合法方式的硬币或者纸币在内的一种交换媒介或者价值单位。

(9)“执照持有主体”是指根据本法获得执照的主体。

(10)“当事人”是指个人、房地产、合伙企业、协会、信托、商业或非营利性实体或其他法律或商业实体(这个术语不包括公共企业、政府或政府部门或机构)。

(11)“临时注册人”或者“注册人”是指进行了国家注册从事虚拟货币业务,但其虚拟货币商业的规模小于第二章规定的需要申请执照的要求,且大于本规则第103(b)(8)条规定的无须申请许可的数量。

(12)“临时注册”是指通过国家注册,并且符合本规则其他要求,能够在第二章规定的临界值以下的与本法第103(b)(8)条规定的数值以上开展虚拟货币业务。

(13)“互惠协议”是指一个机构与另一个州许可机构之间达成的允许执照持有主体凭借其他州颁发的执照进行虚拟货币业务的安排。

(14)“记录”是指在有形介质上印制,或者以电子方式或者在其他介质上存储,或者以可感知的形式进行检索。

(15)“注册”是指全国跨州许可制度和注册。

(16)“居民”是指在某个州定居,且在过去的365日内在该州停留的时间超过183日,或者在该州设有营业地。

(17)“责任人”是指具有与执照持有主体或临时居民代表居民或者与居民进行的虚拟货币商业活动有关管理职权的人。

(18)“签署”是指目前有鉴定或者记录的意思表示：

(A)执行或者采用有形符号；或者

(B)依附于或者有关记录电子符号、声音或者程序。

(19)“州”是指美国的各州、哥伦比亚特区、波多黎各、美属维尔京群岛或任何属于美国管辖范围的领土或岛屿(这个术语不包括由联邦政府认可的印第安部落或国家)。

(20)“存储”是指代表其他居民持续控制虚拟货币。

(21)“转移”是指从居民处获得或者代表居民控制虚拟货币：

(A)将虚拟货币贷给其居民或个人的账户；

(B)将虚拟货币从一个居民的账户转移到该居民的另一账户；或者

(C)将虚拟货币的所有权让与他人。

(22)“虚拟货币的等值美元”是指在本规则规定的特定时期,某一特定虚拟货币与美元在美国进行虚拟货币交易中价值相等。

(24)“虚拟货币”:

(A)是指价值的一种数字代表:

(1)被用作交换媒介,记账账户,或者价值存储;并且

(2)不是法定货币,不论是否能以法定货币计价;

(B)不包括:

(1)管理价值数字代表交易的软件或协议;

(2)在某交易中,商人将价值作为一种关联或奖励计划的一部分,其价值不能从交易中获得,也不能使用法定货币、银行信贷或可兑换的虚拟货币从商户取得或与商户兑换此类价值;

(3)用于网络游戏、游戏平台、同一游戏开发商售卖的或者同一游戏平台提供的系列游戏的价值数字代表;

(25)“虚拟货币”是指发行虚拟货币,并有权兑换法定货币、银行信贷或其他虚拟货币。

(26)“虚拟货币商业活动”是指:

(A)与居民进行或者代表居民兑换、交易或者存储虚拟货币或者参与虚拟货币管理,无论是否直接进行或者通过与虚拟货币控制服务供应商达成协议;

(B)持有电子贵金属或者代表他人持有贵重金属电子证书的,或者发行代表贵金属利益的证券或者电子证书;

(C)在收到原始数字单位的在线游戏、游戏平台或同一出版商所提供的游戏系列之外,用该不可兑换的数字单位交换一种或多种形式的可以兑换的虚拟货币或法定货币或银行信贷。

(27)“虚拟货币控制服务商”是指依照并代表他人获得协议下排他的虚拟货币控制权的主体。

立法说明:意图在“银行”术语中包含州特许的信托公司的州应该考虑在定义结尾增加说明,什么类型的信托公司有资格适用第103条“银行”的豁免规定。如果在最终版本的规则中没有更改“银行”一词的现行定义,则从货币监理署获得“金融科技”特许状的实体将免于遵守本规则。

第103条 范围

(a)除在(b)款中有所规定的以外,本规则管理任何与居民进行的或者隐瞒身份与居民进行虚拟货币商业活动的人,无论居住地在哪里。

(b)本规则不适用于：

适用(经修订的)《美国法典》第十五篇《1978 年电子资金转移法》第 1693～1693r 条、(经修订的)《美国法典》第十五篇《1934 年证券交易法》第 78a～78oo 条、(经修订的)《美国法典》第七篇《1936 年商品交易法》第 1～27f 条或(经修订的)本州的《蓝天法案》规定的以下主体进行或管理的交易、交换或者存储虚拟货币或者虚拟货币管理活动：

(1)联邦、州、州的政治分支机构，联邦、州或地方政府机关或代理机构，外国政府及其分支机构、部门、机关和代理机构。

(2)银行。

(3)参与资金汇送的人，并且

(A)持有国家货币服务或货币传输法规规定的现行有效的执照；

(B)由部门授权从事虚拟货币商业活动；以及

(C)符合本法第二章、第三章、第五章及第六章的规定。

(4)参与支付系统但仅限于为不受本规则有关许可或临时注册要求约束的人之间的交易提供处理、结算或进行结算服务。

(5)从事外汇交易业务的人，其活动符合《美国联邦法规》第三十一章第 1010.605(f)(1)(iv)条的定义。

(6)仅仅从事以下活动的人：

(A)为分散的虚拟货币提供连接软件或计算能力；

(B)为虚拟货币业务提供数据存储或安全服务，不代表其他人从事虚拟货币商业活动；或者

(C)为人们提供本法规定的另外的豁免，将虚拟货币提供的一种或多种企业解决方案相互独立使用，并且与作为虚拟货币最终用户的居民没有任何协议或关系。

(7)仅为个人、家庭或家庭目的，挖掘、制造、购买、出售、兑换、拥有、取得或放弃虚拟货币控制权的主体，此类主体不得代表他人开展虚拟货币商业活动，包括购买或出售虚拟货币作为投资、研究虚拟货币或相关技术，获得虚拟货币作为购买或出售货物或服务的付款。

(8)除第 302 条及第 502 条另有规定外，与居民或代表居民的进行的虚拟货币商业活动的年度总额的合理预期价值不超过 5000 美元(以虚拟货币的等值美元计)。

(9)向居民提供托管服务的律师。

(10)一个为居民提供托管服务的职业保险公司。

(11)《统一商法典》第 8 条至第 102 条所定义的证券中介，或《统一商法典》

第 8 条至第 102 条所定义的商品中介。

(A)除了维持证券被记入债券的证券账户以外,不参与和居民或代表居民进行的虚拟货币商业活动的普通商业活动,并根据联邦法律或根据本州或其他州的法律作为证券中介机构被监管;及

(B)向居民提供类似于《统一商法典》第八篇第五编中规定的保护措施。

(12)依照《统一商法典》第九篇规定的担保债权人或有司法留置权或根据法律虚拟货币抵押产生的留置权的债权人。此类债权人的虚拟货币商业活动仅限于执行符合《统一商法典》第九篇的担保权益,或符合适用于留置权的法律规定的留置权。

(13)虚拟货币控制服务供应商。

(14)未向居民收取报酬而提供虚拟货币产品、服务或交易的任何人员,或用此人自己的资金进行产品或服务测试的人员。

(15)或者不论该等主体或者该等类别的主体是否是联邦法律施加于货币服务业务所要求的,满足特定条件的,经过实施部门认定,应根据本法被豁免。

立法说明:如果国家根据本条第(b)(8)款规定,调整美元等价物的豁免达到高于 5000 美元的数额,则国家应考虑增加此人遵守第 302 条和第 502 条的义务。

在宪法或其他法律规定的国家不允许将联邦法规纳入国家法律时,“经修正”一词应在本条第(b)款中予以删除。

第二章 执照核发

第 201 条 执照

一个人不得从事虚拟货币商业活动,或者自行与一个居民从事虚拟货币商业活动,除非此人:

(1)依照本法获得执照;

(2)被有互惠协议的国家许可进行虚拟货币商业活动的;

(3)符合第 210 条运作的临时注册人;或者

(4)属于本法第 103 条规定的豁免情形。

第 202 条 禁止转让执照或临时注册身份

禁止转让本法规定的执照或临时注册身份。

第 203 条 执照的申请

(a)除第 204 条另有规定外,根据本法,执照的申请应以部门规定的形式和渠

道，或以注册处规定的形式提出。

(b)除第(d)款另有规定外，执照的申请应提供与申请人提议的虚拟货币商业活动相关的信息如下：

(1)申请人的法定名称、申请人的每一个现有或拟定的营业地址以及申请人与居民进行虚拟货币商业活动使用的或将要使用的任一虚拟或商业名称。

(2)申请人的每个高级主管、申请人的每个法定代表人以及对申请人具有控制权的每个人的法定名称、曾用虚拟名称、住址及办公/营业地址。

(3)申请人申请提交前5年的申请人的当前及历史业务的描述，或者申请人已经投入运营的期间，包括其产品和服务、相关的网站地址及社交媒体主页、主要营业地点、预计用户群体和具体营销目标。

(4)管理每个申请人希望用于与居民或代表居民进行虚拟货币商业活动的服务器的每一位管理人员的姓名、地址和电话号码，以及与此人的任何协议一份。

(5)列出涵盖以下事项的清单：

(A)申请人在另一国家持有的每一个货币服务或货币转换执照；

(B)执照到期日期；及

(C)任何在另一国家针对持证人的执照的撤销、暂时吊销或其他纪律处分及被其他国家拒绝的任何执照申请；

(6)列出在任何司法管辖区的刑事定罪、延期起诉协议及未决刑事诉讼针对：

(A)申请人；

(B)申请人的每个高级主管；

(C)申请人的每个法定代表人；

(D)对申请人有控制权的每个主体；及

(E)申请人所控制的每个主体。

(7)列出涵盖以下事项的清单：

在申请提交前5年内申请人、申请人的每个高级主管、申请人的法定代表人涉及的司法管辖区域内的任何诉讼、仲裁或者行政诉讼，决定根据普遍接受的会计原则进行材料审查，并且在申请人经审计的提供给股东的陈述、报告或类似陈述或报告中，申请人被要求披露诉讼、仲裁或行政诉讼的进展情况。

(8)列出在提出申请10年前的司法管辖内的任何破产或接管程序，其中以下任何一个是债务人的：

(A)申请人;

(B)申请人的每个高级主管;

(C)申请人的每个法定代表人;

(D)对申请人有控制权的每个主体;及

(E)申请人所控制的每个主体。

(9)申请人计划将通过虚拟货币商业活动获得的资金存入的各银行名称和地址。

(10)申请人与居民或代表居民进行虚拟货币商业活动使用的资金及贷款的来源,及证明申请人具有第209条要求的最低净值和储备金的资料。

(11)接收实施部门通信的美国邮政地址和电子邮件地址。

(12)申请人在该州的注册代理人的姓名、美国邮政地址和电子邮件地址。

(13)申请人为其自身、高级主管、负责人或申请人的用户自行维护的每项责任保险、伤亡保险、业务中断保险或网络安全保险单的证明副本或部门可接受的详细覆盖的摘要。

(14)(如适用)申请人成立的日期和状态,以及该国颁发的现行良好信誉证明一份。

(15)如果某人对该申请人具有控制权,此人的股权在美国上市,根据《1934年证券交易法》第13条提交的人员、《美国法典》第十五篇第78m条,此人在最近一个会计年度的经审计的财务报表一份或最近一次年度会计报告一份。

(16)如果某人对该申请人具有控制权,而此人的股权在美国境外公开交易,此人最近一个会计年度经审计的财务报表一份或此人居住地的外国监管机构出具的与第(15)项规定类似的最新文件一份。

(17)如果申请人是合伙人或一个成员管理的有限责任公司,则需要一般合伙人或成员的姓名和地址。

(18)如果申请人的货币服务业务必须向美国财政部金融犯罪执法网登记,则需要提供注册证明。

(19)申请人每位CEO和每位法定代表人的指纹、工作经历以及在提交申请之前5年内涉及任何CEO或负责人的任何调查或法律程序的历史(如果有)。

(20)监管部门合理要求的其他信息。

(c)申请必须附有法律规定或者本部门规定的所需金额的不可退还费用。

(d)出于正当理由,实施部门无须满足上述第(b)款规定的要求,或允许申请主体提交其他信息代替必要的信息。

立法说明:在不将收费设置纳入部门自由裁量权范围的情况下,国家应规定初始许可费的数额。在允许主管部门监督和执行类似于本法的法律规定收费的情况下,应当根据本法规定许可费。本说明适用于根据第(c)款提出的申请所需的费用,以及根据本法案颁发执照之前应支付的任何费用。

第204条　互惠执照颁发

备选方案A

(a)除了第203条要求的申请之外,被许可在他州进行虚拟货币商业活动的申请人可以向注册管理机构提交本条提及的申请。

(b)根据本条向登记处提交申请时,申请人应通过记录表明申请人已经向注册管理机构提交了申请,并且,

(1)申请人向负责发放执照的国家机构提交进行虚拟货币商业活动执照证明;

(2)依照法律规定的要求支付不可退还的互惠许可申请费用,由部门规定缴纳;

(3)提交文件,证明申请人符合第206条的担保准备金要求,第209条的净值和准备金要求;

(4)提交申请人执行官签署的证明,申明人将根据本法案与居民进行虚拟货币业务。

(c)部门可以允许符合本条规定的申请人临时执行。

备选方案B

(a)和以下情况持有执照的人一样,由他州授权在该州从事虚拟货币商业活动的人与居民或代表居民进行虚拟货币商业活动:

(1)部门认定,该人获得执照的州拥有与本国法律基本相似或者能够更大程度保护用户权利的法律。

(2)在居民或代表居民开展虚拟货币商业活动至少30日前,将下列材料提交给部门:

(A)通知该人可以通过互惠执照、另一国发放的虚拟货币商业活动执照副本以及另一国家对该执照的历史情况的认证;

(B)缴纳不可退还的互惠执照费用,金额依法律规定或由实施部门通过法规作出规定;

(C)证明申请人符合第206条的担保准备金要求和第209条的净值和准备金要求的文件;以及

(D)申请人持有的执行官签署的证明书,申明其将根据本法案与居民

或代表居民进行虚拟货币商业活动。

(3)在收到根据第(2)款提交的项目后15日内,实施部门不得拒绝申请。并且

(4)申请人在遵从第(2)款的规定后,31日内不得与居民或代表居民进行虚拟货币商业活动。

(b)出于正当理由,部门可修改本条的期限。

备选方案的有效期限

立法说明:选择授权互惠许可的国家应选择本条中的一种替代方案。只有在该国同意加入国家银行主管会议的一个附属机构的登记册时,备选方案A才适用。如果该国已经参加了登记注册,则方案A将予以采用,但不再作为备选方案,且备选方案B将被删除。如果国家选择不参加登记注册,则应以方案B作为备选方案。

在任何情况下,颁布国不得放弃要求申请人有足够的准备金或担保的规定,以支付足以使其与居民减少业务的费用,并完成居民指示受让人完成的任何交易。

第205条　实施部门的行为

(a)在部门收到本法所要求的全部资料,并根据第207条完成调查之前,根据第203条提出的执照申请是不完整的。

(b)在根据第203条提出的申请完成后的30日内,部门应通知申请人其批准或拒绝申请的决定。申请完成后的第31日,如果该部门未通知申请人其决定,则申请被视为已批准;如果没有正当理由,则部门应颁发执照。

(c)执照的生效时间如下:

(1)部门颁发执照的日期;或者

(2)被许可方提供第206条规定的担保的日期。

第206条　安全

(a)在根据本章条款发出执照之前,申请人必须向部门交存部门资金、信用证、保证金或其他令人满意的担保:

(1)确保执照持有主体忠实履行本法规规定的职责;并且

(2)是部门根据申请人虚拟货币商业模型中风险的性质和程度所指定的金额。

(b)只有国家以商业上合理的成本提供保证金时,该部门才可以要求其用保证金作为担保。

(c)根据本条缴存的保证金必应由本州收取,以便因执照持有主体与居民或代表居民的虚拟货币商业活动而向执照持有主体提出索赔。

(d)根据本条交存的保证金,必应包含按规定在指定期间的索赔。执照持有主体不再与居民或代表居民进行虚拟货币商业活动后,部门可延长该期限。

(e)出于正当理由,本部门可增加根据本条存放的保证金额。执照持有主体应

当在收到该部门记录所需增加通知书后15日内存入额外的保证金。

(f)出于正当理由,如果执照持有主体在任何时候都符合本条的规定,则部门可以允许执照持有主体代替或交存令部门满意的替代形式的担保。

(g)索赔人对根据本条交存的担保没有直接权利。

只有部门可以恢复安全。部门可以在其恢复安全后5年内保留恢复情况,并可以依照部门颁布的条例处理索赔争议并向索赔人授予追索权(参照《国家统一货币服务示范法》或《货币转移法》)。

立法说明:在第(g)款中,国家应指明其认为能够代表受害方索赔的合理期限,并将其提交部门和部门确定索赔是否有效,继而处理索赔。

第207条　调查;颁发执照

(a)如申请人根据第203条提出申请,部门应调查:

(1)申请人的财务状况和责任;

(2)申请人的相关财务和业务经验、性格和一般身体状况;以及

(3)对该申请人具有控制权的每个执行官、负责人以及个人的能力、经验、性格和一般身体状况。

(b)部门可以对申请人的营业场所进行调查。

(c)申请人应按照本条支付部门调查的合理费用。

(d)如果申请人已经遵守了本条款且没有正当理由,则部门应当向申请人发放执照,并已按法律规定或由部门规定的规定支付调查费用和初始执照费用。

(e)申请人可以在部门通知申请人不迟于30日之前,根据《国家行政程序法》第205条对其提出的申请提出上诉。

第208条　执照续期

(a)除第(g)款另有规定外,持牌人可以在不迟于执照签发周年日前15日,通过以下方式申请执照续期:

(1)法律法规部门规章要求支付的费用($[　　]);

(2)根据第(b)款向部门提交续期报告。

(b)第(a)(2)款规定的续期报告应当以表格形式和媒介提交,且应当包含以下内容或就以下情况进行说明:

(1)持牌人最新副本一份:

(A)审查年度财务报表,如果执照持有主体在该州的虚拟货币商业活动为在周年日前结束的财政年度金额$(输入国家为审计企业行为而占有的数量)以下;或者

(B)经审计的年度财务报表,如果执照持有主体在该州的虚拟货币商业活动超过$(输入国家为审计企业行为而占有的数量)在周年日

之前结束的财政年度。

(2)如果存在除对执照持有主体具有控制权的人以外的人,则要求提供其以下材料的最新副本:

(i)按照执照的周年日计算,如果该人这一会计年度的总收入达到$(输入国家为审计企业行为而占有的数量)或者低于上一个会计年度的总收入,则需要审查年度财务报表;或者

(ii)按照执照的周年日计算,如果在上一个会计年度,总收入超过$(输入国家为审计企业行为而占有的数量),则需要提供经审计的综合年度财务报表;

(3)以下情形的描述:

(A)执照持有主体财务状况发生重大变化;

(B)涉及执照持有主体,执行人员或责任人的重大诉讼;

(C)执照的暂停或撤销程序已开始,或已采取的其他行动,包括作为互惠许可依据的另一国颁发的执照;

(D)涉及执照持有主体的联邦或州调查;以及

(E)数据安全漏洞。

(4)第305条所要求的任何信息或记录,且执照持有主体尚未向部门报告;

(5)依据第(g)款的规定,在执照颁发日期以后或作出最新续期报告之日的期间内,与居民或代其居住者进行的虚拟货币商业活动交易的数量;

(6)根据第(g)款的规定,执照持有主体在不迟于续期报告日期前30日结束的最后一个月末,为全体居民持有的以美元等值计价的虚拟货币;

(7)证明执照持有主体持续满足第502条的要求,始终作为其对居民有控制权的虚拟货币的证券中介;

(8)执照持有主体持续符合第206条的证据;

(9)执照持有主体持续符合第209条的证据;

(10)执照持有主体经营其虚拟货币商业活动的每个地点的列表;以及

(11)管理执照持有主体在与居民或代表居民进行虚拟货币商业活动时使用的服务器的名称、地址和电话。

(c)如果执照持有主体不及时遵守第(a)款,该部门可实施第401条规定的强制措施。因没有支付续期费或提交续期报告的执照被暂时吊销或撤销,不需要通知或听证。

(d)如果因不遵守第(a)款而被部门暂停或撤销执照,则除第(g)款另有规定外,在不迟于执照被暂停或撤销后20日,执照持有主体有下列行为的,该部门可以解除暂停或撤销,并通知执照持有主体:

(1)提交续期报告并支付续期费用;以及

(2)支付根据第401条评估的罚款。

(e)在执照持有主体符合第(d)款之后,该部门应及时通知其取消或撤销暂停。

(f)根据本条撤销或暂时吊销执照并不会使撤销或暂时吊销的居民或其代表的虚拟货币的转让或交换失效,也不会使执照持有主体根据本法免除责任。

(g)出于正当理由,本部门可延长本条的期限。

(h)部门应审查根据第204条发放的执照的续期,以确保发放原始执照的国家没有撤销,暂停或以其他方式限制其授予的许可。

(i)未有遵从本条规定的执照持有主体,应在其执照周年日的当日或之前,停止与居民或代表居民从事的业务。

立法说明:如果颁布本法的国家根据本条第(b)款将费用的设定委托给部门,则应对本条进行修改,以授予设定费用的权力,并确定部门必应遵守的最低或最高费用水平。如果国家不允许授权,颁布国应规定本条要求的费用。

第209条　被许可方或临时注册人的净资产和准备金

(a)除第206条规定的担保外,执照持有主体及临时注册人在申请执照或提交临时注册时,应向该部门提供证明并维持:

(1)最低净资产为25,000美元;以及

(2)为执照持有主体或临时注册人的业务清盘而留存充足的无产权负担的储备。

(b)执照持有主体或临时注册人可以计算其根据第502条有权享有保护的居民控制的虚拟货币以外的净值虚拟货币。

(c)出于正当理由,部门可要求执照持有主体或临时注册人增加其净值或储备金。执照持有主体或注册人应在其所需增加记录中收到通知后不迟于15日给部门提供其具有额外净值或准备金的证据。

第210条　临时注册

(a)如果没有先根据本法获得执照,但以美元等值计价的虚拟货币商业活动量每年超过3.5万美元的人,可以凭临时注册,与居民或代表居民从事虚拟货币商业活动,如果此人:

(1)以部门规定的形式和媒介,向部门提交意图与居民或代表居民从事虚拟货币商业活动的文件;

(2)提供根据第207条进行的调查资料;

(3)说明下一个财政季度的预期虚拟货币商业活动;

(4)按法律规定或由部门规定的数额向本部门支付登记费;

(5)如果需要向美国财政部金融犯罪执法网登记为货币服务业务,则提供

部门登记证据；

(6)提供证据表明该人有遵守《美国银行保密法》的条款和程序，《美国法典》第三十一编(31 U.S.C.)第5311条及其后的法律；

(7)描述该人与居民或代表居民进行虚拟货币商业活动所用的资金和信贷来源，并说明209条所规定的最低净资产和储备金；

(8)向该部门提供证明该人具备遵守第三章、第五章及第六章的规定和程序，并指明本法案的其他条款；

(9)向部门提供其最近财务报表一份，不论是否经审查或审计；以及

(10)提供证据，并同意维持充足的：

(A)从事与居民或代表居民进行虚拟货币商业活动的净值；以及

(B)用于业务清盘的无产权负担储备。

(b)临时注册人可以计算除了第502条管辖的虚拟货币以外的净值虚拟货币。

(c)临时注册人与居民或代表居民的虚拟货币商业活动超过根据第(a)(3)款通知中规定的虚拟货币的(以美元计算)计算的预期活动的75%的阈值或35,000美元之前，注册人应提交执照申请，并可在其申请执照待处理时继续经营。

(d)出于正当理由，该部门可以暂时吊销或撤销临时注册或拒绝对根据本法进行临时注册的人进行许可，而不得听证或无机会听证。

(e)临时注册人应在以下情况下停止与居民或其代表的所有虚拟货币商业活动：

(1)在注册人收到记录后48小时内，该部门已拒绝了该注册处的申请，或已暂停或撤销临时注册；

(2)如果注册人与居民或其代表的虚拟货币商业活动达到根据第(a)款在临时注册中宣布的预期活动的75%，而注册人尚未提交执照申请；或者

(3)临时注册的第二年周年日。

第三章　检查；检查费用；披露在检查期间获得的信息

第301条　检查权

(a)部门认为适当的时候，可以对执照持有主体或临时注册人进行年度检查和额外检查。

有正当理由，部门可以在未通知被执照持有人或居民的情况下检查执照持有主体或注册人。

(b)执照持有主体或临时注册人应根据本条支付合理的检查费用。

(c)根据本法检查期间获得的信息仅可以根据第304条予以披露。

第 302 节　记录

(a)执照持有主体或临时注册者,应在该活动日期后 5 年内,为所有虚拟货币商业活动,备存以下记录:

(1)持牌人或其注册人在本州或其代表的居民或其本人或注册者的账户的每笔交易,包括:

(A)居民身份;

(B)交易形式;

(C)居民给予的金额,日期和付款指示;以及

(D)在业务范围内的该交易的其他当事人的账户号码、名称和实际地址。

(2)执照持有主体或注册人的账户内,执照持有主体或注册人与居民或代表居民在前 12 公历月内以美元等值的虚拟货币表示的交易总数及总价值。

(3)执照持有主体或者注册人与居民或其代表交换法定货币的一种形式的虚拟货币或其他形式的虚拟货币的每笔交易。

(4)一份总分类账,每月至少列出所有资产、负债、资本、收入和执照持有主体或注册人的费用。

(5)执照持有主体或注册人需要创建或提供给部门或注册管理机构的每个业务电话报告。

(6)执照持有主体或注册人的银行对账单和银行对账记录以及执照持有主体或注册人在与居民进行虚拟货币商业活动时使用的每家银行的姓名,账号和实际地址。

(7)与居民有任何争议的报告。

(8)执照持有主体或注册人无法完成的任何虚拟货币商业活动交易的报告。

(b)除根据第 103(b)(8)条免除义务外,应保留符合本条的记录,并有权根据第 304 条保护记录。

(c)执照持有主体或临时注册者应备存第(a)款所规定的记录,使部门可决定执照持有主体或注册者是否符合本法、法院命令,以及本条所述的法律以外的法案。

(d)如果执照持有主体或临时注册人在境外保存与居民交易相关的记录,则执照持有主体或注册人应在 3 日内向部门提供记录,如果部门确定有正当理由可以稍后提交,

(e)所有由执照持有主体或临时注册人保存的记录,均应当经部门检查。

第 303 条 合作与数据共享权

(a)根据第 304 条和除本法以外的本国其他有关隐私权、消费者金融隐私、数据保护、基本人权或机密性的法律,部门可以就涉及本国的执照持有主体或临时注册人的事务和行为,与其他国家的适当监管机构、自律组织、联邦或州的银行业或非存管机构或美国境外管辖的监管机构,进行合作、协调、共同审查、咨询和分享记录及其他信息。

(b)如果没有正当事由,部门应当:

(1)与另一制定与本法近似法律的国家一同建立或加入除本法以外的本国法律规定的中央存档机构;

(2)配合制定和实施申请与续约报告的统一形式,并进行联合行政诉讼和民事诉讼;以及

(3)制定联合的条例、表格、政策声明、指导意见和解释意见,制定并发布共同制度和程序。

(c)实施部门不得建立或参与不符合以下规定的非公开个人信息中央商业存管处:

《金融服务现代化法》(Gramm-Leach-Bliley Act)第 502 条第(e)款第(5)项、第(8)项、(经修订的)《美国法典》第十五篇第 6802 条第(e)款第(5)项、第(8)项中涉及就联邦财务隐私的内容;

(经修订的)《美国法典》第十八篇第 3401 条及以下条款。

(d)在决定是否以及如何合作、协调、共同审查、咨询或分享根据第(a)款的记录和其他信息时,部门应考虑:

(1)最大限度地提高居民、执照持有主体和临时注册人利益的法规,检查,执行和执行的有效性和一致性;并且

(2)最大限度地减少执照持有主体和临时注册人的负担,而不会对居民保护造成不利影响。

立法说明:在宪法或其他法律规定不允许"经修正"一词的国家,当联邦法规纳入其国内法时,"经修正"一词应从第(c)款中删除。

第 304 条 保密条款

(a)除第(b)款或第(c)款另有规定外,部门从申请人,执照持有主体或临时注册人处获得的信息或报告,包含在或与检验,调查、经营或状况的报告有关的由部门编制、代表部门或为其使用的信息,以及未包含在公众可获得的报告中的其他财务和经营信息根据制定国的记录公开法的附属条款不得披露。如果部门根据互惠许可国的公开记录法确定信息或记录是保密的,则不得披露该信息或记录。

(b)根据国家的记录公开法的附属条款,申请人、执照持有主体或临时注册人的

商业秘密是保密的，不得被披露。如果部门根据互惠许可国的记录公开法确定商业秘密是保密的，则该商业秘密不得被披露。

(c)第(a)款不禁止披露以下内容：

(1)关于执照持有主体或临时注册人与居民或代表居民进行的虚拟货币商业活动的一般信息；

(2)根据本法许可或临时注册的人员名单；或者

(3)关于本国执照持有主体或注册人的总的金融数据。

第305条　中期报告

(a)执照持有主体和临时注册人应向部门提交以下记录：

(1)执照申请中信息的重大变更情况或执照持有主体的最新续约报告或注册人的注册情况；

(2)执照持有主体或注册人的业务，以及与居民或代表居民进行虚拟货币商业的业务模式发生重大变更情况；或者

(3)执行官、负责人、执照持有主体或注册人的控制权的变更情况。

(b)如果没有正当理由，第(a)项要求的报告应在发生变更后的15日内提交。

报告人说明

为合乎本条所述之目的，有关“材料”的含义的理解，建议参考《1934年证券交易法》的规定，并依此进行监管指引和司法裁判。

第306条　执照持有主体或临时注册人的控制权变更

(a)在本条中，“拟任控制人”是指在计划的致使执照持有主体或注册人控制权变更的交易完成之后，将会控制执照持有主体或临时注册人的人。

(b)在执照持有主体或临时注册人的控制权变更之前不少于30日，拟任控制人应当向部门提交以下记录：

(1)符合部门规定的格式和媒介的申请；

(2)当拟任控制人拥有执照持有主体的控制权时，依据第203条所要求的信息和记录；

(3)拟任控制人依据第203条规定提出的执照申请；

(4)对于适用第(a)款规定的注册人，如果拟任控制人已经取得该注册人的控制权，则为依据第210条所要求的信息；以及

(5)在临时注册的情况下，拟任控制人依据第210条进行的临时注册。

(c)在第205条规定的期限内提出的执照持有主体或临时注册人的控制权变更申请，部门应当予以批准或拒绝。未经部门批准不得变更。

(d)以下规则适用于确定某人是否控制了执照持有主体或临时注册人：

(1)如果该执照持有主体或注册人的投票权达到或者将要达到执照持有主

体或注册人总投票权的至少10%,则可以推定其具有控制权,该推定可被推翻。

(2)如果存在以下情况,则可作出构成控制的可反驳的推定:

(A)一方在另一方的投票权至少达到或者将要达到对方总投票权的10%;

(B)另一方在执照持有主体或临时注册人的投票权至少占执照持有主体或注册人总投票权的10%。

(3)不得因为某人为执照持有主体或临时注册人的执行官而推定其单独控制。

(e)提交第(b)款所要求的诚信记录,可以使提出人免受本条施加的任何义务的约束,直到部门对该申请采取行动。

(f)在公告与机会被通知后,当其判决的撤销或修改与本章相符时,部门可以撤销或修改根据第(c)款作出的决定。

(g)如果拟议的控制权变更需要本国或其他国家的机构的批准,而其他机构的行为与本部门存在冲突,则部门应当与其他机构进行协商。如果冲突没有解决,拟议的控制权变更将不会发生。如果由于冲突无法解决,造成拟议的控制权变更不能完成,则部门应当就此事实在记录中与申请人和拟获控制权的人沟通。

第307条　执照持有主体或临时注册人的合并或联合

(a)在向执照持有主体或临时注册人提出与他人并购或合并之前不少于30日,该执照持有主体或注册人应向部门提交以下记录:

(1)符合部门规定的格式和媒介的申请;

(2)与第(d)款相符的并购或合并的计划;

(3)对于执照持有主体而言,向实施部门提交第203条要求提供的将成为拟并购或合并中的留存实体的信息;以及

(4)对于注册人而言,向实施部门提交第210条要求提供的将成为拟并购或合并中的留存实体的信息。

(b)如果拟议的并购或合并会改变执照持有主体或临时注册人的控制权,则执照持有主体或注册人应当遵守第306条和本条规定。

(c)根据本条,对于执照持有主体或临时注册人在第205条规定的期限内提出的申请,部门应当予以批准或拒绝。

(d)执照持有主体或临时注册人与将成为留存实体的人在记录中沟通,没有通过部门的批准,不得施以合并或联合。

(e)执照持有主体或临时注册人与他人并购或合并的计划必须:

(1)描述拟议交易对执照持有主体或注册人的与居民或代表居民进行虚拟

货币商业活动的影响；

(2)识别要并购或合并的每个人，以及将成为留存实体的人；并且

(3)描述并购或合并的条款、条件以及实施的方式。

(f)如果执照持有主体或临时注册人和他人的并购或合并需要本国或他国的机构批准，而其他机构的行为与部门的行为冲突，则该部门应与其他机构进行协商。如果冲突没有解决，则拟议的并购或合并将不会发生。

(g)在各方接受部门对该计划的修改的情况下，部门可以决定批准执照持有主体或临时注册人与他人的并购或合并。

(h)如果执照持有主体或临时注册人获得了一个人的大部分资产，无论该人是否是其执照被批准或者其临时注册在本国提交的其他执照持有主体或注册人，该交易应依照本条规定。

第四章　执　　法

第 401 条　"强制措施"的定义

本章中，"强制措施"是指：

(1)暂停或撤销执照或临时注册；

(2)责令停止并不得再与居民或代表居民进行虚拟货币商业活动；

(3)要求法院为与居民或代表居民进行虚拟货币商业活动的人的资产指定接收人；

(4)要求法院对与居民或代表居民进行虚拟货币商业活动的人进行临时，预先或永久的禁令救济；

(5)根据第 403 条评估罚金；

(6)根据第 206 条恢复担保，并发起因执照持有主体或临时注册人违反本法或其他本国法律而受损的居民利益的分配计划；或者

(7)对与居民或代表居民进行虚拟货币商业活动的行为，施加必要或适当的条件。

第 402 条　实施部门采取执法措施的职权

(a)如果存在下列情况，除第(b)(2)款另有规定外，部门可以对执照持有主体、临时注册人或者其他居民或代表居民进行虚拟货币商业活动的人采取强制措施：

(1)执照持有主体，注册人或者严重违反本法，严重违反本法采纳或规定的规则，或者严重违反适用于与居民进行虚拟货币商业活动之人的除本法以外的其他国内法的人。

(2)执照持有主体、注册人或与部门的检查或调查大体上不合作并被部门

责令支付罚金的人，或者除第(b)(1)款另有规定外，没有提交报告或文件的人。

(3)执照持有主体，注册人或与居民进行虚拟货币商业活动的个人，从事：

(A)不安全或不健全的行为；

(B)不公正或欺骗性的行为；

(C)欺诈或虚假陈述；

(D)其他不诚信行为；或者

(E)不符合第(A)项至第(D)项规定的任何滥用资金，虚拟货币或受托人持有的其他等价物。

(4)如果部门已经采取过行动，那么美国或者其他国家的行政机构对某人采取的行动将构成强制措施。

(5)牌照执照持有人或者注册人在从事虚拟货币商业活动中涉嫌对居民或者银行进行诈骗或者其他较重的刑事犯罪活动的，并由该部分确定该持有人不适合从事虚拟货币业务。或者

(6)牌照执照持有人或者注册人：

(A)资不抵债；

(B)到期后不能偿还债务；

(C)为债权人利益而进行资产转让的；

(D)成为债务人、可疑的债务人、被告或者在一个案件中一个人有类似的情形(债务)或者其他任何破产、重组、重整、再调整、倒闭、接管、解散、清算或类似的法律，在合理的时间内，不得从法院确认破产计划、驳回或者诉讼；或者

(E)申请或者允许法院任命接管人、受托人或者其他法院指定的有大部分资产的代理人。

(b)若有正当理由，该部门在收到申请后可以：

(1)根据第(a)(2)款的规定，可以延长文件或报告的提交截止日期；

(2)若该部门确定豁免使用本法规定，在确定豁免不会对该法令的执行产生不适当的影响时，在必要的情况下可以豁免使用本法，例如善意的错误、第(a)款规定的强制性措施。

报告人说明

在第(a)(6)(D)项不包括虚拟货币的债权人；

第 403 条　部分听证会的通知时间

(a)除第(b)款另有规定外，只有在听证通知适当的情况下，该部门方可采取强制措施。

(b)该部门在以下情况下可以采取强制措施：

(1)如果出现需要采取行动的情况，该部门无须另行通知；

(2)通知之后未举行听证会，在采取行动之前确需举行听证会的，可以举行一次听证会；或者

(3)若进行虚拟货币商业活动的人或者代表进行虚拟货币业务的人不能及时要求进行听证的。

第 404 条　民事处罚

(a)若个人或居民违反从事虚拟货币商业的行为规定的，该部门可以针对该行为处以每天不超过 50,000 美元的民事处罚。

(b)若执照持有人或者临时注册人违反本规定的，该部门可以针对该行为处以每天不超过 10,000 美元的民事处罚。

(c)本条下的民事处罚可以积累至以下较早日期为止：

(1)违法行为终止的日期；或者

(2)该部门制定的日期。

第 405 条　撤销、终止、停止令的有效期限

(a)在实施部门采用记录形式后，通过合理方式使接收人在 1 日内收到通知，撤销通知发送至执照持有主体为接收实施部门的通信而提供的地址后，撤销执照持有主体执照的行为隔日生效。

(b)在实施部门采用记录形式，通过合理方式可使接收人在 1 日内收到通知。撤销通知发送至执照持有主体、临时注册主体或其他主体为接收实施部门的通信而提供的地址后，暂时吊销执照的行为、暂时吊销初步注册的行为或制止令隔日生效。暂时吊销或制止令的有效期将截至以下较早的日期：

(1)法院命令搁置或限制中止，或者命令停止或终止；或者

(2)在该部门制定的日期。

(c)如果执照持有人、临时注册人或其他人没有理由知道该通知并不遵守该通知，除非该地址确实收到了通知，否则该部门可以延迟该制裁。

第 406 条　同意许可

该部分可以就强制措施与个人订立同意令，该命令不构成一方事实承认。

第 407 条　诉讼权利的范围

(a)任何人没有权利侵犯该法令。

(b)若该部门可以证明违反该法令的行为造成经济损失，则该部门可代表居民提起诉讼。

(c)本条规定并不影响公民行使根据本法或本法第 502 条规定的权利。

第五章　披露及保护居民的其他措施

第 501 条　必要披露事项

(a)每个执照持有人和临时注册人需向使用其产品或服务的公民提供第(b)款所要求的以及其他任何披露,该披露由条例规定的部门确保居民所需的合理必要条件。该部门应当通过规定确定披露所需要的时间和披露的形式。本条所规定披露的信息应与牌照执照持有人和临时注册人的其他信息区分开来,并以明确的方式记录在公民可以保留的记录中。牌照执照持有人和临时注册人可以向部门提请批准披露的替代方案,以便更适合公民或代表公民进行虚拟货币业务。

(b)在与公民建立关系之前,每个牌照执照持有人和临时注册人应在虚拟货币业务范围内披露信息:

(1)牌照执照持有人和临时注册人可以评估制作服务费用表,如果没有预先设定和披露收费金额以及收费的时间和方式。

(2)牌照执照持有人和临时注册人铺路的范围是否涵盖了其提供的产品和服务:

(A)以保险或其他形式确保不受美国代理机构的损失,直到牌照执照持有人或注册人在配售日期内由牌照执照持有人和注册人购买与美元等值的虚拟货币为止,包括美国联邦储蓄保险公司或证券投资保护公司的最大金额保障,并且若未提供全额美元等值货币代替控制在牌照执照持有人和注册人的虚拟货币,每一个公民应平均分配最大金额保险;或者

(B)私人保险可以防止盗窃或损失,包括网络盗窃或其他盗窃。

(3)转让或交换虚拟货币具有不可逆性,一般不可撤销。

(4)以下描述:

(A)对未经授权错误或意外转让或交换的责任;

(B)公民有责任向执照持有人或注册人提供转让或交换的通知;

(C)公民向执照持有人和注册人提供恢复任何数据的依据;并且

(D)适用于转让或交换的一般错误解决权。

(5)进行转让或交换的日期或时间和公民账户被扣除的日期或时间可能与公民发起转让或交换的日期和时间不同。

(6)公民是否有权停止预先授权转让以及启动停止付款令或撤销后需转让程序的程序。

(7)公民有权收到收据、交易票据或者转让和交换的其他证据。

(8)公民有权提前30日得到执照持有人和注册人对费用表更改的通知以及与公民进行虚拟货币业务其他条款和条件、账户政策等。

(9)虚拟货币不是法定货币。

(c)除第(d)款另有规定外,与公民进行虚拟货币交易时,执照持有人或者临时注册人应向公民提供一份确认书。

(1)确认书中应包括执照持有人或临时注册人姓名和联系信息,包括询问或投诉信息;

(2)确认书中应包含交易的类型、价值、日期、确切的时间和金额;以及

(3)确认书中包括交易所收取的费用,包括将虚拟货币转化为另一种虚拟货币或法定货币的费用。

(d)执照持有人或注册人依照第(c)款规定可以选择当天与公民进行交易每日确认,以代替每日为每一居民所有交易提供的确认。

第502条 《统一商法典》第八篇

(a)在这部分:

(1)《统一商法典》第八篇是指根据第(b)(1)款确定的《统一商法典》辖区的《统一商法典》第八篇;

(2)《统一商法典》管辖权是指以美国法律研究所或统一法律委员会颁布的形式,大致以《统一商法典》第八篇规定的国家或另一国家;并且

(3)在《统一商法典》第八篇中定义的术语,本法中另有定义的术语与《统一商法典》第八篇或《统一商法典》第八篇中引用的含义相同,但本条中使用的术语"控制"具有第102(3)条相同的含义。

(b)执照持有人和临时注册人与公民之间的关系应由双方认证的协议记录证明,协议应有:

(1)必须规定:

(A)该协议受《统一商法典》管辖权的法律管辖;或者

(B)《统一商法典》第八篇对证券中介机构的管辖是《统一商法典》管辖权,《统一商法典》管辖范围内有效的适用于《中介所持证券若干权利法律适用公约》第二编第一章中规定的所有问题。

(2)必须说明:

(A)执照持有人或注册人为证券中介;

(B)执照持有人或注册人为了公民的利益二控制任何虚拟货币,建立居民享有权利的证券账户;

(C)经协议各方同意,虚拟货币将被视为居民安全账户中所存入或持有的金融资产。并且

(3)如果没有关于执照持有主体或注册人之间的标准的协议和居民，就不为执照持有主体或注册人提供符合《统一商法典》第八篇第五编规定的职责的标准。

(c)如果没有一个符合第(b)款规定的协议，则执照持有主体或临时注册人以及居民的关系应被认定为他们之间有一个符合第(b)款规定的协议时的关系。

(d)执照持有主体或临时注册人可能与居民的意见不一致，他们可能会对其个人账户中的虚拟货币赋予担保物权或其他交易转让上的权利。这不同于费用的支付与索取以及其他居民因执照持有主体或临时注册人发起的虚拟货币商业行为而对其欠缴的费用。

(e)每一位执照持有主体或临时注册主体应在某一个州设立符合《中介所持证券若干权利法律适用公约》第四编第一章第二句规定的办事处。

报告人说明

关于第(e)款，公约要求一个办公室的地点应在美国。没有要求，且今后也不会要求执照持有主体或注册者在每个场所都有办公室。虚拟货币业务是虚拟的。如果委员会要求执照持有主体或注册者在每个国家的场所都有办公室，就会为新行业的加入者设置一个重大的障碍。这个障碍是中间商抵押品特定权利法律公约所没有规定的。

第六章　政策与程序

第601条　授权程序以及政策以及监督

(a)在许可或临时注册中，执照持有主体在提交申请许可前，以及临时注册人在注册前，应创建并维持政策和程序：

(1)网络安全程序。

(2)业务连续性程序。

(3)灾难恢复程序。

(4)反欺诈程序。

(5)反洗钱程序。

(6)为预防恐怖活动提供资金的活动。

(7)具有以下目的的项目：

(A)确保遵守本法案以及其他与执照持有主体及注册人考虑在本国进行的虚拟货币商业活动相关的联邦或州法律；以及

(B)协助执照持有主体或注册人实现其他法律的目的，如果该法律的违背在本法中有救济措施。

(b)考虑到所有参与者的状况以及虚拟货币业务的安全运行,每个第(a)款中所要求的策略都应记录在案,并且被设计用来适用于执照持有主体及临时注册者为了居民的利益所考虑进行的虚拟货币商业活动。每一项政策和实施程序应与其他政策和实施的程序相一致,而不是与本法外的本国法律所规定的适用于执照持有主体或注册人的政策或程序相冲突。一个政策或其程序可能是一个已经存在于执照持有主体或注册人为了居民利益而进行的虚拟货币业务中的政策或程序。

(c)执照持有主体或临时注册人探测欺诈的策略应包括:

(1)对与欺诈有关的虚拟货币业务操作的材料风险的识别和评估;

(2)防范任何与部门、执照持有主体或者注册人认定的与欺诈有关的重大风险;以及

(3)反欺诈程序的定期评估与修订。

(d)执照持有主体或临时注册人的反洗钱和恐怖主义融资政策应包括:

(1)对与洗钱和恐怖主义融资有关的虚拟货币业务的材料风险的识别和评估;

(2)符合负责执行联邦有关反洗钱和恐怖主义融资有关的法律的联邦机构所制定的联邦法律或指引的程序;

(3)相应的有关威慑或侦测反洗钱或恐怖主义融资活动的报告:《银行保密法》《美国法典》第三十一篇第5311条及以下条款、《美国联邦法规》第三十一篇第十编以及任何其他联邦或州法律。

(e)执照持有主体或临时注册者不需要向联邦当局提交报告副本,除非该部门特别要求提交文件。

(f)执照持有主体或临时登记人的保护政策应包括:

(1)任何为了遵守本法(适用于执照持有主体或注册人为了居民利益进行的有关虚拟货币商业活动)以及本国除本法之外的其他法律的条款的相应规定而从事的记录的行为或制度;

(2)解决执照持有主体或注册人与居民之间纠纷的程序;

(3)居民报告未经授权、错误或意外的虚拟货币商业活动交易的程序;以及

(4)居民对执照持有主体或注册者提起控诉的程序以及以一种公平和及时的方式作出控诉决定的程序,即合理的可行性决定以及决定原因一经作出,即刻通知居民。

(g)在本条所要求的政策与程序创建并被部门和执照持有主体或临时注册人授权后,执照持有主体或临时注册人应该雇佣一个负责任的个人,其应该经过合法授权并有监督、适当宣传、推荐变化并执行政策和程序的经验。

(h)执照持有主体或临时注册人应该:

(1)从部门获取建议,以符合本条的要求;并且

(2)在部门的批准下,将本部分所需的功能外包出去。

(i)如果政策或程序被合法合理地创建和执行,则为实现其目的而在特定事例中采用本部分所规定的政策或程序的失败不会成为执照持有主体或临时注册人责任的依据。重复的失败是没有正确地创建或实施政策或程序的证据。

(j)与其他的披露行为不同,本条所要求的证词和程序应以清晰和明显的方式向居民做出并且应规定在某个媒介中,通过该媒介居民可以和执照持有主体或临时注册人联系。

第602条　规定的合规政策

(a)执照持有主体在提交其许可申请前,临时注册人在注册时,应该建立并维持一项政策,该政策会确保其遵守:

(1)本法规定。并且

(2)除本法案外的本国其他法律,如果:

(A)其他法律与执照持有主体或注册人打算进行的虚拟货币商业相关或者落入本法案的调整范围之内;或者

(B)本法可以有助于其他法律目的的实现,因为违反其他法律在本法案下有相应的救济措施。

(b)在第(a)款中规定的政策或程序:

(1)应与本国其他法律对执照持有主体或临时注册人的要求相一致而不得冲突。这些法律不限于本法案或联邦法律。

(2)可能是一个为了居民的利益已经存在于执照持有主体或注册人的虚拟货币业务中的程序或政策。

(c)执照持有主体或临时注册人应该:

(1)为了遵守本条的规定而从部门获取建议;并且

(2)在部门的批准下,将本部分中规定的职能外包。

(d)在本条所要求的政策与程序创建并被部门和执照持有主体或临时注册人授权后,执照持有主体或临时注册人应该雇佣一个负责任的个人,其应该经过合法授权并有监督、适当宣传、推荐变化并执行政策和程序的经验。

(e)如果政策或程序被合法合理地创建、执行与监督,则为实现其目的而在特定事例中采用本部分所规定的政策或程序的失败不会成为执照持有主体或临时注册人责任的依据。重复的失败是没有正确地创建或实施政策或程序的证据。

第七章 其他条款

第701条 制度构建与应用的一致性

在运用和解释这一统一法案时，应考虑在实施该法案的司法管辖区中促进法律的统一。

第702条 与全球和国家商业法案中的电子签署之间的关系

本法案修改、限制或者取代了《美国法典》第十五篇《全球与全美商务电子签名法》第7001条及以下条款的规定，但未修改、限制或取代该法第101(c)条［《美国法典》第十五篇第7001(c)条］的规定，亦未授权以电子方式交付该法第103(b)条［《美国法典》第十五篇第7003(b)条］规定的任何通知。

第703条 法律增补

除非本法条文另行规定，否则法律原则及公平原则对本法具有补充作用。

第704条 保留条款和过渡条款

(a)除非由发出该执照的当局撤销或暂停，否则以现行《货币服务法案》或《货币流通法》的名义发出的执照在本法案生效前直接有效，并在其存续期间继续有效。根据国家现行货币服务法案或货币流通法案而已经获得执照的人，如果不打算从事虚拟货币业务，则无须告知部门其意图。

(b)如果监管部门为了居民的利益，吊销执照或者暂停临时注册人进而规范虚拟货币商业活动，这种吊销或暂停不得被用来作为《货币服务法案》或《货币流通法案》授予的执照的吊销或暂停依据，除非这些法律直接提供了对抗执照持有主体或临时注册人的行为依据。

(c)本法适用于本法施行之日及之后的，代表居民进行的虚拟货币商业活动。在本法案生效后从事虚拟货币商业活动的个人，如果不持有或未申请本法案发布或认可的执照，也不会从本法案中得到豁免。这些人包括已经获得了《货币服务法案》或《货币流通法案》的执照（无论这些法案有没有覆盖虚拟货币商业），还包括根据法案规定持有信托公司执照，但不得从事代表居民进行虚拟货币业务，但却进行了违背本法的未经许可的虚拟货币业务。

立法说明：如果本州允许拥有信托权利的州特许的银行、非银行信托公司或者特定目的信托公司从事本法所规定的行为，则其应获得一个单独的授权或者符合本法案规定的权利行使条件，并且该州应该在本法案中增加一个独立的保留或过渡性条款。新的条款应该明确对于信托公司或者特定目标信托公司的权利限制，以及州对于信托公司与特定目标公司许可关系、对不在州内的特许信托公司或特定目标信托公司从事跨境业务活动的态度偏好。

第 705 条　可分割条款

如果本法的条款或者其对任何人或环境的适用是无效的,这个条款的无效性又不会影响其他条款或本法案的适用,则该条款为可分割条款。

立法说明:只有当该州缺乏一个一般的可分割性的认定法案或者该州最高法院对可分割性普遍规则的规定时,本条款才得以适用。

第 706 条　废止;修正案的遵守

(a)……

(b)……

(c)……

第 707 条　有效期

本法案生效自……

德国《联邦数据保护法》

指导老师：李爱君
翻译人员：方 颖 方宇菲 李 昊
李廷达 马 军 任依依
姚 岚

全文引用《联邦数据保护法》在2003年1月14日颁布的版本(《联邦法律公报I》第66页)，最近对2009年8月14日颁布版本的第1节法令(《联邦法律公报I》第2814页)进行了修订。

该法旨在执行欧洲议会和理事会于1995年10月24日通过的，《有关个人资料处理以及数据自由流动的联邦数据保护法第95/46/EC号指令》(OJ EC第L281号，第31页)。

第一部分 一般规定和共同规定

第1节 目的和范围

(1)本法的目的是通过个人资料处理，保护个人隐私不受侵犯的权利。

(2)本法适用于以下机构对个人资料的收集、处理和使用：

1. 联邦公共机构；

2. 在以下数据保护不受土地立法管辖的情况下，各州的公共机构也是如此：

(a)执行联邦法律；或者

(b)作为司法机构，不处理行政事项。

3. 通过数据处理系统处理或使用数据、收集这些系统的数据、在非自动归档系统中处理或使用数据、收集此类系统的数据，除非收集、处理或使用的这些数据仅用于个人或家庭活动。

(3)联邦的其他法律规定适用于个人资料，包括个人资料的公布，这些规定应优先于本法的规定。但是不应影响非基于法律规定的保密义务遵守或专业或特殊官员保密义务的遵守。

(4)本法的规定应优先于行政程序法的规定，以便在查明事实的情况下处理个人资料。

(5)本法不适用于现在仍位于欧盟其他成员国或另一缔约国的依据欧洲经济区协议收集、处理或使用个人信息的控制者,除非该收集、处理或使用活动由德国的一个分支进行。本法适用于不属于欧联成员国或欧洲经济区协定的另一缔约国在德国收集、处理或使用个人资料的情况。根据本法命名的控制者,也应向设在德国的代表处提供资料。只有数据存储介质仅用于通过德国过境的目的,则不适用于第2句和第3句,第38节第(1)款第1句不受影响。

第2节　公共机构和私人机构

(1)“联邦的公共机构”是指联邦机构、司法机构和其他公法机构、联邦公司、公立机构和基金会以及公司的组织,而无论其法律结构。德意志联邦议会通过法律法令创建的德意志联邦特别基金会继任公司只要具有“邮政法”规定的专有权,即被视为公共机构。

(2)“各州公共机构”是指受土地法监督的当局、司法机构和其他公法机构,一个市、一个城市协会或其他法人公法主体及协会,以及其他法律依据,而无论其法律结构。

(3)在以下情形下,无论是否私人持股,联合会和执行公共行政职能的公共机构的私法协会应视为联合会的公共机构:

1. 它们在领土范围以外的地区运行;或者

2. 联邦拥有绝对多数的股份或投票权,否则将被视为州的公共机构。

(4)“私人机构”是指上述第(1)款至第(3)款未涵盖的自然人或法人、公司和其他私法协会。私人机构行使公共行政职责时,应视为本法所说公共机构。

第3节　进一步定义

(1)“个人数据”是指已识别或可识别个人(数据主体)的个人情况或实质情况的任何信息。

(2)“自动处理”是指通过数据处理系统收集、处理或使用个人数据。非自动归档系统是任何非自动收集的个人数据,其结构相似,可以根据其特性进行访问和评估。

(3)“收集”是指获取关于数据主题的数据。

(4)“处理”是指对个人资料的存储、修改、转让、封锁和删除。在特定情况下,不论采用何种程序:

1. “存储”是指在存储介质上输入、记录或保存个人数据,以便可以再次加工或再次使用。

2. “修改”是指存储的个人资料的实质变更。

3. “转让”是指通过数据处理的方式对第三方存储或获取的个人数据进行披露:

(a)将数据传送给第三方；或者

(b)第三方对已准备好进行检查或检索的数据进行检查或检索。

4. “封锁”是指标记已存储的个人数据，以限制其进一步处理或使用。

5. “擦除”是指删除存储的个人数据。

(5)“使用”是指对除处理以外的个人数据的任何利用。

(6)“匿名”是指对个人资料的修改，使有关个人或物质情况的信息不再或者仅仅以不相称的时间、费用和劳动归于确定或可识别的个人。

(6a)“别名”是指用一个标签对一个人的姓名和其他识别特征进行替换，以便排除对数据主体的识别，或使这种识别本质上变得困难。

(7)“控制者”是指任何以个人名义收集、处理或使用个人资料或委托他人做同样工作的个人或者机构。

(8)“收件人”是指接收数据的任何个人或机构。“第三方”是指除管理人以外的任何人或团体。这不包括德国、欧盟其他成员国或欧洲经济区协定另一缔约国的数据主体或个人和机构对个人资料的委托收集、处理或使用。

(9)“个人数据的特殊类别”是指一个人的种族或族裔出身、政治观点、宗教或哲学信仰、工会会员身份、健康或性生活的信息。

(10)“移动个人存储和处理介质”是指以下存储介质：

1. 发送给数据主体的；

2. 通过发行机构或其他机构自动处理超出存储功能的；以及

3. 数据主体仅通过使用介质影响此处理的。

(11)“雇员”包括：

1. 员工；

2. 为职业培训而雇用的人员；

3. 采取参与措施使其融入劳动力市场或阐明其工作能力或适应性的人(康复措施)；

4. 残疾人执业讲习班从业人员；

5. 根据《青年志愿者服务法》雇用的人员；

6. 与经济依赖有关的雇员，包括以家庭为基础的工人和类似的雇员；

7. 申请就业者和已就业的人；

8. 公务员、联邦法官、军事人员和替代文职人员。

第 3a 节　数据缩减与数据经济

个人资料的收集、处理和使用必须以收集、处理和使用尽可能少的个人资料为目的设计处理系统。特别是在个人数据多余或者提供匿名的努力与所需的保护水平居于合理的情况下。

第 4 节　数据采集、处理和使用的受理

（1）个人资料的收集、处理和使用，只有在本法或任何其他法律规定允许或规定的情况下或数据主体同意的情况下才可受理。

（2）个人信息只能向数据主体进行收集，在以下情况下，可以在未获得数据主体同意的情况下进行收集。

1. 法律规定或强制预先设定这种收集。或者

2. a）依据行政职责的性质或业务目的需要从其他人或团体收集数据；或者

b）向数据主体收集数据双方付出的努力不成比例，没有迹象表明数据主体的首要合法权益受到损害。

（3）向从数据主体收集个人资料，控制者应当告知他/她如下信息：

1. 控制者的身份；

2. 收集的目的、处理或者使用；以及

3. 只有在个别情况下，收件人的类别没有提供数据的理由，不得将数据转交给这些收件人。

除非数据主体已经通过其他方式获得了这种知识。如果个人资料是根据法律规定向数据主体收集的，那么这些节款规定必须提供详细资料。如果这种供应是享有法定利益的先决条件，则应视情况告知数据主体该供应是强制的还是自愿的。根据个人情况的规定或数据主体的要求，他/她将被告知法律规定和扣留资料的后果。

第 4a 节　同意

（1）只有在数据主体自由决定的基础上作出的同意才有效。数据主体应被告知数据收集、处理或使用的目的，并根据个人情况的规定或要求提供扣留同意后果的情况。除非特殊情况需要以其他形式提供同意书，否则就应提供书面形式。如果同意与其他书面声明一起提交，应在外观上加以区分。

（2）在科学研究领域，根据第（1）款第 3 句所述的特殊情况也应视为存在。如果获得书面同意，研究的目的将受到严重损害。在这种情况下，根据第（1）款第 2 句所述的信息，对于研究目的明确减损的原因应予以书面记录。

（3）在收集、处理或使用特殊类别的个人资料［第 3 节第（9）款］的情况下，同意书必须进一步明确提及这些数据。

第 4b 节　将个人资料转交国外、超国家机构或国际机构

（1）将个人数据移交给以下机构时：

1. 欧盟的其他成员国；

2. 欧洲经济区协定的其他缔约国；或者

3. 欧洲共同体的组织和机构。

只要传输的影响与活动的部分或全部落在欧盟法的范围，就应当遵照第 15 节

第(1)款、第16节第(1)款和第28～30a节的规定。

(2)第(1)款应比照适用欧共体、超国家机构或国际机构范围内个人数据传输机构适用方式的规定,对外转让数据。只要是在数据主体有排除转让的合法权益,特别是在本款第1句所述的机构没有足够数据保护的情况下,就不应进行转让。如果为了使联邦的公共机构为国防的令人信服的理由,或者在危机冲突欲望过程中或人道主义领域的超国家或国际职责履行等必要情形下,不适用第2句的规定。

(3)提供的保护等级的适当性应根据数据传输操作或数据传输操作类别的所有情况进行评估;应特别考虑数据的性质、目的以及建议的处理程序的持续时间、原产国、受援国以及适用于接收方的法律规范、专业规则和证券规则。

(4)在上述第16节第(1)款第2项所述的情况下,移交数据的机构应将其数据的转让通知数据主体。如果数据主体将以另一种方式获得转让信息或此种信息将危及公共安全或以其他方式损害联邦或国土,则不能得以适用。

(5)转让受理的责任应由移交数据的机构承担。

(6)应将数据转让的目的通知数据主体。

第4c节　例外

(1)在以下情形下,第4b节第(1)款规定的机构以外的机构在欧共体法律范围的个人数据转让活动时,在未获得机构相应数据保护水平的情况下,机构可以进行数据转让活动:

1.数据主体同意;

2.转让是履行数据主体与控制者之间的合同或根据数据主体的请求执行合同的必要条件;

3.转让是合同订立或履行必要条件,该合同已订立或将基于控制者与第三方之间的数据主体的利益而订立;

4.转让基于重要的公共利益,或者基于法律诉求的提出、实施或者辩护;

5.为了保护数据主体的切身利益,数据转让是必要的;

6.转让的目的是向公众提供信息,只要在特定情况下满足法定条件,可向公众开放,也可向任何能够证明合法权益的人开放咨询。

应向接收机构指出,所转让的数据只能用于转让的目的。

(2)根据第1款第1句的要求,如果控制者提出充分的保障与尊重隐私权和相应的权利行使等保护,主管监督部门可以委托私人转让者或者第4b节第(1)款范围以外的机构进行转让,保障措施是合同节款或公司规定的必然要求。就邮政和电信公司而言,由联邦数据保护和信息自由委员负责。在公共机构进行转让时,后者应按照上述第1句进行检查。

(3)各州应通过联邦根据上述第2款第1句作出的决定。

第4d节　强制性登记

(1)自动处理程序在运行之前,应履行登记等手续。根据第4e节向联邦数据保护和信息自由委员注册此类程序的要求,私营控制者、联邦控制者、电信公司控制者应向主管部门进行登记。

(2)如果数据保护员由管理人任命,则不适用强制登记。

(3)如果控制器采集应用、处理或使用个人数据来达到自己的目的,则应当进行进一步的强制登记。通常,不得有超过9名雇员永久受雇于个人信息的收集、处理或使用,并且这种个人信息的收集、处理或使用无须获得数据主体的同意。

(4)出于以下目的,上述第(2)款和第(3)款不适用于有关管理人员在业务过程中存储的个人资料自动处理的过程:

1. 出于信息转让的目的;

2. 出于匿名转移的目的;

3. 出于市场或舆论研究的目的。

(5)如果自动化处理过程会给数据主体权利和自由带来风险,在加工开始之前,他们必须接受检查(事先检查),特别是在以下情况下:

1. 处理的个人资料属于特殊类别[第3节第(9)款规定的];

2. 个人资料的处理旨在完成数据主体的个性化评估,包括他的能力、表现或行为,除非行为符合法定义务,取得数据主体的同意,有收集、处理或使用个人信息的必要或者用数据主体履行或终止法定义务或准法律义务。

(6)事先检查是数据保护官员的职责,根据第4g节第(2)款第1句,数据保护官员在收到清单后进行事前检查。在有疑问的情况下,他是指监管当局、邮政和电信公司、向联邦数据保护和信息自由委员。

第4e节　强制登记的内容

在自动处理程序必须进行强制性登记的情况下,必须提供以下信息:

1. 控制者的名称或头衔;

2. 所有者、董事会、总经理或其他依据宪法或法律任命的管理者以及负责数据处理的人员;

3. 控制者的地址;

4. 收集、处理或使用数据的目的;

5. 对主体数据组、从属数据组或数据类别组的描述;

6. 可以转让的数据接受者或接受者的类别;

7. 数据擦除的标准期间;

8. 向第三国传输数据的任何计划;

9. 能够初步评估符合第9节确保处理安全性的措施是否为足够的一般性描述。

第4d节第(1)款和第(4)款应比照适用根据上文第1句提供的信息修改,以及适用行为主体强制登记的开始和终止时间。

第4f节　数据保护官员

(1)自动处理个人数据的公私机构应以书面形式指定数据保护官员。私人机构有义务在开始处理后1个月内任命这名官员。如果以其他方式处理个人数据,且为了达到这个目的,至少有20人被永久雇用,同样适用。上述第1句及第2句不适用于通常配置最多9名员工,并在此基础上自动处理个人数据的私人机构。就公共机构的结构而言,为若干地区任命一名数据保护官员即足够。在私人机构进行自动化处理业务时,为了转移、匿名化转移、市场或意见调查的目的,在业务过程中需要预先检查或处理个人数据,他们将任命一名数据保护官员,而不考虑配置的进行自动处理的人员数量。

(2)只有拥有专业知识和证明履行有关职责所必需的可靠性人才可以被指定为数据保护官员。尤其是所需的专业知识水平是根据有关控制者进行的数据处理范围和有关控制者收集或使用的个人数据的保护要求而确定的。机构之外的有关人员也可以被指定为数据保护官员;监督还应扩大到根据《财政法典》第30节规定的专业或官方保密的,特别是税务保密的个人数据。

(3)数据保护官员应当直接地属于公共或私营机构的负责人。他或她可以自由地使用他/她在数据保护领域的专业知识。他/她在履行职责时不会受到任何不利影响。对数据保护官员的任命,在私营机构中,可以比照适用《民法典》第626节之规定,应监察机关的请求,予以撤销。如果根据第(1)款定任命数据保护官员,除非是在没有遵守通知期限的情况下,控制者才有理由终止任命,否则该任命不应被终止。数据保护官员被撤职后,除非责任机构以不遵守通知期限为由,否则他或她不能在任命结束后的1年内被撤销。控制者应使数据保护官员能参加高级培训,并承担此类培训的费用,以使数据保护官员保持执行其任务所需的专业知识。

(4)数据保护官员必须对数据主体的身份,以及在数据主体允许情况下得出的结果进行保密,除非他/她被数据主体免除此义务。

(4a)只要数据保护官员在其活动过程中获取数据的知识,与拒绝提供证据的权利相关,则适用于专业领域的公共或私营机构的负责人或在该机构受雇的人,那么这项权利也应适用于数据保护官员及其助理。拒绝提供证据的权利,适用于专业领域的人,应当决定是否行使该项权利,除非在可预见的将来无法作出此类决定。对于数据保护官员拒绝提供证据的权利范围,数据保护官员的文件和其他文件应当服从禁止扣押的规定。

(5)公共和私营机构应当在数据保护官员履行其职责的情况下支持数据保护官员,特别是在该履行(职责)需要的范围内,提供可提供的助手以及房屋、家具、设备和其他资源。数据主体可以随时接触到数据保护官员。

第 4g 节 数据保护官员的职责

(1)数据保护官员应努力确保遵守本法和其他数据保护规定。为此,数据保护官员可向负责有关数据保护控制的主管当局咨询有关人员,特别是应该:

1. 借助于被处理的个人数据,监控正确使用数据处理程序,为此目的,应及时通知他/她个人数据自动处理项目;

2. 采取适当步骤,熟悉处理个人数据的人员与本法规定有关数据保护规定以及数据保护的各种特殊要求。

数据保护官员可以依照第 38 节第(1)款第 2 句的方式利用他或者她自己的咨询服务。

(2)控制者应当向数据保护官员提供第 4e 节第 1 句所规定的信息和有权访问的人员名单。数据保护官员应要求,按照第 4e 节第 1 项至第 8 项的规定,以适当的方式向他人提供信息。

(2a)私人机构负责人如果没有义务任命一名数据保护官员,私人机构的负责人应确保按照第(1)款、第(2)款适当履行职责。

(3)第(2)款第 2 句不适用于第 6 节第(2)款第 4 句所述的当局。第(1)款第 2 句应适用于当局的数据保护官员与当局负责人接触的情况;当局的数据保护官员与当局负责人之间的任何分歧都应由最高联邦当局解决。

第 5 节 保密

数据处理人员不得擅自收集、处理或使用个人数据(保密)。在履行其职责时,数据处理人员只要为私人机构工作,就必须承诺承担保密义务。

这项承诺在其活动终止后仍将继续有效。

第 6 节 数据主体的权利

(1)数据主体的访问权(第 19 节、第 34 节)和纠正,删除或阻止(第 20 节、第 35 节)不得被法律协议所排除或限制。

(2)如果数据主体的数据通过自动程序存储,使若干机构有权存放,同时如果数据主体无法确定哪个机构存储了数据,则他可以联系任何这些机构。这些机构有义务将数据主体的要求转交给存储数据的机构。数据主体应被告知要求转发以及相关机构的身份。只有在《财政法典》监测和控制的适用范围内履行其法定职责的情况下,本法第 19 节第(3)款下所列的机构、公诉机关、警察机关以及公共财政部门才可以存储个人数据,向联邦数据保护和信息自由专员报告而非向数据主体报告。在这种情况下,进一步的程序应如本法第 19 节第(6)款所述。

(3)关于数据主体基于本法或另一项有关数据保护的法律行使权利的个人数据,可被因行使该权利而产生的责任主体用于履行其义务。

第 6a 节　个人决定自动化

(1)对数据主体的利益具有法律后果或实质性损害的决定,不应完全以自动化处理用以评估个人特质的个人数据为基础。特别是自然人非基于内容的评估而做出的决定构成完全基于自动化处理的决定。

(2)其不适用于以下情形:

1. 如果该决定是与合同或其他法律关系的订立或履行有关的,而数据主体的要求已得到满足;或

2. 如果采取适当的措施保护数据主体的合法利益,同时控制者告知数据主体在第(1)款中所提到的决定已经做出,并应要求,解释了决定的主要原因。

(3)第 19 节和第 34 节规定的数据主体的访问权,也应延伸至其个人数据的处理方式。

第 6b 节　使用光电子设备监控公开访问区域

(1)只有在有必要的情况下才允许使用光电子设备(视频监控)监控可公开访问的区域:

1. 履行公务;

2. 行使决定何者被允许或被拒绝访问的权利;或

3. 为精确定义的目的追求合法的利益。

同时如果没有迹象表明数据主体的合法利益优先。

(2)通过适当的方式对该地区进行监测的控制者的身份进行识别。

(3)根据上述第(1)款收集的数据,如果为追求目的之必要且没有迹象表明数据主体的合法利益优先,可以被处理或使用。如果为了避免国家安全或公共安全的危险或起诉犯罪,他们只能被处理或用于另一个目的。

(4)通过视频监控收集的数据归属于指定个人时,应按照第 19a 节和第 33 节的规定通知该人员处理或使用。

(5)如果数据不再是追求特定目的之必要或数据主体的合法利益妨碍任何进一步的存储,则应立即删除数据。

第 6c 节　个人数据的移动存储和处理介质

(1)发布用于个人数据的移动存储和处理介质的机构,或者将用于自动处理个人数据的程序,它在某种程度上或整体上运行在介质中或对介质进行修改或使这些数据可用时,必须通知数据主体:

1. 其身份和地址;

2. 以通俗易懂的术语描述介质的运作方式,包括要处理的个人数据的类型;

3. 他如何按照第 19 节、第 20 节、第 34 节和第 35 节行使其权利;以及

4. 在发生介质灭失或毁坏时所采取的措施,只要数据主体尚未获得此类知识。

(2)受上述所规定之义务约束的机构,应确保必要的设备或设施,以保证数据主体主张访问权利时数量足够且使用免费。

(3)在介质上进行数据处理的通信程序必须对数据主体清楚地显示。

第7节　赔偿金

如果控制者根据本法或其他数据保护法规,因收集、处理或使用其不可接受或不正确的个人数据而对数据主体造成损害,则该控制者或其支持机构有义务赔偿其造成损害的数据主体。如果控制者已经确实按照有关情况采取适当的保护措施,则不适用该提供补偿的义务。

第8节　公共机构自动数据处理下的赔偿

(1)如果公共机构根据本法或其他数据保护法规,因收集、处理或使用其不可接受或不正确的个人数据而对数据主体造成损害,则其支持机构有义务赔偿其造成损害的数据主体,无论有何过失。

(2)在严重侵犯隐私的情况下,数据主体应当得到对其造成的非物质危害的足够的金钱赔偿。

(3)上述第(1)款和第(2)款下的索赔的总额应限于130,000欧元。由于同一事件,必须向若干人支付赔偿金,超过最高赔偿金额130,000欧元的,其中每一笔赔偿额应按最高金额的比例减少。

(4)在自动处理的情况下,如果有多个机构有权存储数据,而受损人员无法确定归档系统的控制者,则每个机构都应负责。

(5)《民法典》第254节适用于数据主体的共同过失。

(6)《民法典》规定的侵权行为的限制性规定,比照法定限制适用。

第9节　技术和组织措施

处理个人数据的公私机构,无论是其自身还是代表他人,应采取必要的技术和组织措施,确保执行本法规定,特别是本法附件中规定的要求。只有在相关努力与预期的保护水平相关时,才应采取措施。

第9a节　数据保护审计

为了提高数据保护和数据安全性,数据处理系统、程序的供应商和进行数据处理的机构可以通过独立和批准的评估人员对其数据保护策略及其技术设施进行审查和评估,并可以公布审计结果。审查、评价的具体要求以及审计人员的遴选和批准程序,应当单独规定。

第10节　建立自动检索程序

(1)在程序适当的情况下,适当考虑到数据主体的合法利益以及有关机构的职责或业务目的,可以建立个人数据检索的自动程序。在特定情况下,检索可采性的规定不受影响。

(2)有关机构应确保检查程序的可采性得到监督。为此目的,他们应书面指明:

1. 检索程序的原因和目的;

2. 受转移影响的第三方;

3. 传输的数据类型;

4. 本法第9节规定的技术和组织措施在公共部门,监管机构可以制定这样的规范。

(3)在涉及本法第12节第(1)款所述机构的情况下,应通知联邦数据保护和信息自由委员在上述第(2)款下检索程序和技术指标的建立。只有在负责档案系统和检索机构的联邦或地方部门,或其代表表示同意的情况下,涉及本法第6节第(2)款向和第19节第(3)款所述机构的检索程序建立。

(4)受转移影响的第三方应当对特殊情况下检索的可采性负责。档案系统的控制者只有在这种情况下才能检查检索系统的可采性。档案系统的控制者应确保个人数据的转移可以被至少通过适当的抽样程序确定和检查。如果所有个人数据都被检索或转移(批处理),则应确保所有数据的检索或转移的可采性得到确定和检查。

(5)上述第(1)款至第(4)款不应适用于检索一般可访问的数据。一般可访问的数据是任何人都可以使用的数据,无论是事先注册的、许可的还是支付费用的。

第11节　委托收集、处理或使用个人数据

(1)委托其他机构收集、处理或者使用个人数据的,依照本法规定和其他数据保护规定的责任应由委托人负责。本法第6节、第7节和第8节所述的权利应就委托人而言。

(2)应谨慎选择代理,特别考虑其所采取的技术和组织措施的适当性。委员会应以书面形式,指定数据的收集、处理和使用、技术和组织措施以及任何小组委员会。委员会应以书面形式提出,具体规定如下:

1. 委员会的主题和委托期限;

2. 计划收集、处理或使用数据的范围、类型和目的,数据类型和受影响群体;

3. 根据第9节采取的技术和组织措施;

4. 修改、删除和阻止数据;

5. 代理人根据第4款的义务,在行为时特别地控制;

6. 任何发行分包合同的权利;

7. 委托人的控制权和代理人的相应容忍和配合义务;

8. 受雇于他/她的代理人违反保护个人数据的规定或委员会规定的必须报告的条款;

9. 委托人向代理人发出指示的权限的程度;

10. 在委员会完成后,数据存储介质的返回以及代理完成后存储的数据的擦除。

如果是公共机构,监督机关可以给予委托。在数据处理开始之前和之后,委托人应当定期对代理所采取的技术和组织措施进行验证。其结果应被记载。

(3)代理人可以按照委托人的指示收集、处理或使用数据。如果代理人认为委托人的指令违反本法或者其他数据保护规定的,应当及时向委托人指出。

(4)对于代理人来说,只适用除了本法第5节,第9节,第43节第(1)款第2项、第10项、第11项、第(2)款第1项至第3项、第(3)款,以及第44节以外的,应作为数据保护控制或监督的规定,即

1. a)公共机构;

b)多数股份或表决权属于公共部门的私人机构,以及委托人为公共机构的私人机构。

本法第18节、第24节至第26节,或各州有关数据保护的法律。

2. 其他私人机构,只要被委托在其服务企业的业务过程中收集、处理或使用个人资料,本法案第4f节、第4g节以及第38节。

(5)如果其他机构被委托执行自动化程序或数据处理系统的检查或维护,则应比照适用第1节至第4节,在此过程中,无法排除访问个人数据的可能性。

第二部分　公共机构的数据处理

第一章　数据处理的立法基础

第12节　范围

(1)此节的规则应适用于像公法企业一样不参与竞争的联邦公共机构。

(2)在以下情形下,地方立法没有授权数据保护的情况下,本法的第12~16节、第19节和第20节也应该适用于联邦公共机构:

1. 像公法企业一样执行联邦法律并且不参与竞争;或者

2. 作为司法机关并且不处理行政事务。

(3)如果涉及数据保护,本法第23节第(4)款适用于地区委员会。

(4)如果个人资料被收集、处理或用于过去、现在或未来的雇佣合同,则适用本法第28节第(2)款第2项和本法第32~35节,而不适用于第13~16节和第19~20节。

第13节　数据收集

(1)如果收集数据的机构履行职责需要个人数据的内容,应允许其收集个人数据。

(1a)在通过私人机构而不是数据主体收集个人数据的情况下,应通知该机构法

律规定,即视具体情况其应自愿或者被要求提供细节。

(2)只有在以下情况下,才能收集第3节第(9)款规定的特殊类型的个人数据

1. 法律授权了此项数据收集或者此项数据收集具有事关公共利益的重要性;

2. 根据本法第4a节第(3)款的规定,授权此项数据收集;

3. 此项数据收集是为了保护数据主体或者第三方的重要利益,而数据主体由于身体上或者法律上的原因不能作出同意的意思表示;

4. 数据主体最终要公示此项数据收集涉及的数据;

5. 此项收集对于避免对公共安全的潜在威胁是必要的;

6. 此项收集对于避免对公共福利造成重大损害或保护公共福利的重大利益是必要的;

7. 此项收集对于预防医学、医疗诊断、卫生保健或健康服务管理是必要的,而且数据处理是由医务人员或其他有保密义务的人员进行的;

8. 此项收集对于科学研究来说是必要的,进行该项科学研究的科学利益远远大于数据主体拒绝收集而带来的利益,而且研究目的也不能以任何其他方式实现或者以其他方式实现需要过度的资源浪费;

9. 这样的收集对于联邦的公共机构履行其在危机管理或冲突预防或人道主义措施方面的国防职责、超国家或者国际责任是必要的。

第14节　数据存储、修改及使用

(1)只有在数据库的控制部门履行职责所需并用于收集数据时的目的的情况下,才能允许存储、修改和使用数据。如果数据没有经过在先的收集程序,则只有用于存储时目的的情况下才能修改或者使用该数据。

(2)只有在以下情况下,才可以为其他目的而存储、修改或者使用数据:

1. 现有法律规定;

2. 数据主体同意;

3. 有证据表明是为了数据主体的利益,并且可以合理地推测数据主体知晓原因后会同意;

4. 有实质性证据表明数据有误,所以必须要核查数据主体提供的详细数据;

5. 数据从一般渠道可以获得或者数据控制部门可以公开该数据(除非与数据主体重大的利益相违背);

6. 为避免对公共福利的潜在危害或者避免对公共安全的威胁,或者为保护公共福利的潜在利益的需要;

7. 为追究刑事犯罪或者行政违法行为的需要,为执行《刑法》第11节第(1)款第8项规定的判决或者措施以及执行少年法院规定的少年管教所或惩戒措施的需要,或者执行征收行政费用的决定的需要;

8. 为避免严重侵害另一主体的权利的需要;或者

9. 为进行科学研究所需,进行该项研究的科学利益远远大于不披露数据主体数据的利益,并且研究目的无法通过其他方式实现或者通过其他方式实现需要过度的资源浪费。

(3)为行使监督权、控制权、执行审计权或者对数据库控制者进行管理性研究,不认为是为其他目的而进行加工或者使用数据。为数据控制部门的培训或者考试,也不认为是为其他目的而加工或者使用数据,除非数据主体对数据保护有重大的法律利益。

(4)专门为监控数据保护、保护数据或者保障数据运行系统的适当运行而储存的数据,只能为此目的而使用。

(5)只有在以下情况下,才能为其他目的而存储、修改或者使用第3节第(9)款规定的特殊类型的个人数据:

1. 满足第13节第(2)款第1项至第9项的要求而允许收集;或者

2. 为进行科学研究所需,进行该项研究的科学利益远远大于不披露数据主体数据的利益,并且研究目的无法通过其他方式实现或者通过其他方式实现需要过度的资源浪费。

第2项第1句规定的研究项目,其科学利益是建立在公众利益的背景上的特殊考虑。

(6)为第13节第(2)款第7项的目的存储、修改或者使用第3节第(9)款规定的特殊类型的个人数据,应遵守适用于第13节第(2)款第7项规定的人员的保密义务。

第15节　向公众机构提供数据

(1)在以下情况下允许向公共机构提供个人数据:

1. 向接收数据的主体提供数据是提供数据的机构或者第三方机构履行职责的需要;并且

2. 满足本法第14节的要求。

(2)提供数据的机构有责任决定是否同意提供数据。如果是应第三方主体的要求向其提供数据,第三方主体应负责决定是否同意提供数据。在这种情况下,提供数据的机构只应审查请求是否属于第三方主体的职权范围内,除非存在审查是否同意提供数据的特殊要求,且不得违反本法第10节第(4)款的规定。

(3)接收数据的第三方主体可以以数据被提供的目的而加工或者使用被提供的数据。只有在满足本规定第14节第(2)款要求的情况下,才可以为其他目的加工或使用数据。

(4)前述的第(1)款至第(3)款应变通适用于向公立宗教团体的机构提供个人

数据，且保证该机构采取充足的保护措施。

(5)在前述第(1)款规定的情况下，在可能被提供的数据与其他数据主体或者第三方主体的个人数据相关联而无法分割或者难以分割的情况下，也应当允许提供该相关信息，除非数据主体或者第三方主体对于该数据的保密享有重大的法定利益；但不允许使用这些数据。

(6)前述第(5)款也应该变通适用于在公共机构内部传递个人数据的情况。

第16节　向私人机构提供数据

(1)在以下情况下应允许向私人机构提供个人信息：

1. 提供信息的机构履行职责的需要且满足本法第14节规定的要求；或者

2. 接收数据的第三方主体有充足的理由证明其对提供的数据有合法的利益，并且数据主体对于拒绝提供信息并不享有合法利益。只有在满足第14节第(5)款和第(9)款允许使用的规定的要求的情况下，才能提供第3节第(9)款规定的特殊类型个人信息，或者是为了避免、提出或者辩护合法诉求。

(2)提供数据的机构负责决定是否同意提供该数据。

(3)在前述第(1)款第2句规定的情况下，提供数据的机构应通知数据主体其数据将被披露。如果可以认为，数据主体可以以其他方式得知其数据被披露，或者这些数据将危及公共安全，或者对联邦或国土造成损害，则不必通知。

(4)接收数据的第三方只能为数据被提供的目的而加工或者使用提供的数据，提供数据的机构应提醒第三方机构。如果在前述第(1)款规定的情况下提供信息且提供信息的机构同意，则可以为其他目的而加工或者使用数据。

第17节　向本规则规定以外的机构提供数据

已删除。

第18节　联邦政府内部数据保护措施

(1)最高联邦政府、联邦铁路负责人以及联邦公司负责人、联邦机构和基金会等按照公法规定只受联邦政府法律监督的机构或最高联邦机关，应保证在各自的职权范围内执行本法以及其他有关数据保护的法律规定。只要其根据《邮政法》拥有排他性权利，则同样适用于根据《德意志联邦法律法》所设立的继承人公司的组织机构。

(2)公共机构应当保存使用过的数据处理系统的记录。在自动处理操作时，其应根据第4e节的规定记录数据，以及书面记录处理的法律依据。在以行政目的自动处理操作而没有涉及限制数据主体根据第19节第(3)款和第(4)款规定而享有的权利的情况下，可以不适用上述规定。以同样的方式或类似的方式进行的自动处理操作，可以合并记录。

第二章 数据主体的权利

第19节 向数据主体提供信息

(1)应数据主体的要求应向其提供以下信息：

1. 存储的与其相关的数据，包括来源与其相关的数据；

2. 接收数据的主体或者主体类别；以及

3. 存储的目的。

请求应该指定要提供信息的个人数据类型。如果个人数据存储既不是通过自动化程序，也不是通过人工归档系统，只有在数据主体提供具体细节以定位且提供该信息所耗费的资源对于数据主体获得信息来说不是过度的前提下才能提供信息。数据的控制者有决定提供数据的程序的自由裁量权，特别是提供数据的形式。

(2)前述第(1)款不应适用于仅因为法律规定或合同规定的存储，或者完全服务于数据安全或数据保护控制以及提供信息需要付出巨大的努力的个人信息。

(3)如果提供的信息涉及将个人资料提供给执行宪法部门、联邦情报机构、联邦军队反间谍的办公室以及涉及联邦安全的联邦国防部的其他部门，则只能在相关机构同意的情况下才能提供。

(4)在以下情况下，不应提供信息：

1. 有害于数据控制者合理履行职权；

2. 提供信息将损害公共安全或秩序，或者将损害联邦或国土；或者

3. 存储的数据或事实，依照法律规定或由于其性质都必须保密，特别是考虑到第三方主体重要的合理利益，且该合理利益高于数据主体对于提供信息而享有的利益。

(5)如果告知拒绝的实际法律理由有害于拒绝提供信息所追求的目的，拒绝提供信息的理由不需要说明。

(6)在这种情况下，应告知数据主体其可以向联邦数据保护与信息自由委员提出申请。如果没有将信息提供给数据主体，应数据主体的请求应告知联邦数据保护和信息自由委员，除非有关最高联邦机构根据具体情况认为，这将危及联邦或国土的安全。除非后者同意提供更广泛信息，否则从联邦专员到数据主体的信息传递不应在数据控制者的处理程序中留下任何痕迹。

(7)提供信息应予免费。

第19a节 通知

(1)如果数据是在数据主体不知晓数据控制者身份和收集、加工、使用的目的的情况下收集的，其应被告知其数据被存储。也应通知数据主体数据接受者或者数据

接收者的类别，除非其本应知晓其数据将会被提供给该数据接收者。如果将要提供数据，那么至少应该在第一次提供数据时发出通知。

(2)在以下情况下，不要求发出通知：

1. 数据主体已经通过其他方式知晓存储的方式或者其数据被提供；

2. 通知数据主体过于耗费资源；

3. 法律明确规定了该项个人数据的存储和提供。

数据的控制者应书面规定根据上述第(2)款、第(3)款的规定，在何种情况下不对数据主体进行通知。

(3)第19节第(2)款至第(4)款需变通适用。

第20节　数据修正、删除以及限制；反对权

(1)个人数据有误应予修正。如果既不是以自动化程序处理也不是人工归档的个人数据有误，或者数据主体质疑数据的准确性，则应采取适当的方式记录。

(2)在下列情况下，以自动化程序处理或者人工归档的个人数据应予删除：

1. 该数据不允许被存储；或者

2. 数据库的控制者履行职责不再需要掌握该数据。

(3)在以下情况下，个人数据应被限制而不是被删除：

1. 法律、法规或者合同节款规定的保留期限内不得删除相关数据；

2. 有理由认为删除数据将会损害数据主体的合法利益；或者

3. 不可能删除该数据或者由于存储的特殊方式故而删除该数据需要耗费过多的资源。

(4)在数据主体认为该数据错误且不能证实该数据是否真的有误的情况下，也应限制该以自动化程序处理或者人工归档的个人数据。

(5)考虑数据主体的个人情况，如果数据主体向数据控制者提出反对意见，且有证据证明在此争议上数据主体的合法利益高于数据控制者，则该个人数据不应被以自动化处理程序或者人工归档程序进行收集、加工或者使用。

(6)如果在相关个案中机构认为不进行限制将会损害数据主体的合法利益，并且该数据不再为机构履行职责所需，则应限制该既不是通过自动程序处理也不是人工归档的个人数据。

(7)在以下情况下，才能未经数据主体同意提供或者使用被限制的数据：

1. 取该数据是达到科学目的的必需，作为证据使用或者为其他对于数据控制者或者第三方主体有重大利益的原因；以及

2. 如果未被限制，以该理由要求提供或使用该数据会被同意。

(8)在不耗费过多资源且不与数据主体的合法利益相冲突的情况下，修改错误的数据、限制有争议的数据以及删除或者限制不被允许存储的数据应通知在常规数

据传输制度内接收并存储该数据的机构。

(9)应适用《联邦档案法》第2节第(1)款至第(6)款、第(8)款和第(9)款。

第21节　向联邦数据保护和信息自由委员提出申请

任何认为其权利因联邦公共机构收集、加工或者使用其个人数据而被侵害的数据主体,都可以向联邦数据保护和信息自由委员提出申请。只有在涉及行政事务时,才能适用于联邦法院申请收集、处理或使用个人数据的情况。

第三章　联邦数据保护和信息自由委员

第22节　联邦数据保护和信息自由委员的选任

(1)由联邦政府提案,由联邦议院以全体成员过半数表决通过选举联邦数据保护和信息自由委员。被选举人参选时应年满35岁。选举的委员由联邦总统任命。

(2)联邦数据保护和信息自由委员应在联邦内政部长面前宣读以下誓词:

“我发誓在我任职期间,尽我所能在职权范围内提高德国人民的福祉,保护他们免受伤害,维护联邦基本法以及其他法律,谨慎尽职,公平公正,愿上帝保佑我。”

提及上帝的誓词可以在宣誓中省略。

(3)联邦数据保护和信息自由委员每届任期为5年。在这期间,可以重新组成一次。

(4)根据本法的规定,联邦数据保护和信息自由委员应享有与联邦政府相关的公法地位。其在履行职责时应独立,只受法律的约束,并将受到联邦政府的法律监督。

(5)联邦委员应由联邦内政部长设立。他或她将受到联邦内政部长的分级监督。应向联邦委员提供履行职责所需的人员和物资;这些资源应在联邦内政部预算的单独一章中说明。这些职位应得到联邦委员的一致同意。如果他们不同意所设想的措施,工作人员只能在联邦委员同意后进行转移、下放或搬迁。

(6)如果联邦委员暂时不能履行其职责,则联邦内政部长可任命1名替代人履行职责。该任命应征求联邦委员的意见。

第23节　联邦数据保护和信息自由委员的法律地位

(1)以下情形下,联邦数据保护和信息自由委员的任期应从提交委任证书开始起算:

1. 任期届满;
2. 他/她被解雇时任期结束。

联邦总统应根据联邦委员的请求解雇联邦委员,或者是在有法官认为有正当解雇理由时根据联邦政府的建议解雇委员。在终止职务时,联邦委员应收到联邦总统签署的文件。解雇应在本文件交付时有效。如果联邦内政部长提出要求,则联邦委员将有义务继续工作,直到任命继任者为止。

(2)联邦委员不得担任任何其他有偿的职务或从事任何有报酬的活动或职业,除其公务外,不得属于管理层,营利性企业的监事会、董事会也不得归于联邦或某地的政府或者立法机关。他/她不可提供其他有偿的司法意见。

(3)联邦委员应将在履行职责时所收到的一切礼物告知联邦内政部。联邦内政部应决定如何使用这些礼物。

(4)联邦委员有权拒绝以他/她作为联邦委员的身份向他或她提供信息的人作证,并就这些资料本身作证。这也应适用于联邦委员的工作人员,条件是联邦委员决定行使这项权利。在联邦委员拒绝作证的权利范围内,他/她可以不被要求提交或交出文件或其他文档。

(5)联邦委员即使在其服务终止后,仍有义务对因其职责而知悉的信息保密。这不适用于在正常工作过程中所作的通知,或者对于常识或不够重要的事实进行保密处理。联邦委员即使在离职后,也不得在未经联邦内政部同意的情况下,在法庭内外就此类事项发表任何声明或公告。然而,这项规定不应影响他/她的法律义务,即报告刑事犯罪,并在其受到危害时采取行动维护自由民主的基本秩序。结合第93节、第97节、第105节第(1)款、第111节第(5)款以及《财政法典》第105节第(1)款和第116节第(1)款,不应向联邦数据保护委员会及其工作人员提出申请,在财政当局所需知识范围内,以便因税务犯罪和相关的税务程序而进行法律诉讼,因有迫切的公众利益,或因有义务提供资料或代表其行事的人故意提供虚假资料而起诉是必要的。如果联邦委员确定违反数据保护条款,他/她将被授权提出指控,并据此通知数据主体。

(6)只有当这种证词损害联邦或某地区,或严重危害或妨碍履行公务时,才应拒绝作证。在违反服务利益的情况下,同意发表意见的,可以拒绝。《联邦宪法法院法》第28节应保持不受影响。

(7)从他/她开始职务的月初到他/她终止职责的月末结束之前,或者如果适用第(1)款第6句,则是到他/她的工作停止的月底,联邦委员将领取B9级联邦官员的报酬。比照适用《联邦旅行费用法》和《联邦移除费用法》。在其他方面,适用《联邦部长法》第12节第(6)款、第13~20节和第21节a第(5)款,除了联邦法令第15节第(1)款规定的4年任期,部长按照《联邦部长法》第21a节第(5)款规定的5年的职位,由B9级代替。尽管上述第3句与《联邦部长法》第15~17节和第21a节第(5)款相结合,联邦委员的养恤金应予计算,考虑到服务的应计养恤金期,根据《公务员养恤金法》,如果这种情况更有利,而且在他/她当选之前,联邦委员最后的位置至少应当是公务员或法官,通常需要达到B9工资等级。

(8)第(5)款第5句至第7句应比照适用于负责监督各州数据保护规定的公共机构。

第24节　联邦数据保护和信息自由委员的监督

(1)联邦数据保护和信息自由委员应监督联邦公共机构遵守本法规定和其他数据保护规定。

(2)联邦委员监督也应延伸至:

1. 联邦公共机构就通信、邮政通信和电信的内容和具体情况取得的个人资料;

2. 个人资料须受专业或特别的官方保密,尤其指根据《税务节例》第30节所规定的税务保密。

《基本法》第10条所载的通信、职位和电信的隐私权基本权利受到限制。根据第15节第10条设立的委员会监督的个人资料不得受联邦委员监督,除非委员会要求联邦委员监督与具体程序有关的数据保护规定的具体领域,并专门向其报告。如果数据主体向联邦委员提出投诉,反对在有关个人案件中监督与其有关的数据,则安全检查文件中的个人资料不得受到联邦委员的监督。

(3)直接用于裁决目的的联邦法院法官的活动不受监督。

(4)联邦公共机构有义务支持联邦委员及其助理执行职务,特别是他们将被授予:

1. 答复其问题的信息以及检查所有文件,特别是存储的数据和数据处理程序,与上文第(1)款所述的监督有关;

2. 随时访问所有官方场所。

本法第6节第(2)款和第19节第(3)款所指的当局应仅向联邦委员本人及其由他任命的助理提供书面支持。上述第2句不适用于最高联邦当局在某一案件中所确立的这种资料或检查将危及联邦或某地区的安全的当局。

(5)联邦委员应将其监督结果通知公共机构。他或她可以将他们与改进数据保护的建议结合起来,特别是纠正在处理或使用个人数据时发现的违规行为。本法第25节应保持不受影响。

(6)上文第(2)款应比照适用于负责监督各州数据保护规定的公共机构。

第25节　联邦数据保护和信息自由委员提出的申诉

(1)如果联邦数据保护和信息自由委员在处理或使用个人资料时发现违反本法或其他数据保护规定,他/她应提出申诉:

1. 就联邦政府而言,向主管的最高联邦当局申诉;

2. 就联邦铁路财产而言,向总统提出申诉;

3. 就德意志联邦议会通过法律制造的后继公司而言,只要他们拥有“邮政法”下的专有权,就向其董事会申诉;

4. 就联邦公司、公法下的机构和基金会以及这些公司、机构和基金会的协会而言，向管理委员会或相关代表机构提出申诉。

并须按他所决定的日期要求作出陈述。在上文第(1)款第4项所指的案件中，联邦委员应同时通知主管监督机关。

(2)联邦委员可免除有关机构的申诉或陈述，特别是如果涉及的违规行为微不足道或已纠正。

(3)发表的声明还应说明因联邦委员申诉而采取的措施。第(1)款第4项所述的机构应向主管监督机构提交向联邦委员转交的声明的副本。

第26节　联邦数据保护和信息自由委员的进一步职责

(1)联邦数据保护和信息自由委员应每两年向联邦议院提交活动报告。报告应向联邦议院和公众通报数据保护领域的主要发展情况。

(2)联邦议院或联邦政府要求时，联邦委员要起草意见和报告。联邦议院，请愿委员会，内部事务委员会或联邦政府要求时，联邦委员还应对联邦公共机构的数据保护事宜和事件进行调查。联邦委员可随时咨询联邦议院。

(3)联邦委员可以就联邦政府和本法第12节第(1)款提及的联邦机构改善数据保护提出建议，并就有关数据保护的事宜提出建议。本法第25节第(1)款第1项至第4项提及的机构，当该建议或建议不直接涉及他们时，应由联邦委员通知。

(4)联邦委员应与负责监督各州数据保护规定的公共机构和本法第38节监督机构寻求合作。第38节第(1)款第4句和第5句应比照适用。

第三部分　私营机构和参与竞争的公法企业的数据处理

第一章　数据处理的法律依据

第27节　范围

(1)本部分的条文应适用于通过数据系统处理或使用或为此目的收集的个人数据，或者就数据在自动归档系统中或从自动归档系统处理或使用为此目的而收集的数据，通过

1. 私人机构；

2. (a)作为公法企业参加竞争的联合会公共机构；

(b)各州的公共机构在作为公法企业参与竞争的情况下，执行联邦法律和数据保护不受地区立法的管辖。

如果收集，处理或使用这些数据仅用于个人或家庭活动，则不适用。在上述第2a项)所述的情况下，应适用第18节、第21节和第24～26节，而不是第38节。

(2)本部分的规定不适用于非自动归档系统之外的个人资料的处理和使用,因为这些数据不是从自动化处理操作中清楚得到的。

第 28 节　用于自己的商业目的的收集和存储数据

(1)收集、存储、修改或转让个人资料或将其用作实现自己的商业目的的手段,应予受理:

1. 当需要创建,执行或终止数据主体的法律义务或准法律义务时;

2. 在维护申报制度的控制者的正当利益的必要情况下,没有理由认为数据主体对其数据被排除在处理或使用之外的首要合法利益;

3. 如果数据通常可访问或归档系统的控制者有权发布,除非数据对象对其数据的合法利益被排除在处理或使用之外明显超过归档系统控制者的正当利益。

在收集个人资料方面,将以具体条款规定处理或使用数据的目的。

(2)允许转让或用于另一目的:

1. 第(1)款第 2 项或第 3 项规定的条件下。

2. 必要时,

(a)保护第三方的合法利益;或者

(b)避免对国家或公共安全的威胁或起诉刑事犯罪,没有理由相信数据主体有合法权益排除转让或使用。

3. 如果有必要为研究机构的利益进行科学研究项目,如果科学研究项目的科学重要性大大超过数据主体的重要性,排除目的变化,如果研究目的不能通过其他方式实现或者只有通过不成比例的努力才能实现。

(3)处理或使用个人数据做广告或进行地址交易时,如数据主体已同意,如这种同意未以书面形式提供,则应予受理。此外,对个人数据的处理或使用应予受理,但此类数据应包括仅限于本组数据主体成员的一组人的清单或其他数据摘要,他/她的职业、姓名、头衔、学位、住址和出生年份以及需要处理或使用的地方:

1. 对于从收集数据的控制者那里获得的广告,除了关于小组成员的信息以外,从数据主体按照第(1)款第 1 句第 1 项,或从一般可访问的来源如地址、电话和分类目录等;

2. 为广告目的,根据资料主体的职业及工作地址;或者

3. 根据《所得税法》第 10B 节第(1)款和第 34G 节规定的税收优惠的捐款。

根据第 2 句第 1 项的规定,控制者可以存储除了那些所述之外的数据。当转移的数据按照第 34 节第(1a)款第 1 句存储时,第 2 句中提到的总结的个人数据也可以用于广告目的;在这种情况下,广告必须清楚哪个机构最初收集的数据。无论是否满足第 2 句的条件,如果数据主体可以从广告中清楚地识别负责使用数据的机构,则可以使用个人数据用于广告第三方的报价。第 2~4 句中所述的处理或使用,

如果不与数据主体的合法利益相冲突，即可受理。根据第1句、第2句、第4句传送的数据只能用于与之相同的目的。

(3a)如果第4节第(1)款第3句所述的同意以书面形式提供，则控制者应向数据主体提供书面确认的实质内容，除非同意以电子形式提供，并且控制者确保记录已发出的声明，数据主体随时可以访问和撤销，以备将来使用。如果与其他声明一起提供书面同意，则声明的印刷和格式应与其他声明区分开。

(3b)如果未经同意而无法或不合理地获得同等的合同利益，则控制者不得根据第(3)款第1句的规定，就合同中的数据主体的行为订立合同。在此情况下提供的同意书无效。

(4)如果数据主体针对文件系统的控制者处理或使用其数据用于广告或市场或意见调查，则为此目的的处理或使用不予受理。在为广告或市场或意见调查的目的接触数据主体时，在第(1)款第1句第1项中提及的情况下，在制定法律或准法律义务时，应根据上文第1句，通知数据主体其身份和其反对的权利；在接近数据主体的当事人使用该当事人所不知道的主体所储存的数据主体的个人数据时，接近方还应确保数据主体能够获取有关数据来源的信息。如果数据主体为了广告或市场或意见调查的目的根据第(3)款的目的而将数据处理或使用数据的转让给第三方，则后者须为上述目的而阻止数据。在第(1)款第1句第1项的情况下，对反对的形式的要求不能比建立法律或准义务更严格。

(5)已转让数据的第三方可以仅以转移的目的处理或使用所转让的数据。只有在满足第(1)款和第(2)款的要求的情况下，才能满足私人机构的处理或使用目的，只有在满足第14节第(2)款的要求时才可满足公共机构的要求。转让机构应向第三方指明这一点。

(6)为自己的商业目的收集、处理和使用特殊类型的个人数据[第3节第(9)款]，当数据主体未按照第4a节第(3)款同意时，应予受理，如果：

1. 为了保护数据主体或第三方的重要利益，在数据主体无法为实际或法律原因提供同意的情况下，这是必要的；

2. 相关数据显然已被数据主体公布；

3. 为主张、行使或捍卫法律权利是必要的，没有理由认为数据主体在排除此类收集、处理或使用方面具有首要的合法权益；或

4. 这对科学研究来说是必要的，科学研究项目的科学重要性大大超过数据科目排除收集，处理和使用的重要性，研究目的不能通过其他方式实现或者只有通过不成比例的努力才能实现。

(7)如果为医学，医疗诊断，保健或治疗或卫生服务管理必要时收集特殊类型的个人资料[第3节第(9)款]应被接受，并且处理这些数据是由医护人员或其他有义

务保密的人员进行。

为第1项所述的目的处理和使用数据时,应遵守对第1项所述的人适用的保密义务。收集、处理或使用《刑法典》第203节第(1)款和第(3)款所规定的专业以外的人员的健康数据,该职业涉及决定、治疗或减轻疾病或生产或销售辅助设备的工作,应仅在符合上述条件的情况下才可接受,而医生也为此而获授权。

(8)特殊类型的个人数据[第3节第(9)款)]只有在符合第6款第1项至第4项或第(7)款第1句的要求时才可以转让或使用。如有必要,转让或使用也应予允许,以避免对国家安全或公共安全构成重大威胁,和起诉重大刑事犯罪。

(9)政治、哲学或宗教性质的组织和工会组织在组织活动的必要时可以收集,处理或使用特殊类型的个人数据[第3节第(9)款]。这仅适用于与其活动目的相关的其成员或与组织定期接触的人员的个人资料。只有满足第4a节第(3)款的要求,才可将这些个人数据转让给有关组织以外的人员或机构。应比照适用第(3)款第2项。

第28a节　转移数据到信用查询机构

(1)有关索赔的个人数据只有在没有及时提交欠款的情况下才能转让给信用查询机构,转移以保护控制者或第三方的正当利益:

1.该项索赔是根据《民事诉讼法》第794节规定的一项最后决定或一项宣布可强制执行的决定作出的,或者执行的标题已经发出。

2.该索赔是根据《破产法》第178节确定的,债务人在核查会议上没有争议。

3.数据主体明确承认了赔偿要求。

4.a)数据主体在到期日之后至少收到2份书面提醒;

b)在第一个警告和数据传输之间至少有4周的时间;

c)控制者在传送信息之前给予数据主体足够的通知,或至少在第一次提醒中通知即将转移的数据主体;

d)数据主体对索赔没有争议。

5.索赔所依据的合同关系可以在未事先通知欠款付款的情况下终止,并通知即将发生转移的数据主体。

如果控制器在第29节中使用了数据本身,则应比照适用第1项。

(2)为将来在第29节第(2)款下的转让,金融机构可以根据第1节第(1)款第2句第2项、第8项或第9项银行法转让个人数据,除非数据主体排除此类转移的合法权益明显超过信用查询机构在数据中的利益。在合同签订之前,应通知数据主体。第1句不适用于无透支保护的往来账户合同。对于根据第29节第(2)款进行的未来转移,即使在数据主体同意的情况下,关于在信任合约前关系中建立市场透明度的数据主体行为的数据也不能转移给信用查询机构。

(3)在意识到任何第(1)款或第(2)款所规定的数据转让导致的附随情况的变化后1个月内,只要信用调查机构仍然存储最初的被转让的数据,数据控制者应该将这些变化通知信用调查机构。当信用调查机构删除了最初被转让的数据时,它应该通知进行数据转让的机构。

第28b节　得分

为了决定与数据主体的合同关系的建立、履行或终止,数据主体未来特定行为的概率值可能被收集或使用,如果:

1. 用来计算概率值的数据是为了计算行为的可能性所必要的数据,同时这些数据是基于科学认证的数学统计程序;

2. 如果是信用调查机构进行概率值的计算,第29节项下的数据转让条件以及第28节项下规定的其他情况下可接受的数据使用条件必须要符合;

3. 数据除了网址数据被用来计算概率值;

4. 如果网址数据被使用,则数据主体应该提前通知这些数据的使用计划,通知应当记录在案。

第29节　以数据转让为目的进行的商业收集及存储

(1)以转让为目的(尤其是服务于宣传)所进行的个人数据的商业化收集、存储、修改或者使用以及信用调查机构的活动或地址交易等行为应该是被允许的,如果:

1. 没有理由去假定数据主体有法律上的利益去排除这种收集、存储或修改行为;

2. 数据可以从一般的允许公布并可访问的来源或控制器中检索出来,除非数据对象有明确的排他性法律利益从而排除这种收集、存储或修改行为;或者

3. 第28a节第(1)款和第(2)款的条件被满足;第28a节第(2)款第4句所定义的数据不得被收集或存储。

第28节第(1)款第2句和第(3)款至第(3b)款应适用。

(2)以第(1)款所规定的情况为目的进行的数据转让应该被准许,如果:

1. 接收数据转让的第三方被证实对于知晓数据有合理的利益;并且

2. 没有理由假定数据主体对数据的排除转让有法律上的利益。

本法第28节第(3)款到第(3b)款应该已经做了必要的修订。在以上第1句第1项下规定的数据转让,存在合理利益的原因以及令人信服地表达合理利益的含义应该被转让机构记录在案。在通过自动检索进行数据转让的情况下,应向被转移数据的第三方要求这样的记录。转让机构应该依据第10节第(4)款第3句的规定随机抽取样本,进而确定是否有合法利益的存在。

(3)如果明显来自于电子或打印的通信录或登记簿违背了数据主体的意愿,则

个人数据不得被包含在电子或打印的地址、电话、分类或相似的通信录中。

(4)第28节第(4)款与第(5)款应该适用于被转让数据的处理与使用。

(5)第28节第(6)款至第(9)款应该已经进行了必要的修订。

(6)任何以商业化个人数据(这些数据用来进行消费者信誉的评估)收集、存储或修正为目的的机构,在处理来自其他欧盟成员国或其他参与欧盟经济领域协议的国家的出借人的信息处理请求时,应该与处理本国出借人信息请求时相一致。

(7)由于第(6)款所规定的机构所提供的信息,导致任何人拒绝订立客户借贷合同或者拒绝订立涉及协助客户支付的金融合同,则其应该将这些拒绝以及收到的信息直接通知客户。如果通知将危害公众安全或秩序,则无须通知。第6a节规定对本条文无直接影响。

第30节　为了以匿名的形式进行数据转让的目的而进行的商业化数据收集与存储

(1)如果个人信息是在为了匿名转让而进行的业务中收集与存储,则此时带有个人特征的信息(涉及可识别或辨认个人的私人的或物质环境等信息)应该被分别存储。这样的个人特征可能只会在为了存储或科学目的的必要时,才会与信息相结合。

(2)个人信息的修改应该被允许,如果:

1. 没有理由假定数据主体对其数据修改的排除有法律上的利益;或者

2. 数据可以从一般的授权公布的可访问来源或处理系统的控制者中获取,除非数据主体对排除其数据修改有明确的排他性法律利益。

(3)如果数据存储不被允许,则其个人数据应该被擦除。

(4)第29节不得适用。

(5)第28节第(6)款至第(9)款应该已经进行了修订。

第30a节　以市场或意见调查为目的进行的商业化数据收集与存储

(1)以市场或意见调查为目的进行的个人数据商业化收集、处理与使用应该被允许,如果:

1. 没有理由去假设数据主体对于排除这种收集、处理或使用有法律利益;

2. 数据可以从已经授权公布的一般可获取的来源或控制者处获得,并且数据主体排除这种数据收集、处理或使用的法律利益不明显超过数据控制者的利益。

特定类型的个人数据[第3节第(9)款中规定的]只能为了特定研究的目的而收集、处理或使用。

(2)为了市场或意见调查而收集或存储的个人数据,其只能为此目的而处理或使用。非来自一般可获取来源的数据或者数据控制者没有被授权进行发布的数据,只能为了其收集的研究计划而处理或使用。只有在他们已经通过匿名方式表现出来,而在此情形下无法再通过数据追踪定位到特定主体的时候,才可以为了其他目的对这些数据进行处理和使用。

(3)个人数据只要被允许为了研究计划的目的而收集,就应该通过匿名的方式表现出来。在此之前,带有个人特征的信息(涉及可识别或辨认个人的个人或物质环境等信息)应该被分别存储。这样的个人特征可能只会在为了研究计划目的的必要时,才会与信息相结合。

(4)第29节不得适用。

(5)第28节第(4)款以及第(6)款至第(9)款应该进行修订。

第31节　为特定目的进行使用的限制

为了数据保护控制或者数据安全或者确保数据处理系统正常运行的目的而进行存储的数据,应该为了这些目的而使用。

第32节　为了与雇佣相关的目的而进行的数据收集、处理及使用

(1)当对雇佣的决定、雇佣之后合同的继续签订或者终止是必要的时候,雇员的个人数据可以为了雇佣相关的目的而被收集、处理或使用。只有在有充分原因相信数据主体已经犯罪的时候,在雇佣过程中才能对雇员的个人信息进行收集、处理或使用以进行犯罪的侦测。并且这种收集、处理或使用也必须是为了调查犯罪的必要且没有超过数据主体排除收集、处理或使用的法律利益。此外,其类型与范围也应与原因相适应。

(2)如果个人数据没有在自动化程序过程中被收集、处理或使用,也没有以非自动化的系统或者为了处理使用的目的而进行收集的系统被收集、处理或使用,则此时第(1)款的规定仍应适用。

(3)职工参与工会的权利不得被影响。

第二章　数据主体的权利

第33节　数据主体的通知

(1)如果个人数据在被存储时是为了某人自己的目的,而数据主体并不知情,则此时数据主体应该被告知这一存储的以下内容:数据类型,收集、处理或使用的目的以及数据控制者的身份。如果个人数据以转移为目的在数据主体不知情的情况下进行商业化存储,则此时数据主体应该对于这种最初的转移以及数据转移的类型得到告知。在第1句和第2句的情况下,数据主体应该被告知数据接受者的类型,只要其不能根据个案的情况预测到接受者。

(2)以下情形无须进行通知:

1. 数据主体已经通过其他数据的存储或传输手段了解到了情况。

2. 仅仅由于法律条款或合同条文对其的保护或者数据安全或数据保护控制的目的而导致数据没有被擦除，从而进行的数据存储。而此时通知会需要不成比例的努力。

3. 数据必须根据法律条款或其性质保密，特别是考虑到第三方的法律利益。

4. 法律明文规定这种存储或转让。

5. 为了科学研究的目的进行的数据存储和传输是必要的，而通知又会需要不成比例的努力。

6. 相关公共机构已经向系统管理者进行了声明，数据的公布将会对公共利益或秩序造成危害，或者将会对联邦或某个地区造成损害。

7. 数据是为了某人个人目的进行的存储；并且

a) 数据来源于一般的可获取的来源，而通知将会由于涉及案件数量的庞大而无法实现；或者

b) 通知将会严重损害系统控制者的商业目的，除非通知所带来的利益比这种损害更重大。

8. 数据为了传输的目的而进行商业存储；并且

a) 数据可以从一般的来源（只要这些数据与公布他们的主体相关）处获得；

b) 这些数据是根据列表或其他组合[本法第 29 节第(2)款第 2 句]汇编的，并且由于涉及大量案例，通知是不可行的。

9. 数据来源于一般可获取的来源（为市场和意见调查目的进行的商业化存储），并且由于涉及案件数量的巨大，通知是不可行的。

根据第 1 句第 2 项至第 7 项的规定，数据控制者应该书面规定在何种条件下无须进行通知。

第 34 节　向数据主体提供信息

(1) 根据数据主体的请求，数据控制者应该提供以下信息：

1. 对数据主体的信息进行的存储，而他们涉及了这些数据的来源；

2. 数据接收者或者接收者类型的相关信息；以及

3. 存储的原因。

数据主体应该提供关于他想获得的个人数据的类型的具体描述。如果个人信息以转让的目的进行商业化的存储，则即便数据信息没有被存储，关于数据来源以及数据接收者的信息也应提供。如果对于交易秘密的保护的利益超过了数据主体对信息的权益，此时关于数据来源以及数据接收者的信息可能被拒绝提供。

(1a) 在 28 节第(3)款第 4 句规定的情况下，转让机构应该自转让起 2 年内对数据来源及数据接收者的信息进行存储，并且应该在被要求时将这些信息提供给数据主体。第 1 句的规定也适用于数据接收者。

(2)在第28b节的情况下,做出决定的主体应该依照要求将以下信息提供给数据主体:

1. 在收到请求起6个月内将计算或存储的概率值提供给数据主体;

2. 用于计算概率值的数据类型;以及

3. 以一种公众可以理解的形式,提供概率值的计算方式以及概率值对个案判断的重要性。

第1句的规定应该进行修改,当做出决定的机构

1. 储存了某种数据,这个数据被用来计算不涉及某个特定主体的概率值,但是当进行概率值计算时又创造了这种参照;或

2. 使用其他机构存储的数据。

如果做出决定的机构之外的其他机构计算了概率值或者概率值的某个组成部分,其应该根据第1句和第2句的要求,将符合规定的必要信息提供给信息机决定机构。在第3句第1项中的情形下,决定机构应该将其他机构的名称地址以及其他个案参照的必要信息提供给数据主体,以便数据主体可以在决定机构自己不提供信息时,主张其信息的要求。根据第1句和第2句的规定,在这种情况下,计算概率值的机构应该免费满足数据主体对信息的要求。对概率值计算负责的机构,当决定机构行使第4句的权利时,其义务不限于第3句规定的义务。

(3)以转让为目的进行商业化个人信息存储的机构,应该根据数据主体的要求提供涉及数据主体的信息,即便这些信息并非由自动化的程序进行处理或者存储于非自动化的系统中。当数据控制者对信息要求进行回应时,数据主体也应该得到通知,尽管数据现在没有与特定主体相关但是数据控制者正在建立这种联系或者数据控制者没有存储但是为了提供信息的目的进行适用。如果交易秘密保护的利益大于数据主体的信息利益,则此时关于数据来源以及数据接受者的信息可能被拒绝提供。

(4)任何以数据转让为目的进行的商业化个人数据收集、存储或修改的机构,应该在收到信息请求时将其提供给数据主体:

1. 受到请求起12个月内数据主体特定未来行为概率值的转让信息以及受到概率值的第三方主体的名称、最近地址;

2. 在信息请求时,计算机构依照特定方法计算出的概率值;

3. 第(1)款和第(2)款中用来计算概率值的数据类型;以及

4. 以公众可以理解的方法说明概率值的计算方式以及其对于个案的影响重要性。

当责任机构发生以下情况,第1句的内容应该修改:

1. 用来计算概率值的数据的存储没有与特定主体之间的关联性,但是当进行概率值计算的时候,这种关联性被创造;或者

2. 使用其他机构存储的数据。

(5)依照第(1a)款到第(4)款的规定,为了将信息提供给数据主体而进行的数据存储,只能为此目的或者数据保护的目的而使用。绝不允许为了其他目的进行使用。

(6)根据要求,信息应以书面形式提供,除非在一些情况下其他格式更合适。

(7)按照第33节第(2)款第1句第2项、第3项和第5项至第7项的规定数据主体不需要被通知时,则无义务向数据主体提供信息。

(8)信息应当免费。如果个人数据为转让的目的而有偿存储,数据主体可以每年要求一次以书面形式免费提供信息。如果数据主体将该信息用于商业目的提供给第三方,任何额外的请求需要收费。费用不得超过提供信息的直接费用。不收费的情况如下:

1. 有理由相信数据被不合理储存或未经允许储存;或者

2. 资料显示,根据第35节第(1)款要修改数据或根据第35节第(2)款第2句第1项予以删除。

(9)如果提供信息需要收取费用,数据主体应被给予获得个人信息的可能性,即有关他/她有资格获取信息的框架内的数据。数据主体应被告知这种可能性。

第35节　数据的更正、删除和拦截

(1)不正确的个人数据应予以更正。估算的数据应当清楚确定。

(2)除第(3)款第1项和第2项所指定的情况外,个人数据随时可能被删除。存档系统中的个人数据将被删除如果:

1. 其储存不被允许;

2. 它们涉及有关种族或民族血统、政治观点、宗教或哲学信念、工会成员、健康、性生活、刑事犯罪或行政犯罪的信息,控制者无法证明信息的准确性;

3. 一旦知道它们不再需要实现其存储的目的,它们将因其自身的目的而被处理;或者

4. 在第3年年底,有关已订立的事项和数据主体不反对的事项的数据第一次被存储之后,如果一个测试表明进一步存储是不必要的,在第4年年底,这些数据将因转让和测试的目的进行商业加工。

根据第28a节第(2)款第1句或第29节第(1)款第1句第3项存储的个人数据应在数据主体的要求下删除。

(3)除了删除外,下列情况中,个人数据应当被拦截:

1. 在上述第(2)款第2句第3项规定的情况下,法律、法规或合同规定的保留期限排除任何删除的可能;

2. 有理由假定删除会损害数据主体的合法利益;或者

3. 删除是不可能的,或删除只有因为特定类型的存储进行不成比例的努力下是

可能的。

(4)如果数据主体认为它们是正确的,且无法确定它们是正确还是不正确的,个人数据也将被拦截。

(4a)数据被拦截的事实不应当传播。

(5)考虑到数据主体的个人情况,如果数据主体向控制者提出异议,并且测试显示对于这种收集、处理或使用,数据主体的合法利益超过了控制者的利益,个人信息则不得被收集、处理或用于自动处理或非自动归档系统中的处理。第1句只适用于当收集、处理或使用的义务是由法律规定的情况下。

(6)如果个人数据是从普遍可访问的来源获取的,并且因记录目的而被存储,当它们因转让的目的而有偿存储时,不正确的个人数据或准确性有争议的个人数据需要更正、拦截或删除,除上面第(2)款第2项中提到的情况外。应数据主体的要求,他/她的反陈述应在其存储的持续时间内添加到数据中。如果没有此反陈述,数据可能无法传输。

(7)在数据传输过程中,数据传输用于存储的机构应被通知错误数据的更正,拦截有争议的数据以及删除或拦截到期不允许存储的数据,这不需要不成比例的工作,数据主体不会超越合法利益。

(8)未经数据主体同意,被拦截的数据可能会转移或使用,仅当

1. 这是科学目的不可或缺的,可以用作证据或其他原因,为了数据控制者或第三方的压倒一切的利益;

2. 如果没有被拦截,为此目的转让或使用这些数据将被接受。

第三章 监督机关

第36节 数据保护官员的认定

已删除。

第37节 数据保护官员的职责

已删除。

第38节 监督机关

(1)监督机关应当监督本法及其他数据保护规定的执行情况,管理个人数据的自动处理或处理或使用来自非自动归档系统的个人数据,包括根据本法第1节第(5)款规定的成员国的权利。它应对数据保护官员和控制者提供建议和支持,同时适当考虑其典型情况的要求。监督机关可以处理和使用存储的仅用于监督目的的数据;第14节第(2)款第1~3项及第6项和第7项应比照适用。监督机关可以在,特别是为监督目的将数据转交给其他监督机构。应要求,它应该为欧盟其他成员国

提供补充援助(行政援助)。如果监督机关设立了违反本法或其他数据保护规定的,它有权通知相应的数据主体,将违规事项报告给负责起诉的机构,在严重违规行为的情况下,通知行业监督管理机构根据工业法进行处罚。它应定期公布活动报告,但至少每2年发表一次。第21节第1句和第23节第(5)款第4~7句应比照适用。

(2)监督机关应当备有自动处理设备的登记册,该登记是按照第4d节进行强制性注册的,是第4e节第1句具体规定的信息。登记册应公开给任何人审查。检查权不得扩大到根据第4e节第1句第9项的信息或有权进入的个人的规定。

(3)受监督的机构和负责管理的机构应当应监督机关要求,不延误地提供给监督机关其履行责任所必需的信息。一个有义务提供信息的人可能会在他/她会暴露自己的情况拒绝提供信息,或《民事诉讼法典》第383节第(1)款第1~3项所认定的有犯罪危险的人,或根据《行政诉讼法》起诉的人中其中一种情况下拒绝提供信息。这应向有义务提供信息的人员指出。

(4)由监督机关任命的进行监督的人员,当履行监督机关的职责必须被授权的,应该被授权在营业时间内进入主体的财产和住所进行检查和监督。他们可以检查业务文件,特别是本法第4g节第(2)款第1句所规定的清单以及存储的个人数据和数据处理程序。本法第24节第(6)款应比照适用。有义务提供信息的人应允许采取此类措施。

(5)为保证遵守本法和其他数据保护规定,监督机关可能在收集、处理或使用个人数据或发现技术或有组织的违规行为时采取纠正违规行为的措施。当发生严重违法或违规行为,特别是与隐私的特殊威胁有关的违规行为,如果违反根据以上第1句的指令,尽管已经罚款,在合理期限内违法违规行为没有被纠正,监督机关可能会禁止收集,处理或使用,或采用特定程序。如果他/她不具备专业知识和未表现出履行他/她的职责所必需的可靠性,监督机关可能要求解雇数据保护官员。

(6)土地政府或其授权机构应当指定监督机关负责监督这部分应用范围内的数据保护的实施。

(7)“工业守则”应当依照这部分的规定继续适用于商业公司。

第38a节　促进数据保护规定执行的行为准则

(1)代表特定控制组的专业协会和其他协会可以提交行为规范草案,促进对数据保护规定的执行情况,向监督机关负责。

(2)监督机关应审查提交的草案与数据保护适用的法律的兼容性。

第四章　特别规定

第39节　受制于专业或特殊官方保密的个人数据的限制性使用

(1)受制于专业或特殊官方保密且由在履行其专业或公务职责时必须保密的机

构提供的个人数据可能会被归档系统的控制者仅为了接收它们的目的处理或使用。如果转让给一个私人机构,则有义务保密的机构必须同意保密。

(2)只有特殊立法允许改变目的的,数据才能因其他目的被处理或使用。

第 40 节　研究机构处理和使用的个人数据

(1)为科学研究目的而收集或存储的个人数据只能为这些目的被处理或使用。

(2)研究目的允许时,个人数据应匿名。直到这些特性能够使有关个人或物质情况的信息归于一个识别或可识别的个人时,应被分开存储。它们可以仅与研究目的程度所需的信息相结合。

(3)进行科学研究的机构应当公开个人数据仅当:

1. 数据主体已经同意;或

2. 这对于介绍当代事件的研究结果是不可或缺的。

第 41 节　媒体收集、处理和使用的个人数据

(1)各州应在其立法中确保与本法第 5 节、第 9 节和第 38a 节的规定相对应的规定,包括根据本法第 7 节规定的责任节例,应当适用于企业或辅助企业在新闻中为自己的新闻编辑或文学目的而收集、处理和使用的个人数据。

(2)如果德国之声的新闻编辑处理或使用个人数据导致数据主体的反陈述的公布,这些反陈述应与存储的数据相结合,作为数据本身保存相同的期间。

(3)如果德国之声的报告使某人的隐私受到损害,则他/她可以要求获得该报告基于的存储的个人数据。这样的信息可能会被拒绝,在考虑有关方面的合法利益如

1. 数据可以得出结论,谁是或已经专业参与新闻编写的人员,包括准备、制作或传播广播的能力;

2. 数据可以得出结论,作为编辑部分的稿件、文件和通信的供应或来源;

3. 通过透露其信息资源来披露通过研究或其他手段获得的数据将损害德国之声的新闻功能。

数据主体可能会要求纠正不正确的数据。

(4)在所有其他方面,本法第 5 节、第 7 节、第 9 节和第 38a 节应当适用于德国之声。即使在涉及行政事项的情况下也适用本法第 42 节,而不是第 24 节至第 26 节。

第 42 节　德国之声的数据保护官员

(1)德国之声应任命 1 名数据保护官员,代替联邦委员进行数据和信息自由的保护。数据保护官员由董事会任命总干事提名任期 4 年;重新任命应被受理。数据保护官员办公室可以与广播公司的其他职责一并行使。

(2)数据保护官员应当监督本法规定和涉及数据保护的其他规定的遵守情况。他/她应独立行使该办公室,并仅受制于法律。在所有其他方面,他/她应受到董事

会的正式和法定授权。

(3)任何人都可以根据本法第21节第1句向数据保护官员提出上诉。

(4)数据保护官员每两年向德国之声的机关提交活动报告,除此之外,从1994年1月1日起,依照德国之声机关的决定应当提交特别报告。数据保护官员应为数据保护和信息自由将活动报告转交给联邦委员。

(5)德国之声应根据本法第23~26节进一步安排其活动领域。本法第4f节和第4g节应当不受影响。

第42a节　非法获取数据的报告义务

如果依据第2节第(4)款被界定为私人机构(私法人)或者依据第27节第(1)款第1句第2项界定为公共机构(公法人),那么:

1.特殊的个人数据[第3节第(9)款];

2.个人职业隐私数据;

3.有关个人犯罪的数据或者行政处罚的数据或者涉嫌应受处罚行为的数据或者行政处罚的数据;或者

4.个人银行或者信用卡的个人数据。

存储的个人数据被非法转让或者以其他非法方式透漏给第三方机构(个人),造成严重数据权利人的权利或者合法权利受到威胁的,数据权利人应根据第2~5句毫不迟延地通知有监管权的监管主体。一旦采取适当的数据保护措施,应当立即通知数据主体,该通知应当避免陷入刑事起诉的风险。对数据主体的通知应当说明非法进入的性质并且应当提出相应的风险应对措施。主管监督机构还应当说明非法进入的损害后果并提出相应的建议。在通知数据主体时将会有不合理工作要求,特别是在大量的复杂案件下的通知可以被至少两个国家级的报纸公益广告所取代,报纸通知至少需要半页的页面进行通知,或者其他具有同等效力的通知措施也可以。该通知可能被分配到刑事诉讼程序或行政行为违法程序中,或者当通知的内容被界定为第52节第(1)款刑事程序代码时,只有经过提供通知的机构同意个人才能获得该通知的内容。

第五章　最终条款

第43节　行政违法行为

(1)行为人的以下行为无论故意还是过失都将被认定为行政违法行为:

1.违反第4d节第(1)款规定,依据本法第4e节第2句规定未提交通知的,未在规定的期限内完成或者未提供完整的资料的;

2.违反第4f节第(1)款第1句或第2句规定,未指定数据保护的公职人员或未按照法定期限或未按照法定方式的；

2a. 违反第 10 节第(4)款规定，在数据传输过程中不能查明或检查数据的；

2b. 违反第 11 节第(2)款第 2 句规定，不能给委员会提供正确的、完整的或不能依照规定提供的，或违反第 11 节第(2)款第 4 句规定不能确保代理人在数据处理之前遵守技术和组织措施；

3. 违反第 28 节第(4)款第 2 句规定，未通知数据主体或未能在规定的期限内通知或未按照规定的方式，或未能确保数据主体获得相应通知的知识；

3a. 违反第 28 节第(4)款第 4 句规定需要更严格的形式的；

4. 传输或者使用个人信息违反第 28 节第(5)款第 2 句的；

4a. 违反第 28a 节第(3)款第 1 句未能通知或者未能准确、完整地或未在规定的时间内通知的；

5. 违反第 29 节第(2)款第 3 句、第 4 句，不能记录原因或其呈现的方式不可信；

6. 将个人信息数据放到电子、印刷地址、电话、机密的分类或类似目录，违反本法 29 节第(3)款第 1 句规定的；

7. 违反第 29 节第(3)款第 2 句，未能确保标签被通过(采用)；

7a. 违反第 29 节第(6)款，未能按照信息要求妥善处理的；

7b. 违反第 29 节第(7)款第 1 句，未能通知客户或未能准确、完整地通知或者未在规定的期限内通知；

8. 违反第 33 节第(1)款，未能通知数据主体或者通知不准确、完整地；

8a. 违反第 34 节第(1)款第 1 句与第 3 句，违反第 34 节第(1a)款，违反第 34 节第(2)款第 1 句与第 2 句，或者违反第 34 节第(2)款第 5 句、第(3)款第 1 句或第 2 句或第(4)款第 1 句与第 2 句未能提供信息或者未能提供准确、完整地信息或者未在规定的时间内提供信息，或者违反第 34 节第(1a)款未能存储数据的；

8b. 违反第 34 节第(2)款第 3 句，未传输信息或者未能准确、完整地传输或未在规定的时间内传输的；

8c. 违反第 34 节第(2)款第 4 句，未向其他主体提供数据主体的，或者未在规定的时间内提供的；

9. 违反第 35 节第(6)款第 3 句，传输数据没有抗辩的；

10. 违反第 38 节第(3)款第 1 句，未提供通知或者未能准确、完整地通知，或者未在规定的时间内或未按照规定的方式通知；

11. 未遵守依据第 38 节第(5)款第 1 句做出的执行指令的。

(2)行为人的以下行为无论故意还是过失都将被认定为行政违法行为：

1. 未经授权而访问收集或处理个人数据的；

2. 数据控制人对持有的一般数据应当无须授权就可进行自动化检索；

3. 检索并不是通常可以访问的个人数据或者此类数据为自己或者另一名未经授权自动处理的数据;

4. 通过一般不正确的个人数据传输方式获得一般不可访问的个人信息的;

5. 违反第 16 节第(4)款第 1 句、第 28 节第(5)款第 1 句,且违反第 29 节第(4)款、第 39 节第(10)款第 1 句或者第 40 节第(1)款,将数据传送给第三方用于其他目的的,或者;

5a. 违反第 28 节第(3b)款订立合同取决于数据主体的同意;

5b. 违反第 28 节第(4)款第 1 句,为广告、市场或者舆论研究而处理或使用数据;

6. 违反第 30 节第(1)款第 2 句、第 30a 节第(3)款第 3 句、第 40 节第(2)款第 3 句融合具体的信息特征的,或者;

7a. 违反第 42a 节第 1 句未能通知,或者未能准确、完整地或在规定的时间内通知的。

(3)行政违法行为属于第(1)款以上的,处以 50,000 欧元的罚款;行政违法行为属于第(2)款以上的,处以 300,000 欧元的罚款;若罚金确有必要超过行为人经济利益的,可以增加至超过第 1 句所规定的罚金数额。

第 44 节　刑事犯罪

(1)任何人以交换获取报酬或充实自己(他人)为目的触犯本法第 43 节第(2)款的,损害他人利益的,最高处以两年监禁或罚款。

(2)此种犯罪行为只有在提出控诉时才能起诉,控诉主体为数据主体、联邦数据保护和信息自由委员、监督机构。

第六章　过渡性规定

第 45 节　当前的申请

已于 2001 年 5 月 23 日开始进行个人数据的收集、处理或使用的,应当在 3 年内与本法保持相一致。欧洲议会和理事会在 1995 年 10 月出台的关于个人数据处理和自由流通的保护指令 96/46/EC 保护范围之外的行为适用本法规定。已于 2001 年 5 月 23 日开始进行个人数据的收集、加工或使用的,应当在 5 年内与本法保持相一致。

第 46 节　超越性定义的效力

(1)联邦特别法律条文中使用"备案制度"是:

1. 自动化程序将根据一组个人数据的特征对其进行评估;

2. 任何其他类似的结构化个人数据,都可以根据其特定的特征(非自动归档系统)进行安排、重排或重估。

(2)联邦特别法中使用的“文件”是指任何官方用途的文件,它不仅是第1节上的“文件”,还应包括图像和声音记录介质文件,但不包括将不会成为记录内容的草稿和笔记。

(3)联邦特别法中使用的“收件人”是指控制人以外的任何人,不包括在德国之外的任何被委托收集、处理和使用个人数据的数据主体、个人和机构。

第47节　过渡性条款

对于处理和使用已经在2009年9月1日以前收集或存储的数据,适用该期间的第28节规定应继续适用。

1. 以市场或舆论研究为目的至2010年8月31日为止;

2. 以广告为目的至2012年8月31日为止。

第48节　联邦政府报告

联邦政府应当向议会报告:

1. 于2012年12月31日前向议会作第30a节和第42a节的实施影响报告;

2. 与2014年12月31日前向议会作第28节和第29节的实施影响报告。

联邦政府报告如果认为立法措施是可取的,报告中应当包含相应建议。

附件　(针对本法第9节第1句)

对个人数据进行自动处理或使用的,应当按照个人数据保护的具体规定对机关或企业内部进行培训安排。特别是要根据个人数据的类别或数据的类别采取适当的保护措施。

1. 防止未经授权进行个人数据处理或使用的数据处理系统(访问控制)。

2. 防止未经授权使用数据处理系统(访问控制)。

3. 确保有权使用数据处理系统的人仅有权获得该系统中的数据,在数据处理或使用过程中以及存储(访问控制)中个人信息不能被阅读、复制、修改或删除。

4. 在数据传输过程中要确保个人数据无法阅读、复制、修改或删除,并且数据传输过程中的数据可通过传输设施和传输机构进行检查和确定(数据传输控制)。

5. 确保个人数据是否输入数据处理系统,输入的过程中是否进行了修改或删除(输入控制)。

6. 确保个人信息在委托处理的情况下,受托人严格依照委托人的指示进行处理(工作控制)。

7. 确保个人数据免受以外破坏或损失(可用性控制)。

8. 确保分开处理以不同目的的所收集的个人数据。

根据第2句第2项至第4项中的措施,应当使用最新加密程序进行。

新加坡金融科技沙盒监管指导方针

指导老师：李爱君
译　　者：方　颖　方宇菲　任依依　姚　岚

1. 导言

1.1　新加坡致力于搭建一个智能的金融中心，在这个中心里创新无处不在，技术被广泛用以提升价值，提高效率，管理风险，创造新的机会，改善新加坡人的生活。

1.2　新加坡金融管理局认为，把新加坡转型为智能金融中心的关键驱动力在于提供有利于技术创新运用的监管环境。

1.3　目前，在没有首先征求新加坡金融管理局的许可下，只要金融机构进行了尽职调查，且没有违反法律和监管要求，那么它们就已经可以自由推出新的金融产品、服务或流程（"金融服务"）。

1.4　在这点上，金融机构一直在生产环境测试新的金融服务，如将测试限制为面向特定类型的客户或设置交易值的阈值。

1.5　然而，在金融科技迅速发展的背景下，利用金融科技的新兴金融服务，变得越来越复杂，而且创新是否满足监管要求存在不确定性。

1.6　此外，随着初创企业数量的增加，我们的金融科技生态系统的活力与日俱增。这些初创企业致力于推行金融科技实施创新的金融服务，但也正在寻找一种能够使他们以符合成本效益的方式进行及时测试的方法。

1.7　在不确定一个新的金融服务是否符合法律和监管要求的情形下，一些金融机构或初创企业可能会在需要谨慎的方面犯错和选择不实施它。这一结果是不可取的，因为有前途的创新可能被扼杀，这可能会导致错失机会。

2. 沙盒监管的方法

2.1　新加坡金融管理局鼓励进行金融科技测试，以促进有前途的创新产品能在市场上进行测试，并且有机会在国内外广泛推行。

2.2　为了达到这一目标，金融机构或任何有兴趣的公司（"申请者"）可以申请进入监管沙盒（"沙盒"），对生产环境中创新的金融服务进行测试，但这要在一个明确的空间和期间内。沙盒应具备适当的保障措施，来遏制失败后果，维护金融体系的整体安全和健全。

2.3 根据拟测试的金融服务、涉及的申请者和已经提出的申请，由新加坡金融管理局决定针对每个申请所放宽的具体法律和监管要求。请参阅附件 A，了解新加坡金融管理局可能考虑在沙盒测试期间放松的法律和监管要求，以及需维护的法律和监管要求。

2.4 经批准，申请者成为负责开展和操作沙盒的实体（“沙盒实体”），在沙盒期限内，新加坡金融管理局通过放宽其制定的限制沙盒实体的法律和监管要求，以提供适当的监管支持。

2.5 在成功的试验和退出沙盒之后，沙盒实体必须完全遵守相关的法律和监管要求。

3. 指导方针的目的

3.1 金融科技沙盒监管指导方针（“指导方针”）提出了沙盒的目标和原则，并向申请者提供有关申请程序和向新加坡金融管理局提交信息的指导。

4. 目标受众

4.1 寻找技术应用性金融服务的创新型公司对该指导方针会特别感兴趣，这些金融服务可能受到新加坡金融管理局的监管。其目标受众包括但不限于金融机构、金融科技公司以及与这些企业合作或提供支持的专业服务公司。

5. 沙盒的目标和原则

5.1 这部分对沙盒的目标和原则进行概述，并向目标受众提供了开展沙盒的理由。

5.2 新加坡金融管理局旨在通过在金融领域采用创新和安全技术，推动新加坡向智能金融中心转型。为此，沙盒有利于鼓励在明确的空间和期限内推进金融科技测试工作，新加坡金融管理局将对此提供必要的监管支持，以便：

a. 提高效率；

b. 更好地管理风险；

c. 创造新的机会；或

d. 改善人们的生活。

5.3 鉴于沙盒在生产环境中运作，它必须为申请的金融服务提供明确的空间和持续期限，在这种情况下，可以限制失败的后果。

5.4 申请者应该清楚地了解沙盒的目标和原则。必须强调，沙盒不打算也不能作为规避法律和监管要求的一种手段。

5.5　此外,沙盒在以下情况下可能不适用:

a. 申请的金融服务与在新加坡境内已经提供的金融服务类似,除非申请者可以证明:

(i)正在应用一个不同的技术;或

(ii)相同的技术被不同的应用。

b. 申请者没有表明其已经做了尽职调查,包括在实验室环境中测试将要实行的金融服务,并了解开展申请的金融服务的法律和法规要求。

6. 沙盒的评价标准

6.1　本节概述了新加坡金融管理局将用于评估申请者提交的申请的主要评估标准。

6.2　书面申请应包含必要的支持信息(附件B),以描述如何满足以下列沙盒评估标准:

a. 申请的金融服务包括新的或发展初期的技术,或以创新的方式使用现有技术。例如,初步调查应该表明在新加坡市场上几乎没有或没有可比的产品。

b. 申请的金融服务解决了一个问题,或为有益于消费者或行业。例如,这些可以通过相关的消费者或行业研究的证据来支持。

c. 申请者有意且有能力在离开沙盒后更广泛地在新加坡开展申请的金融服务。如果申请的金融服务有特殊原因无法在新加坡开展,例如,在新加坡开展业务是不具有商业可行性的,申请者应该准备继续以其他方式为新加坡做出贡献,如继续为申请的金融服务在新加坡的发展而努力。

d. 沙盒实验的测试场景和预期结果应该明确定义,沙盒实体应根据商定的时间表将测试进度报告新加坡金融管理局。

e. 明确界定适当的边界条件,为沙盒进行有意义的执行,同时充分保护消费者的利益,维持行业的安全和健康。

f. 申请的金融服务产生的重大风险应予以评估和减轻。例如,提供对申请的金融服务初步测试的证据,把确定初步测试发现的风险和减轻风险的建议视作沙盒应用的一部分。同时

g. 在申请的金融服务必须停止的情况下,应该明确界定可接受的退出和过渡策略,或者可以在离开沙盒后更广泛的开展。

7. 沙盒的延期或退出

7.1　在沙盒期间结束时,新加坡金融管理局放宽的法律和监管要求将过期,沙盒实体必须退出沙盒。

7.2 如果沙盒实体需要延长沙盒期间,沙盒实体应在沙盒期间到期前至少1个月向新加坡金融管理局申请,并提供支持延期申请的理由。例如,在考虑客户反馈或纠正缺陷后,需要额外的时间来对实验中的金融服务进行改变,或者沙盒实体需要更多时间才能完全遵守相关的法律和法规要求。新加坡金融管理局将审查申请,并将逐个批准。新加坡金融管理局对延期申请的决定是最终决定。

7.3 退出后,沙盒实体可以在更广泛规模的试验下着手开展金融服务,条件是:

a. 新加坡金融管理局和沙盒实体都对沙盒到期时已经达到的测试结果感到满意;同时

b. 沙盒实体能完全符合相关的法律法规要求。

7.4 沙盒将在以下情况下停止:

a. 根据最新的测试场景、预期结果和与沙盒实体一致达成的进度协议,新加坡金融管理局对沙盒已达到预期目的不满意。

b. 沙盒实体在沙盒期间结束时无法完全符合相关法律法规要求。如果预计到这样的情况,则鼓励沙盒实体尽早报告新加坡金融管理局。

c. 在金融服务试验中发现了一个缺陷,其中,对客户或金融体系造成的风险超过试验金融服务的利益,沙盒实体承认在沙箱期间无法解决缺陷。

d. 沙盒实体违反了在沙盒期间所设置的任何条件,新加坡金融管理局终止沙盒。或

e. 沙盒实体已经通知新加坡金融管理局决定自行决定退出沙箱。

7.5 沙盒实体应确保在退出沙盒或停止沙盒前,必须完全履行或解决试验中对其客户提供的金融服务的任何义务。

8. 申请和批准程序

8.1 如果申请者是受管制的金融机构或 fintechsandbox@ mas. gov. sg,申请者在将申请和附件B提交给新加坡金融管理局审查官之前,应确保在第5节和第6节所规定的目标、原则和标准得到满足。

8.2 下图描述了应用和批准过程。在评估沙盒应用程序的过程中,新加坡金融管理局将与申请者/沙盒实体进行沟通,并在试验过程中继续进行:

a. 在提交申请之前,申请者可以并且应当与新加坡金融管理局进行邮件联系(fintech_sandbox@ mas. gov. sg),就关于沙盒监管的任何问题进行说明。

b. 在"申请阶段",当新加坡金融管理局收到一整套评估的必要信息之后,将于21个工作日内对申请进行审查,并尽力在此时间内将结果告知申请者。新加坡金融管理局的初步指示对申请者业务开展和资源规划有所帮助。

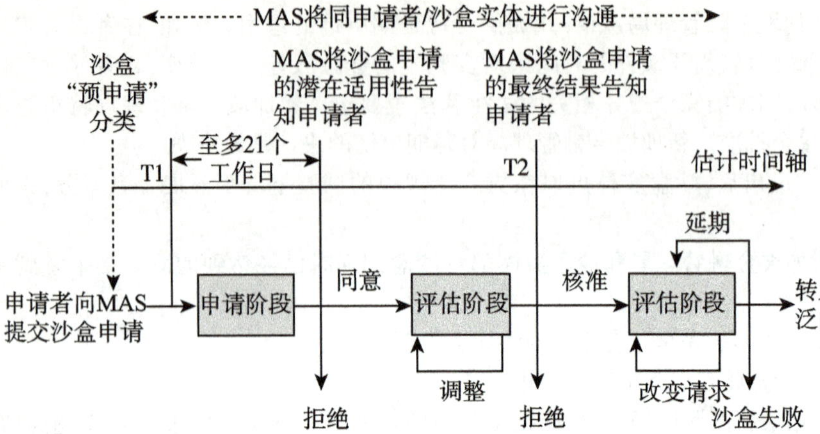

c. 在“评估阶段”，充分评估申请（T1）所需的时间取决于申请材料完整性、申请过程复杂性及其所涉具体法律法规的要求。由于该沙盒监管模式尚处于探索阶段，申请者可与新加坡金融管理局商谈后，对申请材料进行调整并重新提交（如简化限制条件）。新加坡金融管理局应当书面告知申请者申请进程。

d. 如果申请被拒绝，则应当将拒绝原因（包括其未达到的沙盒的目标、原则或任何评价标准）告知申请者。当申请者满足申请条件时，可以重新申请。

e. 申请获得批准后，将进入“试验阶段”（适用第 7 部分）。沙箱实体应告知客户其金融服务满足沙盒机制、向其披露与金融服务相关的关键风险，并且应当保证其客户已经阅读并理解这些风险。

f. 如果在“试验阶段”，沙盒实体拟对正在试验的金融服务做出重大改变，其应当提前至少 1 个月向新加坡金融管理局进行申请，并详细说明变更原因（“变更要求”）。沙盒实体可以继续尝试现有的解决方案，而新加坡金融管理局审查的变更请求，并通知沙盒实体审查结果。

g. 出于透明化以及公开化的要求，新加坡金融管理局应当在网站上，将获其批准的沙盒项目的有关信息，如申请者的名称、沙盒试验的开始和结束日期进行公布。

8.3 为了详细说明申请和审批过程，附件 C 提供了关于如何满足新加坡金融管理局条件，成功申请的指导案例。

附件 A　关于沙盒申请条件和预期灵活性的范例

下表提供了新加坡金融管理局考虑在沙盒持续时间内放松的，以及试图维持的法律和监管要求的范例。必须强调的是，表格中列出的范例并非详尽无遗。根据申请的金融服务、申请内容以及申请者的基本情形，新加坡金融管理局将确定为每个案件准备放松的具体法律和监管要求。

"保持"要求的范例
客户信息保密
适当的标准,特别是诚信标准
处理客户的资金和资产的中介机构
预防洗钱与打击恐怖主义融资

"可能放松要求"的范例
资产维护要求
董事会的组成
现金余额
信用评级
财务稳健性
基金偿付能力及资本充足率
牌照费
管理经验
MAS 指引,如技术风险管理指引和外包指引
最低流动资产
相对已缴资本
相对比率
声誉
表现记录

附件 B　金融科技监管沙盒申请模板

1. 申请者的信息

组织	
地址	
电话	
注册国家	

授权代表姓名		
职务		
电子邮件		
电话		
签名		
日期		

2. 概述

序号	描述	答复
1	简要介绍组织及其核心业务	
2	提供其所申请的进行沙盒试验的金融服务的简要说明	
3	申请者是否现实持有将申请的金融服务在生产环境中开展的有关牌照？请详细说明	
4	申请者是否能在沙盒试验期间，要求 MAS 放松任何其所制定的特定法律和法规要求？请详细说明	

3. 符合沙盒评价标准的详细信息

标准	要求	辅助信息或附件
6.2a 和 6.2b	1. 技术应用的创新方式,包括比较其主要特点、类似竞争的技术及其竞争金融服务经营方式	
	2. 申请的金融服务的优势,如安全性、客户体验、成本效益、运营效率、市场规模的提高。应用时,应当提供可量化的评估	
6.2c	1. 提供其所申请的金融服务在新加坡市场适宜性的评估,包括对全球同类市场的简要比较	
	2. 简要概述其业务战略和计划,包括在新加坡继续发展或在更广泛的范围内开展申请的金融服务的战略路线。在其退出沙盒试验后,其所提供的业务计划还应包括其在合法合规方面存在的差距(如有)	
	3. 申请者的财务状况,包括获得的任何投资	
	4. 申请者拥有相关技术和业务领域的知识和经验	
6.2d 和 6.2e	1. 测试场景有利于消除不能合理或有效地在一般测试环境中模拟的监管、技术或者业务模式中可能产生的不确定性	
	2. MAS 和申请者用于评估测试结果是否实现的适合的目标	
	3. 沙盒的限制条件(有正当理由)如下: • 沙盒开始和结束的日期; • 目标消费群体; • 涉及的消费者数量的限制; • 其他资格限制,如交易门槛或者现金持有限制	
	4. 确保限制条件不被违反的程序控制	

续表

标准	要求	辅助信息或附件
6.2f 和 6.2g	1. 量化建议可能造成的最大的损失与影响，包括任何可能的连锁效应	
	2. 处理客户查询、反馈或投诉的渠道	
	3. 对计划进行监控以确保及时通知任何违约情形，比如违反 MAS 的沙盒测试场景、限制条件或者安全措施	
	4. 致力于降低测试失败对消费者以及广泛金融系统的影响的风险降低计划	
	5. 在金融服务计划被迫停止或者将进行更广泛的适用的情形下，消费者的退出和转移计划	
	通知消费者的沟通计划，包括： • 参与沙盒计划的持续时间、限制条件以及相关风险披露； • 提前通知沙盒计划的终止和延期，或者金融服务计划将进行更广泛的适用	

附件 C　沙盒申请的范例

场景

• 该公司开展创新性金融服务，同时采用现有技术和新技术进行新加坡金融管理局监管或可能监管的活动。

• 金融服务计划在研究的基础上致力于处理金融领域现存的缺口，而且该公司拟在新加坡开展该金融服务计划。

• 该公司在实验室环境中对金融服务计划严格执行尽职调查。

• 考虑到没有沙盒测试的经验，该公司无法确保能够有效处理高危风险。

• 此外，该公司仍然处于初步萌芽阶段，并不能充分遵守现存法律以及监管要求，则需要寻求新加坡金融管理局授予某些豁免权。

现有措施

• 该公司向新加坡金融管理局提交许可申请，并提出所要求的特殊豁免。

• 考虑到金融服务计划的新颖性且该公司没有可以与制定的 FIs 相比较的记录，MAS 可以用更长的时间去了解该公司的业务模式、技术以及潜在风险。

• 上述场景施以现有措施可能会导致以下结果，一旦创新承诺未实现则失去潜在机会：

○该公司可能会在申请程序过程中面对不确定性；

○该公司可能放弃申请而继续从事一般业务；或者

○该公司可能考虑在新加坡以外的，更有利的监管环境的地区开展金融服务计划。

沙盒措施

• 考虑到新加坡金融管理局采用沙盒模式鼓励金融科技创新试验，该公司应按照沙盒规则提交申请。

• 由于该公司没有与任何新加坡金融管理局审查部门的联系方式，其可以将申请和相关信息提交至 fintech_Sandbox@ mas. gov. sg。

• 新加坡金融管理局收到申请并按沙盒评价标准进行评估，包括在沙盒期间将会被放宽的特殊法律和监管要求。

• 为促进该公司业务和资源计划的进行，新加坡金融管理局将在收到评估所需必要信息之后的 21 天之内通知该申请者其申请是否可能符合沙盒规则的要求。

• 新加坡金融管理局会持续对该公司进行评估和了解。我们将书面通知该公司是否可以继续作为沙盒实体进行沙盒计划。

<table>
<tr><th>评价标准</th><th>评估（仅作说明而不穷尽）</th></tr>
<tr><td>该金融服务计划是否包括新出现或正在研发的技术，或者创新性的使用现存技术</td><td rowspan="2">该金融服务计划目前在新加坡不能开展，其使用的技术有利于改善用户体验和简化操作。申请者申请获得沙盒期间对某些法律和监管要求的豁免，因为其目前无法满足相关的法律和监管要求</td></tr>
<tr><td>该金融服务计划是否能够解决现存问题或者有利于金融消费者或金融产业</td></tr>
<tr><td>沙盒期间结束后，申请者是否有意愿和能力更广泛地在新加坡开展金融服务计划</td><td>申请者近期获得了 100 万元资产。其员工总数相较 2015 年翻了一番，并且提供了商业计划以及在新加坡更大范围内开展金融服务计划的规划</td></tr>
<tr><td>测试场景以及预期结果是否明确</td><td rowspan="2">参与沙盒的消费者不超过 50 人，期间为 6 个月，以检验对消费者体验的改善以及风险暴露、缓解措施</td></tr>
<tr><td>限制条件是否适当</td></tr>
<tr><td>重大风险是否被评估和缓解</td><td rowspan="2">金融服务计划已经在内部测试环境的各种风险场景中被测试。在金融服务计划被迫中止的情形下，将提前通知消费者以确保其顺利退出</td></tr>
<tr><td>是否有明确的退出和转移策略</td></tr>
</table>

DAO调查报告

——根据《1934年证券交易法》第21条第(a)款

(美国证券交易委员会
编号:81207/2017年7月25日)
指导老师:李爱君
翻译成员:张 珺 赖翔菲 李廷达

一、介绍和总结

美国证券交易委员会(以下简称委员会)的执行部已经进行如下调查:DAO(一非法人组织)、Slock. it UG(一个德国公司,以下简称Slock. it)、Slock. it的联合创始人以及中介机构是否违反了联邦证券法律法规。委员会已决定不按照目前委员会所知的行为和活动采取执法行动。

如下所述,DAO(Decentralized Autonomous Organization,DAO)是一种去中心化的自治组织,它是一个用来描述计算机代码中所展现的"虚拟"组织的术语,并在分布式账本或区块链上运行。DAO由Slock. it及其联合创始人创建,以营利为目的,通过向投资者出售DAO代币创建并持有资金池,而资金将用于投资"项目"。DAO代币的持有者将会分享这些项目的预期收益,作为其投资DAO代币的回报。此外,DAO代币持有者可以通过在一些支持DAO代币二次交易的网络平台上再次出售DAO代币,使其投资变现。

在DAO代币发售后但进行具体项目投资前,攻击者利用了其代码中的一个缺陷,窃取了DAO约1/3的资产。Slock. it的联合创始人及其他相关人士的回应如下:提出变通方案,使DAO代币持有者可选择将其资产返还,详细内容将在后文阐述。

调查提出了DAO代币发行和销售是否适用美国证券法律,以及DAO代币是否为证券这一前提问题。基于调查和如下事实,委员会判定DAO代币是《1933年证券法》(以下简称《证券法》)及《1934年证券交易法》(以下简称《交易法》)[1]中的

---

[1] 本报告并没有分析DAO是否是《1940年投资公司法》第3条第(a)款中的"投资公司",这在某种程度上是由于DAO尚未进行项目投资。使用虚拟组织对DAO进行定义者应考虑投资公司法案对其的义务规定。

证券。委员会认为其有资格并基于公共利益,根据《交易法》[1]第 21 条(a)款的规定发布本调查报告(以下简称报告)。报告对使用去中心化自治组织(以下简称 DAO 实体)或者其他分布式账本或区块链工具进行集资的主体提出建议,使其采取适当措施确保自己遵守美国联邦证券法律。所有在美国发行及销售的证券必须在委员会注册或者符合注册豁免条件。此外,任何个人或机构从事交易行为必须要进行国家证券交易的注册或者遵守注册豁免规定展开经营。

本报告重申了美国联邦证券法律的基本原则,并描述了这些原则对新的模式——使用分布式账本或区块链技术进行集资或/和投资以及相关的证券发行与销售的虚拟组织及集资实体的适用性。通过"智能合约"[2]或计算机代码等实现的特定功能的自动化,并不能把上述行为从美国联邦证券法律[3]的调整范围中排除。本报告也力图强调企业应遵守联邦证券法律的注册条款,履行涉及新技术、新投资端口的产品和平台的注册义务。

二、事实

(一)背景

2016 年 4 月 30 日至 2016 年 5 月 28 日,DAO 发行并出售了约 11.5 亿 DAO 代币,约等于 1200 万的以太币(Ether,ETH)——一种在以太坊(Ethereum)区块链[4]

---

〔1〕《交易法》第 21 条第(a)款授权委员会进行违背联邦证券法行为的调查且可酌情"公布任何涉嫌违法的行为信息"。本报告并非是对其中任何事实或问题所进行的裁定,也并非是对任何个人或机构违法行为的调查结果。本文第二部分中所讨论的事实,是公开的事实或者文档记载中的事实。我们在委员会的网站上发表了这份报告,以确保所有市场参与者都能同时和平等地获取网站中的信息。

〔2〕计算机科学家尼克·萨博(Nick Szabo)将"智能合约"描述为:一种按计算机交易协议执行的合约。智能合同的设计一般是为了满足通用合同条款(如支付条款、留置权、保密条款乃至合同的履行),使恶意和偶然等例外情况的发生最小化,并且使对诚信中介方的需求最小化。相关的经济目标包括降低欺诈损失,降低仲裁和执行成本以及其他交易成本。参见 Nick Szabo,Smart Contracts,1994,http://www.virtualschool.edu/mon/Economics/SmartContracts.html。

〔3〕See SEC v. C. M. Joiner Leasing Corp.,320 U. S. 344,351(1943).("证券法的覆盖范围不限于明显及一般的领域。新型的、不寻常的或非常规的工具,无论它们形式如何,只要其被证实在交易流程中被广泛地发行或交易,而这种交易形成了'投资合同',或者'任何被普遍理解为证券的利益或工具'",都属于证券法的调整范围。)参见 also Reves v. Ernst & Young,494 U. S. 56,61(1990)。("国会制定证券法的目的在于监管投资,无论投资的形式和名称如何。")

〔4〕以太坊,由以太坊基金会发展而来,一个瑞士的非营利组织,在以太坊区块链上运行智能合同的去中心化平台。

上使用的虚拟货币。[1] 到货币发行截止时,由 DAO 募集到的以太币大约价值 1.5 亿美元。

DAO 实体的概念在一份由克里斯托弗·延奇(Christoph Jentzsch)起草的文件(白皮书,the White Paper)中被提出。克里斯托弗·延奇是 Slock. it 的首席技术官。Slock. it 是一个在德国注册的"区块链及物联网(internet-of-things)处理公司",由克里斯托弗·延奇、其弟西蒙·延奇(Simon Jentzsch)以及斯蒂芬·图尔(Stephan Tual)(Tual)共同创立。[2] 白皮书称:"DAO 实体代码第一次实现了组织管理和决策的自动化。"[3] 白皮书设想了 DAO 实体"可以被个人用来在传统公司形式之外进行协作。它也可以用于自动化地实现公司章程或法律规定的公司管理"。白皮文件提出一个实体——DAO 实体——采用智能合约试图解决其所称的传统公司固有的管理问题。[4] 如上所述,据称 DAO 实体将会用区块链取代传统的公司管理机制。合约条款将会是"正规化、自动化并且须使用软件的"。[5]

(二)DAO

DAO 是白皮书提出的去中心自治组织实体这一概念的初代实现结果,该组织

---

[1] 金融行动特别工作组将"虚拟货币"定义为:一种价值的数字化表示,其可以被数字化地交易并且有三种功能,即交易媒介、价值尺度及储藏价值,但没有法偿货币地位(法偿地位是指当向债权人偿付时,是有效并合法的支付)。其并非由任何有权机关提出并保障,其仅是由使用虚拟货币的群体达成合意并在该群体中发挥上述作用。虚拟货币不同于法定货币(又称"真实货币"、"真正的货币"或"国家货币")。法定货币是国家的硬币和纸币,有法偿能力;其可以流通并通常作为发行国交易的媒介被使用和接受。虚拟货币与电子货币也不同。电子货币是法定货币的虚拟表现形式,被用来进行以法定货币标价的电子化交易。参见 FATF 报告,Virtual Currencies, Key Definitions and Potential AML/CFT Risks,(June 2014), http://www. fatf-gafi. org/media/fatf/documents/reports/Virtual-currency-key-definitions-and-potential-aml-cft-risks. pdf。

[2] Christoph Jentzsch 在 2016 年 3 月 23 日左右发布了白皮文件的最终稿。他最早在 2015 年 11 月于伦敦的以太坊开发者大会上介绍了 DAO 实体的概念,将其作为为 Slock. it(2015 年 9 月他与其他人共同创立的一家得多公司)集资的媒介。Slock. it 意在开发一项技术,把在以太坊区块链上运营的智能合约嵌入真实世界工具,使每个人都能通过去中心化的方式租赁、出售或者分享实物。参见 Slock. IT 官网,https://slock. it/。

[3] Christoph Jentzsch, Decentralized Autonomous Organization to Automate Governance Final Draft-Under Review, https://download. slock. it/public/DAO/WhitePaper. pdf.

[4] Ibid.

[5] Ibid. 白皮书包含以下声明:首先,提醒一句,DAO 实体的法律地位仍处于激烈争论和热烈探讨中。DAO 实体的定义尚不统一。有人认为 DAO 实体是自动化的代码并且可以独立于法律体系运作;还有人称 DAO 实体必须由人或人创立的实体所拥有和运作。未来将有很多应用案例,而 DAO 实体代码也在随着时间发展。最终,DAO 实体怎样运行及其法律地位如何将会取决于多种因素,包括 DAO 实体的代码如何使用,其使用的领域及使用者。本报告并非推测 DAO 实体在全球范围内的法律地位,也不试图提供法律建议或结论。任何人使用 DAO 实体代码都要自担风险。

力图创建“众筹契约”为“壮大加密空间中的公司”募集资金。[1] 2015年11月以太坊开发者大会于伦敦召开，克里斯托·延奇在大会上提案将DAO描述为“以营利为目的的去中心自治组织实体”，参与者可发送以太币（一种虚拟货币）至DAO以购买其代币，DAO则赋予参与者投票权和取得“回报”的权利。[2] 克里斯托·延奇把这比作“购买公司股份并取得……股息红利”。[3] DAO之所以是“去中心化的”，是因为持有其代币的投资者均有投票权。[4] 募集到的所有资金都将被保留在DAO中的一个以太坊区块链“地址”中，而DAO代币的持有者可以投票表决契约议案，包括DAO的投资项目议案以及从其投资项目中获取的预期收益的议案。[5] DAO是“自治的”，因为项目议案以智能合约形式存在于以太坊区块链中，且投票通过DAO的代码执行。[6]

大约在2016年4月29日，Slock. it在以太坊区块链上部署了DAO代码作为一组预编程指令。[7] 这种代码将用于控制DAO的运行。

为了宣传DAO，Slock. it的联合创始人创建了一个网站（DAO网站）。DAO网站中表述了其预期目的，即“开辟商业新路径，改善市场主体，虚无缥缈而又无处不

〔1〕 Christoph Jentzsch, The History of the DAO and Lessons Learned, SLOCK. IT BLOG (Aug. 24, 2016), https://blog. slock. it/the-history-of-the-dao-and-lessons-learned-d06740f8cfa5#. 5o62zo8uv. 尽管去中心化自治组织被描述为“众筹契约”，其并不满足由2012年JOBS法案第三章规定的众筹监管的条件（该法案规定了某些众筹的注册豁免），因为去中心化自治组织不是在美国证券交易委员会（SEC）和美国金融业监管局（The Financial Industry Regulatory Authority, FINRA）登记的证券公司或集资门户。See Regulation Crowdfunding: A Small Entity Compliance Guide for Issuers, SEC (Apr. 5, 2017), https://www. sec. gov/info/smallbus/secg/rccomplianceguide - 051316. htm; Updated Investor Bulletin: Crowdfunding for Investors, SEC (May 10, 2017), https://www. sec. gov/oiea/investor-alerts-bulletins/ib_crowdfunding-. html.

〔2〕 See Slockit, Slock. it DAO demo at Devcon1: IoT + Blockchain, Y OU T UBE (Nov. 13, 2015), https://www. youtube. com/watch? v = 49wHQoJxYPo.

〔3〕 Ibid.

〔4〕 Christoph Jentzsch, Decentralized Autonomous Organization to Automate Governance Final Draft-Under Review, https://download. slock. it/public/DAO/WhitePaper. pdf.

〔5〕 同上。理论上，议案项目类型无限制。例如，被提案的项目可以包括但不限于开发产品或服务，DAO代币持有者可获得产品或服务或向得到产品或服务的人收费。

〔6〕 同上。

〔7〕 根据白皮书，去中心自治组织实体是“由以太坊区块链上的部署激活的。一经部署，DAO实体的代码便需要以太币参与到以太坊的交易中。以太币是为以太坊网络提供动力的数字燃料”。更新或改变The DAO代码的唯一方法是提交新议案，经过投票获得多数同意。Christoph Jentzsch, Decentralized Autonomous Organization to Automate Governance Final Draft-Under Review, https://download. slock. it/public/DAO/WhitePaper. pdf. 据Slock. it's网站，Slock. it为以太坊社区提供代码，并指出DAO的框架是Slock. it UG的小项目，给以太坊社区的礼物。它由明确的白皮书、经全球顶尖安全公司审计的智能合约和即将推出的完整的前端界面组成。对任何再利用者都是免费和开放的，这是我们对社区表达谢意的方式。

在，坚定不移地仅以无可阻挡的代码来运营”。[1] 该网站还介绍了DAO如何运营，并提供了购买DAO代币的链接。该网站亦列出了白皮书链接，白皮书中提供了去中心化自治组织的架构和源代码等详细信息，白皮书和网站同时是DAO宣传材料的主要来源。在DAO网站等处，Slock. it表示DAO的源代码经过“全球顶尖的安全审计公司”审查，“为期5天的安全分析纤悉无遗”。[2]

Slock. it的联合创始人也通过引起媒体关注、在DAO和Slock. it网站及多个区块链技术论坛上发布DAO的日常更新情况等方式大力宣传。Slock. it的联合创始人在帖子中与公众交流如何参与DAO，包括如何创造和获取DAO代币，如何表决议案。Slock. it还在DAO网站上开设了论坛和“DAO谷”频道，该频道是一个在线信息平台，供5000多名受邀“团队成员”实时讨论和交流关于DAO的想法。

1. DAO代币

DAO创造了DAO代币（与所支付的以太币成正比）用以与以太币交换，个人或单位汇出以太币后，DAO代币会被分配到以太坊区块链的一个地址上。DAO代币使其持有者获得投票权和所有权。根据宣传材料，DAO将通过投资项目营利，为DAO代币持有者提供投资回报。Slock. it的联合创始人在其散发的各种宣传材料中宣称，DAO代币持有人将取得“回报”。这种“回报”在白皮书中被定义为“去中心自治组织的投资项目生成的并由其接收的任何以太币”。然后，DAO代币持有者将投票表决将这些回报投资于新项目或将以太币分配到DAO代币持有者手中。

从2016年4月30日至同年5月28日（“发行期”），DAO对DAO代币进行发售。在DAO上的投资是“假名化”的（个人或单位的假名是他们的以太坊区块链地址）。为了购买DAO发售的DAO代币，个人或单位由自己的以太坊区块链地址发送以太币至DAO关联的以太坊区块链地址。通过发行募集到的所有以太币和DAO的未来盈利都将被储存在DAO的以太坊区块链地址上。DAO代币的价格取决于发行期的购买时间，大约在100DAO对1ETH至100DAO对1.5ETH之间波动。任何人都有资格购买DAO代币（只要支付以太币）。DAO代币的发售没有数量限制，购买人数和购买者的成熟度不限。

DAO代币持有者转卖其在发行阶段获得的DAO代币不受限。他们可以通过各种方式在二级市场卖出DAO代币从而将自己的投资变现。在发行前，Slock. it会找至少一家美国的网络平台在其系统中交易DAO代币。在发行过程中，DAO网站和Slock. it散发的其他推介材料中会介绍DAO代币在发行阶段结束后可在若干平台进行二级市场交易。发行中和发行后，这些平台在其网站和支持DAO代币二级

---

〔1〕 DAO网站网址为https://daohub. org。

〔2〕 Stephen Tual, Deja Vu DAO Smart Contracts Audit Results, SLOCK. IT BLOG (Apr. 5, 2016)，载https://blog. slock. it/deja-vu-dai-smart-contracts-audit-results-d26bc088e32e.

市场交易的社会媒体上不断发布通知。[1]

此外,在发行期结束后,DAO 代币可以在以太坊区块链上自由转让。DAO 代币持有者还可通过长达数周(约46日)的复杂过程用 DAO 代币兑换以太币,这个过程被称为 DAO 实体的“分割”。[2]

2. The DAO 的参与者

根据白皮书,为使“DAO 实体以太币”用于投资某项目,尤其是 DAO 代币持有者期望订约人所提项目能为持有者带来投资回报时,“订约人”应先向 DAO 实体提案。向 DAO 提案需要:(1)编写智能合约,部署并发布于以太坊区块链;(2)在 DAO 网站上公布提案的详细内容,包括部署合约的以太坊区块链地址和源代码链接。在 DAO 网站和一些其他可公开访问的网站上可以查看提案。根据白皮书,提案有两个前提条件,个人或单位须:(1)至少拥有 1 个 DAO 代币;(2)用以太币向 DAO 实体付押金,若提案投票表决时参与投票的 DAO 代币持有者未达法定人数,则 DAO 实体没收押金。据称,Slock. it 将成为投资项目的首个提案者。[3]

只有得到 DAO 代币持有者多数票,DAO 募集到的以太币才会被分配到订约人用于提案项目的投资。[4] DAO 代币持有者对某议案投赞成票或反对票的票数取决于其掌握的 DAO 代币数量。然而,投票程序广受指责,因为这样的机制会鼓励扭曲的投票行为进而导致无法准确反映多数 DAO 代币持有者的一致意见。2016 年 5 月 7 日某计算机安全研究团队指出,DAO 的结构具有“强烈的支持赞成票并抑制反对票的偏向,将对用户的投票选择权造成限制”。[5]

在提案进入投票环节前,须经 DAO 的至少一个“管理员”查看。在 DAO 形成

---

〔1〕 这些平台在美国金融犯罪执法局上登记为“货币服务商”,为消费者提供虚拟货币与虚拟货币、虚拟货币与法定货币的交易系统。

〔2〕 根据白皮书,分割的主要目的是保护小股东,使其免受“51% 攻击”(持有 DAO 实体 51% 代币的攻击者可提案将该 DAO 实体的全部资金都归于其自身)。

〔3〕 DAO 网站等称 Slock. it 希望成为投资项目的首个提案者。实际上,在发行阶段,Slock. it 的“以太坊计算机和全民共享网络”投资提案草稿可在线公开获取。

〔4〕 DAO 代币持有者可直接在以太坊区块链上投票或使用以太坊区块链界面的应用投票表决议案。DAO 代币持有者应具备投票所需的技术知识,The DAO 网站提供了投票表决议案的步骤指导链接。

〔5〕 议案投票环节,DAO 代币持有者将“冻结”其代币直至投票期结束。(“用于投票的代币将被锁定至投票期结束,其间被锁定的代币不能转让。”)但如果 DAO 代币持有者放弃投票权,则不受此限制;非用于投票的 DAO 代币可随时撤回或转让。这种机制鼓励 DAO 代币持有者要么投赞成票,要么弃权。参见 Dino Market al. ,A Call for a Temporary Moratorium on The DAO,H ACKING,D ISTRIBUTED(May 27,2016,1:35 PM),http://hackingdistributed. com/2016/05/27/dao-call-for-moratorium/。

时，由 Slock. it 选任一些人作为管理员。[1] 根据白皮书，DAO 实体的管理员有“相当大的权力”。管理员履行关键性的安全职责，掌握 DAO 的提案、投票和投资的最高控制权。正如 DAO 网站在发行期所说的，DAO 的“故障安全保护”和“蓄意攻击者”防护都要依靠管理员。DAO 网站列明管理员职责如下：(1) 确认任一发起投资提案的个人或组织是可识别的；(2) 确认任一有关提案的智能合约恰当地反映了订约人称已部署在以太坊区块链上的代码。管理员判定提案符合上述条件后，将提案加入“白名单”(提案获 DAO 代币持有者多数票通过后用于从 DAO 接收以太币的以太坊区块链地址列表)。

DAO 管理员对于是否将议案提交 DAO 代币持有者投票表决拥有最终决定权。管理员还可决定提案的顺序和频率，并可为议案是否加入白名单设定主观标准。一位由 Slock. it 选定的管理员曾公开表示，管理员有“白名单的完全控制权……决定何种事项能够加入白名单，议案列入白名单的期限……将某事项移出白名单的时间……以及控制提案的顺序和频率”，并称“管理员权力极大”。[2] 另一名管理员公布了他判定是否将议案加入白名单的主观标准，其中包括他个人的道德观念。[3] 白皮书显示，管理员还有权每隔 1 周将投票法定人数标准降低 50%。若管理员不进行此项操作，则仅当连续 52 周均无提案达到法定人数时，法定人数方能下调 50%。

3. 平台上的二级市场交易

自 2016 年 5 月 28 日至同年 9 月初，使用虚拟货币或法定货币的平台成为 DAO 代币持有者在二级市场买卖 DAO 代币的首选平台。具体而言，这些平台的电子系统允许各用户在匿名基础上发起 DAO 代币交易。例如，各平台的用户可通过平台系统进入 DAO 代币买卖市场，可与系统中其他用户发起的交易相匹配。各平台系统将根据其创建的预编程指令交互协议自动执行匹配。

平台不接受非本平台用户的 DAO 代币交易订单，也不会将本平台用户的交易订单推送到其他交易场所。平台会在自己的网站上公开其上 DAO 代币的全部报价、交易、日交易量。2016 年 5 月 28 日至同年 9 月 6 日，某平台的 DAO 代币买卖成交笔数超过了 557,378 笔，15,000 多位美国境内外用户参与了交易。2016 年 5 月 28 日至同年 8 月 1 日，另一平台 DAO 代币买卖成交笔数超过了 22,207 笔，700 余位美国用户参与了交易。

---

〔1〕 DAO 创立时，DAO 网站认定了 11 个“有声望”的人作为掌握 DAO“多重签名”(或称“私钥”)的管理员。这些人均居住在美国境外。其中，多数与以太坊区块链有关，The DAO 网站力赞管理员十分胜任且信誉优秀。

〔2〕 Epicenter, EB134 – EminGünSirer And Vlad Zamfir: On A Rocky DAO, YOUTUBE (June 6, 2016), https://www.youtube.com/watch? v = ON5GhIQdFU8.

〔3〕 See Andrew Quentson, “Are the DAO Curators Masters or Janitors?”, The Coin Telegraph (June 12, 2016), https://cointelegraph.com/news/are-the-dao-curators-masters-or-janitors.

4. 安全问题,对 DAO 的"攻击",和硬分叉

2016 年 5 月末,在发行期截止前,人们开始关注 The DAO 代码的薄弱环节可能对其资金安全造成的影响。2016 年 5 月 26 日为回应上述关注,Slock. it 提交了一份"DAO 安全性议案",呼吁升级 DAO 相应代码,并提出任命安全专家。[1] 随后,克里斯托·延奇 2016 年 6 月 3 日代表 Slock. it 提议,在 The DAO 代码的薄弱环节修复完成前,中止所有提案。[2]

2016 年 6 月 17 日某未知个人或组织("攻击者")开始从 DAO 上大量转移以太币,将约 360 万以太币——占 DAO 发行期所募集的以太币的 1/3——由 DAO 的以太坊区块链地址转移到由攻击者控制的以太坊区块链地址上(此即所谓的"攻击")。[3] 这部分以太币虽然被转到攻击者控制的地址上,但在此后的 27 天里,DAO 代码使攻击者无法将其从该地址转移。[4]

为确保被转移的以太币的安全并将其返还 DAO 代币持有者,Slock. it 的联合创始人等人同意对以太坊区块链进行"硬分叉"。"硬分叉"是基于将来考虑,修改以太坊协议,使 DAO 代币持有者的投资恢复到遭遇攻击前的状态。2016 年 6 月 20 日,大部分以太坊网络接受了此次必要的软件升级,分叉后的新以太坊区块链重新投入使用。[5] 硬分叉的作用是将募集到的所有资金(包括被攻击者掌握的资金)由 DAO 转移到一个修复地址上,DAO 代币持有者可以在修改后的地址上以 DAO 代币兑换以太币。[6] 所有接受硬分叉的 DAO 代币持有者都可将其 DAO 代币兑换为以太币,避免损失其曾投资的以太币。[7]

---

〔1〕 See Stephan Tual,"Proposal #1 – DAO Security", Slock It Blog (May 26, 2016), https://blog.slock. it/both-our-proposals-are-now-out-voting-starts-saturday-morning-ba322d6d3aea. 这位未被透露姓名的安全专家将"作为安全信息披露的第一联系人,并持续检测、预防和避免 The DAO 可能面临的任何攻击,包括社会的、技术的和经济的攻击"。Slock. it 最初曾提出了一个更宽泛的安全议案,包括建立"DAO 安全"团队,设立"故障排除奖励计划"以及对 The DAO 代码试行外部审计。但该议案预算高达 125,000 以太币,全部由 The DAO 资金支付,如此高额的支出预算立刻招致大量非议。此后,Slock. it 修订并再次提案,内容如文中表述。参见 Stephan Tual,"DAO. Security, a Proposal to guarantee the integrity of The DAO", Slock. It Blog (May 25, 2016), https://blog. slock. it/dao-security-a-proposal-to-guarantee-the-integrity-of-the-dao – 3473899ace9d。

〔2〕 See TheDAO Proposal_ID 5, Etherscan, https://etherscan. io/token/thedao-proposal/5.

〔3〕 See Stephan Tual,"DAO Security Advisory: live updates", Slock. It Blog (June 17, 2016), https://blog. slock. it/dao-security-advisory-live-updates – 2a0a42a2d07b.

〔4〕 Ibid.

〔5〕 但少量团体未接受此次硬分叉形成的新的以太坊区块链,他们认为,这种做法与区块链不可变的概念背道而驰。他们继续使用被称为"老版以太坊"的旧版本的区块链。

〔6〕 See Christoph Jentzsch,"What the 'Fork' Really Means", Slock. It Blog (July 18, 2016), https://blog. slock. it/what-the-fork-really-means – 6fe573ac31dd.

〔7〕 Ibid.

三、讨论

委员会发现使用分布式账本技术发型和销售如DAO代币等工具以筹集资金的虚拟组织和相关个人、实体日渐增加。这类发行和销售被称为"币的首次发行"或"代币销售"。因此,委员会认为,基于公共利益的考量,有必要发布本报告以强调美国联邦证券法律可适用于多种行为,包括分布式记账技术(在某些特定事实和情况下,不考虑组织形式或用于某种发行或销售的技术)。本报告中,委员会考虑了DAO代币发型和销售的特定事实和情形,论证了现行美国联邦证券法律适用于这种新模式。

(一)《证券法》第5条

《证券法》的登记条款规定向公众发行或销售证券,必须附有已于委员会登记的"充分而公允的信息披露",并提供具备潜在投资者做出理性投资决策必需信息的法定招股说明书。登记须详细披露"发行人财务状况、发行主体和管理层背景、证券价格以及发行量等信息"。[1] "登记声明的目的是确保公众知悉公开交易的证券的重大事实",这是证券法保护公众投资者综合方案的核心。[2] 《证券法》第5条第(a)款规定,若登记声明未生效,任何直接或间接在州际贸易中从事证券发行与销售者,均为违法。《证券法》第5条第(c)款有类似禁令,若登记声明未提交,禁止要约卖出或者要约购买。因此,《证券法》第5条第(a)款和第5条第(c)款禁止州际贸易中未经登记的证券发行与销售。[3] 违反第5节的规定不要求明知。[4]

(二)DAO代币是证券

1. 证券法律的基本原则适用于使用分布式记账技术的虚拟组织或集资主体

《证券法》第2条第(a)款第(1)项和交易法第3条第(a)款(10)项中,证券包含"投资契约"。[5] 投资契约是基于依赖他人努力经营或管理产生合理收益的预期,对共同事业进行的金钱投资。[6] (投资契约的"标准"是"基于靠他人努力经营或管理产生合理的收益预期而对共同的事业进行的金钱投资"。)这一定义包含了一个"弹性非静态的准则,这个准则能够适应各类通过承诺收益以求使用他人资金的方式"。[7]。通过这种准则来检验,"'在我们的商业社会中符合证券一般概念的多种

---

〔1〕 SEC v. Cavanagh, 1 F. Supp. 2d 337, 360(S. D. N. Y. 1998), aff'd, 155 F. 3d 129(2d Cir. 1998).

〔2〕 SEC v. Aaron, 605 F. 2d 612, 618(2d Cir. 1979)(引自 SEC v. Ralston Purina Co., 346 U. S. 119, 124(1953)), vacated on other grounds, 446 U. S. 680(1980).

〔3〕 15 U. S. C. § 77e(a)and(c).

〔4〕 SEC v. Universal Major Indus. Corp., 546 F. 2d 1044, 1047(2d Cir. 1976).

〔5〕 15 U. S. C. § § 77b–77c.

〔6〕 SEC v. Edwards, 540 U. S. 389, 393(2004); SEC v. W. J. Howey Co., 328 U. S. 293, 301(1946); United Housing Found., Inc. v. Forman, 421 U. S. 837, 852–53(1975).

〔7〕 Howey, 328 U. S. at 299.

工具'的发行是否实现了充分而公允的信息披露这一法定目的"。分析是不是证券,"应考虑实质而非形式",[1]"重点应放在交易背后的经济本质上,而不是它的名称"。[2]

2. DAO 的投资者有资金投入

判定投资契约是否存在时,所投入的"资金"未必是现金形式。[3]("Howey 案判决中提到了'投资金钱',但已确认现金并非是投资契约构成要件中出资或投资的唯一形式。")

DAO 的投资者用以太币进行投资,DAO 代币可兑换以太币。在 Howey 案中,此类投资是可构成投资契约的一种出资形式。[4](投资比特币——虚拟货币,符合 *Howey* 案的第一个要件);[5]("'投资'的可以是'货物和服务',或者其他'交换价值'。")

3. 有合理的收益预期

购买 DAO 代币的投资者投资于共同事业,他们将以太币发送给 DAO 的以太坊区块链地址以换取 DAO 代币,并对通过该项目获得收益存在合理预期。"收益"包括"股利、红利、其他定期回报,或者增长的投资价值"。[6] 如上文所述,Slock. it 及其联合创始人散发各种宣传资料告知投资者,DAO 是以营利为目的的组织,其目的是投资项目获取投资收益。[7] 以太币被集中起来供 DAO 投资项目。项目(或者"合约")由"订约人"提案。如果提案的合约由管理员列入白名单,则 DAO 代币持有者可以投票决定 DAO 是否向提案合约投资。根据每个合约的条款,DAO 代币持有者可以分享潜在收益。因此,理性投资者——至少部分投资者希望通过向 DAO 投资以太币来取得预期收益。

4. 通过他人的管理努力

(1)Slock. it、Slock. it 联合创始人及 DAO 管理员的努力是项目的关键

投资者的收益是通过他人的努力经营管理获得的,特别是 Slock. it、Slock. it 联合创始人及 DAO 管理员。核心点是"除投资者以外的人的努力,对项目成败有重大影响"。[8] DAO 的投资者依赖 Slock. it、Slock. it 联合创始人及 DAO 管理者对 DAO 的管理以及提出可创收项目提案的努力。

---

[1] Tcherepnin v. Knight, 389 U. S. 332, 336(1967).

[2] United Housing Found., 421 U. S. at 849.

[3] Uselton v. Comm. Lovelace Motor Freight, Inc., 940 F. 2d 564, 574(10th Cir. 1991).

[4] SEC v. Shavers, No. 4:13 – CV – 416, 2014 WL 4652121, at *1(E. D. Tex. Sept. 18, 2014).

[5] Uselton, 940 F. 2d at 574.

[6] Edwards, 540 U. S. at 394.

[7] "项目"包括产出向 DAO 代币持有者提供的产品和服务,这一点并不改变其实质,即购买 DAO 代币的投资者具备靠他人努力获取收益的预期。

[8] SEC v. Glenn W. Turner Enters., Inc., 474 F. 2d 476, 482(9th Cir. 1973).

DAO的营销、DAO和DAO代币持有者与Slock. it及其联合创始人的积极参与等因素,使投资者形成了收益预期。为了推广DAO和DAO代币,Slock. it创建了DAO网站,发布白皮书,阐释DAO实体运作方式并描摹他们对DAO实体的愿景。Slock. it还创建并掌握一些其他的论坛,向DAO代币持有者发布如何投票以及执行与其投资有关的任务等信息。Slock. it密切关注着这些论坛,回答DAO代币持有者的问题,包括DAO的未来、安全性、DAO运作的基本规则以及DAO代币持有者的预期角色。DAO的创建者将自己作为以太坊(DAO运行所依据的区块链协议)的专家,告知投资者他们根据专业知识和资质选定了管理员。此外,Slock. it称,其预计提出首个实质性营利的合约提案——一个在其专业领域的区块链项目。通过上述一系列行为,Slock. it及其联合创始人使投资者相信,通过前两者的尽职经营管理,DAO终将取得成功。

DAO的投资者合理预期Slock. it、Slock. it联合创始人以及DAO的管理者将在DAO成立后勤勉经营管理。DAO的创建者和管理员在监督DAO的运营、保障投资者资金安全以及决定是否使合约议案进入投票环节等方面起到关键作用。投资者几乎只能依靠上述主体的专业意见。在发行阶段,DAO的协议已由Slock. it及其联合创始人预先确定,包括管理员可以行使的控制权。Slock. it及其联合创始人选任管理员,其职责是:(1)审查订约人;(2)决定是否以及何时将提案送交投票;(3)决定提交投票的提案的顺序和频率;(4)决定是否将某些提案投票所需的法定人数减半。因此,管理者对提案的顺序和频率有重要控制权,并且可以根据其主观标准决定提案是否被列入白名单由DAO代币持有者投票。DAO代币持有者只能给管理者列入白名单上的提案投票。尽管所有DAO代币持有者都可提案,但提案都应遵循同样的协议,包括承认现任管理者的审核权和控制权。DAO代币持有者虽然可以提案替换管理者,但此类提案由现任管理者控制,包括是否将其列入白名单,以及为该提案所需发送的代币批准新地址。实质上,管理者有权决定是否将撤销管理者的提案付诸表决。[1]

同时,Slock. it及其联合创始人密切监管着DAO。他们监控DAO,处理其产生的问题,提出DAO代码漏洞修复前中止提案,委任安全专家监测对DAO的潜在攻击。若攻击者利用代码中的弱点转移投资者资金,Slock. it及其联合创始人参与解决该问题。

(2)DAO代币持有者的投票权受限

DAO代币持有者的投票权是受限的投票权。DAO代币持有者实质上依赖

---

〔1〕 DAO代币持有者可提案分割DAO,从而产生新的DAO实体、新的管理员。其他的DAO代币持有者如果投票赞成该"分割"提案,则可加入新DAO。与其他合约提案不同的是,分割提案不需要押金或投票法定人数,而是要经过为期7天的辩论期,其他提案则需要至少2周辩论期。

Slock. it、其联合创始人以及 DAO 的管理员的勤勉管理。[1] 即使投资者的贡献能帮助项目获利,这种努力也不等同于发起人对企业的管理努力或控制。[2] (其中提到一个多层次的营销计划实质是投资契约,尽管是投资者付出了大部分劳动提高了企业的利润,但投资者依然是靠发起人的管理努力,因为发起人决定条款并操控着该计划)[3]("投资者可以具有更高利润或更多损失的特定风险的可能性进行授权,但仍须依赖第三方的管理努力,否则其所冒风险无法得到回报")[4](其中指出,即使投资契约赋予所谓的普通合伙人投票权,即使为投资者做出理性决策提供了有限的信息,所谓的普通合伙人仍无法掌控投票过程中的信息)。

DAO 代币持有者有投票权不等于其能控制项目,因为:(1)DAO 代币持有者的投票很可能是敷衍了事;(2)DAO 代币持有者很分散且其相互之间的沟通受限。

首先,如上所述,DAO 代币持有者只能给管理者通过的提案投票。[5] 而管理员通过提案的程序不具备向 DAO 代币持有者提供足够信息以允许他们做出理性决策的机制。的确,根据 DAO 的相关情况和网上论坛讨论的少数草案,有迹象表明契约提案不能为投资者提供足以做出理性决策的必要信息,因而投资者的所谓"控制"无甚意义。例如,白皮书附的样本契约提案几乎没有关于契约条款的信息。Slock. it 联合创始人自己提出契约提案草案,并回应了商讨提案条款的问题和请求(发帖到 DAO 论坛),一位 Slock. it 创始人解释说提案是有意模糊的,实质上这是个要么接受要么离开的命题,不需要协商或反馈。[6] (评估协议是否是投资契约时,法院着眼于"根据协议投资者是否确实具有获取必要信息的控制权,这些信息是保护、管理和控制其以获利为目的的投资所必需的信息"。)

其次,匿名化和分散化导致 DAO 代币持有者难以联合起来改变现状或实现真正的控制。DAO 的投资者使用假名(隐去了投资者现实世界的真实身份),大量分散的个体和/或实体投资或在二级市场交易 DAO 代币——这种安排不同于真正的普通合伙。[7] ("人们不指望面向社会公众出售的合伙利益能实现真正的合伙控制;某种程度上,过多的[有限]合伙人导致合伙投票更像是公司投票,每个合伙人的

〔1〕 如上所述,DAO 代币持有者有动力选择投赞成票或弃权票,投票结果未必反映多数持有者的真实想法。

〔2〕 Glenn W. Turner,474 F. 2d at 482.

〔3〕 Long v. Shultz, 881 F. 2d 129,137(5th Cir. 1989).

〔4〕 SEC v. Merchant Capital,LLC, 483 F. 3d 747(11th Cir. 2007).

〔5〕 由于 DAO 并未真正启动商业运营项目提案,本报告未分析 DAO 相关主体是否是《1940 年投资顾问法》(以睛简称《顾问法》)第 202 条第(a)款第(11)项规定的"投资顾问"。参见 15 U. S. C. § 80b - 2(a)(11). 虚拟组织应当注意顾问法规定的相关主体的义务。

〔6〕 SEC v. Shields,744 F. 3d 633,643 - 45(10th Cir. 2014).

〔7〕 Cf. Williamson v. Tucker, 645 F. 2d 404,422 - 24(5th Cir. 1981).

角色已被稀释到公司的一个股东的水平。”)[1] Slock. it 确实创建并维护了在线论坛,投资者可以在论坛上提交有关契约提案的帖子(任何人都可使用发帖,使用者不限于 DAO 代币持有者)。然而,DAO 代币持有者及其在论坛上的发帖均为匿名。在此情况下,再加上 DAO 代币持有者数量十分庞大,如果投资者希望集中其投票以主张真正的控制权,可能会限制论坛的作用。此后发生的攻击事件中,DAO 代币持有者无法在没有 Slock. it 等主体的帮助下有效地追踪攻击者,恰恰证明了这一点。DAO 代币持有者的匿名和分散稀释了他们对 DAO 的控制。[2] (其中指出,投资者的地域分散对投资者控制权有不利影响。)

上述事实削弱了 DAO 代币持有者通过表决实现对项目真正控制的能力,使 DAO 代币持有者的投票权近似于公司股东的投票权。[3] (“须强调的是,对参与者进行名义上或有限的责任分配并不能否定投资契约的存在;所分配的责任很有限以至于无法真正参与到行动选择中去……证券可构成于……必须把重点放在经济实质上。”)[4]

如上所述,根据契约和实际情况,DAO 代币持有者依赖于 Slock. it、其共同创始人以及 DAO 管理员的管理努力。后者而不是前者的努力具有“不可否认的重要性”,决定着 DAO 的任何投资的成功和盈利。[5]

(三)若无有效豁免,发行者发行和销售证券应当注册

“发行者”的定义是非常广泛的,其包括“每个发行或拟发行证券的主体”,“主体”包括“任何任何人非法人组织。”[6] “发行者”一词在第 5 条中被弹性化地解释为“发行者采用新方式发行证券,以及由证券自身概念的扩张”。[7] (“当个人或实体组织或赞助了有限合伙并且对合伙目的的实现与否承担主要责任,则其将被认定为发行者……”。)

非法人组织 DAO 是证券的发行者,且 DAO 的信息对于 DAO 代币持有者做出

---

[1] 第五巡回法庭在 Williamson 案判决中写道:普通合伙或联营可被认定为证券,例如,若投资者(1)在各方之间达成协议,约定合伙人或联营者几乎无实际权力安排,其权力分配状况基本上与与有限合伙相同;(2)合伙人或联营者在其商业事务上无专业性且不了解,缺乏明智行使其在合伙中或联营中的权力的能力;(3)合伙人或联营者十分依赖特定经理人的经营管理能力,以至于而前者无法替换该经理人,也无法切实行使自身在合伙或联营中的权力。Williamson,645 F. 2d at 424 & n. (法庭同时指出:“这不表示其他因素不能导致对发起人或经理人的依赖及对合伙人权力的有力排除。”)

[2] Merchant Capital,483 F. 3d at 758.

[3] Steinhardt Group, Inc. v. Citicorp., 126 F. 3d 144, 152(3d Cir. 1997).

[4] SEC v. Koscot Interplanetary, Inc., 497 F. 2d 473, 483 n. 14(5th Cir. 1974)).

[5] Glenn W. Turner, 474 F. 2d at 482.

[6] 15 U. S. C. § 77b(a)(4).

[7] Doran v. Petroleum Mgmt. Corp., 545 F. 2d 893, 909(5th Cir. 1977); accord SEC v. Murphy, 626 F. 2d 633, 644(9th Cir. 1980).

投资决定至关重要。[1]（"这不是公司发行股票，但也是一群人为了获利投资项目，并且相应地根据企业收益获得一定比例的利益。"）DAO"对项目成败承担责任"，并且其投资者需要其信息资料以进行投资决策。

发行期间，DAO 发行并出售 DAO 代币，通过 DAO 网站兑换以太币。公众均可进入 DAO 网站。整个发行期，DAO 出售了约 11.5 亿 DAO 代币，约可兑换为 1200 万以太币，在当时约折合为 1.5 亿美元。由于 DAO 代币是证券，DAO 须对 DAO 代币的发行和出售进行注册注册，除非该注册取得有效豁免。

此外，参与未经注册发售证券也未取得有效豁免者，应承担违反第 5 条规定的责任。[2]（"在交易中发挥必要作用的人应作为参与者承担责任"）[3]（"第 5 条的禁令涵盖参与到未经注册且未获得注册豁免的证券发售活动的任何人"）[4]（被告违背了第 5 条第(a)款，因此从事了"'有偿'招揽他人出价购买证券"由第三方发行的"未经注册销售证券的行为"）。

（四）符合交易定义的系统必须进行本国证券交易或经营注册或按规定取得注册豁免

若交易未按照《交易法》第 6 条进行本国证券交易注册或取得注册豁免，则根据《交易法》第 5 条，任何经纪人、交易商的直接或间接交易均属违法。[5]《交易法》第 3 条第(a)款第(1)项将"交易"定义为"任何法人或非法人机构、组织或群体，组织、保有或者提供交易场所或设备从而将证券买卖双方集中起来或者进行其他关于证券的一般被理解为股票交易的行为……"[6]

《交易法》第 3b－16(a)款提供了一种功能测试方式来评估贸易系统是否满足第 3 条第(a)款第(1)项中所定义的交易。《交易法》第 3b－16(a)款规定，一个机构、组织或群体，应当被认为是组织、保有或者提供交易场所或设备从而将证券买方和卖方集中起来或者进行其他关于证券的一般被理解为股票交易的行为，如果其：(1)集合多个买家和卖家的证券买卖订单；(2)使用已经设立的非自由选择的方法（无论是通过提供贸易工具还是建立规则），通过这种方法，买卖订单相

---

[1] Murphy, 626 F. 2d at 643.

[2] See, e. g., Murphy, 626 F. 2d at 650－51.

[3] SEC v. North Am. Research & Dev. Corp., 424 F. 2d 63, 81 (2d Cir. 1970); SEC v. Culpepper, 270 F. 2d 241, 247 (2d Cir. 1959); SEC v. International Chem. Dev. Corp., 469 F. 2d 20, 28 (10th Cir. 1972); Pennaluna& Co. v. SEC, 410 F. 2d 861, 864 n. 1, 868 (9th Cir. 1969)); SEC v. Softpoint, Inc., 958 F. Supp 846, 859－60 (S. D. N. Y. 1997).

[4] SEC v. Chinese Consol. Benevolent Ass'n., 120 F. 2d 738, 740－41 (2d Cir. 1941).

[5] 15 U. S. C. § 78e.

[6] 15 U. S. C. § 78c(a)(1).

互作用,买卖双方参与交易。[1]

一个系统若符合第3b－16(a)条款所规定的条件且没有被第3b－16(b)条款所排除,则其必须按《交易法》[2]第5条和第6条进行本国证券交易注册或者取得豁免。一个经常使用的豁免条款是替代贸易系统(以下简称ATS)。[3] 根据ATS规章,[4]按委员的ATS要求运营,注册为经纪人—经销商且符合ATS形式,则第3a1－1(a)(2)条款不适用第3条(a)款第(1)项中的"交易"的定义。因此,根据3a1－1(a)(2)条款的规定运营的ATS应遵守ATS规章,即可取得《交易法》第5条规定的注册豁免。

交易DAO代币的平台满足了第3b－16(a)条款的标准并且没有被3b－16(b)所排除。综上所述,平台向用户提供电子系统,并且通过特定方法匹配DAO代币多个买房卖房的交易订单。

四、结论和参考文献

无论采用何种术语,特定交易是否涉及证券的发行和销售取决于事实情况,包括交易的经济实质。在美国发行和销售证券的主体必须遵守联邦证券法律,包括向委员会登记或符合联邦证券法登记豁免条件。登记要求旨在为投资者提供程序性保护和必要的材料信息,以使其做出理性投资决策。上述要求适用于在美国发行和销售证券的主体,无论发行实体是传统公司还是去中心化自治组织,无论是使用美元还是虚拟货币购买证券,无论是以证书形式还是分布式账本技术分销。此外,任何从事交易行为的实体或个人,如集中多个买卖双方的证券订单,采用既定的非自由选择的方法使订单交互作用,买卖双方按照交易条款输入同意交易,必须登记为国家证券交易所,或者根据豁免登记进行经营。

---

〔1〕 See 17 C. F. R. § 240.3b－16(a).委员会采用3b－16(b)来明示排除一些委员会认为不符合交易定义的特定系统。这些系统仅是为其他执行工具或系统(人们加入其中后所建立的规则并非为了认购或进行交易)提供规则。参见《证券交易法》Rel. No. 40760(Dec. 8, 1998), 63 FR 70844(Dec. 22, 1998)。(交易和替代性贸易系统的规则)("ATS规则"), 70852.

〔2〕 4115 U. S. C. § 78e."本国证券交易"是指根据《交易法》第6条的规定进行的交易注册。15 U. S. C. §78f.

〔3〕 根据交易法制定的ATS规章第300条第(a)款,替代贸易系统是指:任何的机构、组织、个人、群体或系统:(1)通过交易法案3b－16的方法,组织、保有或者提供交易场所或设备从而将证券买方和卖方集中起来或者进进行其他关于证券的一般被理解为股票交易的行为;(2)没有设立规则去管理系统中认股人贸易行为之外的其他行为,或者通过排除认股人参与贸易之外的其他方式来约束认股人。ATS规章,规则第300(a)条。

〔4〕 See 17 C. F. R. § 240.3a1－1(a)(2).规则3a1－1也提到了另外两种不被定义为"交易"的情形,即由本国证券机构运行的替代贸易系统以及任何根据ATS规则第301条第(a)款不需要遵守ATS规则的替代贸易系统。See 17 C. F. R. § § 240.3a1－1(a)(1)and(3).

研究生论坛

论雇佣者侵权责任与工伤制度的关系

——从分工社会的风险分配原则的视角

姜程潇*

在高某某等诉南京市劳动和社会保障局工伤认定纠纷再审案中,围绕着员工是否仍拥有工伤赔偿之救济争议不断。笔者认为,是否给予其工伤救济光从简单的制度上的文意解释是不能解决工伤制度背后所存在的社会问题的。然而,我们必须探求工伤制度源起之原因,作为解决本问题的出发点,从而把现有的工伤救济引入社会需求的轨道上,真正的辅之于社会。

[案情摘要]

吕某某(高某某之女)在上海铁路局南京东机务段工作。吕某某平时16时30分,一般乘坐该机务段57106次交通列车。2004年4月21日吕某某下班时未赶上57106次交通列车,遂改乘57108次交通列车。到达南京火车站后,其在横穿铁道时,被行驶的23125次货物列车撞伤致死。

事故发生后,其母高某某申请认定吕某某为工伤,南京市劳保局于2005年3月4日作出了宁劳社工认字(2005)第0399号职工工伤认定书,认定吕某某非因工伤。高某某不服,申请复议。江苏省劳动和社会保障厅于2005年7月8日作出了苏劳社复决字(2005)33号行政复议决定书,认为吕某某是被火车撞击受伤致死,维持南京市劳保局作出的非因工伤的具体行政行为。[1]

本案围绕的焦点是《工伤保险条例》第14条第6项的规定,即"在上下班途中,受到机动车事故伤害的"中的机动车范围问题和时间问题。

笔者认为,在讨论是否员工在否于《工伤保险条例》中,其条例所救济的范围之法理基础与雇佣者侵权责任相似,并同样产生于分工社会的风险分配原则之中。

一、雇佣者侵权责任之概述

在雇佣者侵权责任中,因为现代分工的生活以及经济活动,如果一切事物只能

---

* 北京大学国际法学院2015级硕士研究生。

[1] 参见高某某等诉南京市劳动和社会保障局工伤认定纠纷再审案。

由独自个体来完成，很难想象这个社会如何去运转。因此，在此情形下，A 必然借助 B、C、D 之手以解决当前的问题。于是，A 为雇佣者，B、C 与 D 为受雇者。在此基础上，B、C、D 与 A 建立雇佣关系。随之产生的则是领导与被领导、监督者与被监督者、上司与雇员之间的特殊身份关系。前者对于后者的特定行为或债务，承担相应的责任。从民法的视角来看，在一方对另一方的侵权行为承担责任时，这种特殊的形态中的责任人与侵权人相互分离，故创设出雇佣者侵权责任之说。

为解释雇佣者侵权对于分工社会的需求的合理性，从历史的视角来看，可追溯到古罗马法，“主人应对其奴隶侵害他人的行为负责”。[1] 最明显的例子则是家长对于家子以及奴隶的行为应当承担责任。这一规定虽已不能适用于现今文明社会，但其也恰恰包含了“雇佣关系”并拟制了这种责任形态。“佣人的一切侵害行为需要雇佣者承担相应责任”，[2] 这源自中世纪法律的观点也说明了早期民法上对于受雇者执行雇佣者命令会建立一种特殊的法律关系。这种观点的盛行，也得以呼应雇佣者侵权责任的法谚——“通过别人作为手段实施的行为视为本人的行为”。随着时间的推移，仅局限于“执行命令”“主任与奴隶”这样的规则已然不能满足如今社会所需。因此，“在雇佣过程中实施的所有侵害行为承担责任”的雇佣者与受雇者之间的特殊规则慢慢诞生，即雇佣者侵权责任之说延续至今。[3]

从比较法的角度来看，《法国民法典》第 1384 条第 5 项规定：“主人及业主，就其仆役及受雇者于执行事务所生之损害，负赔偿责任。”这一规定中的责任形态，也正如英美法上的侵权行为法（Torts）中的“vicarious liability”即雇佣者对其受雇者于雇佣过程中，因侵权行为所导致他人损害应赔付的责任。[4] 不难看出，雇佣者侵权责任不仅为罗马法的规则的延续，英美法国家的社会对此种规则也有所需求，因此，雇佣者侵权责任并不是历史遗留的产物，而是如今使分工社会良好运转所需要的重要法律工具。

二、雇佣者侵权责任的法理基础

就其为何产生这一种责任制度，从公平正义角度而言，雇佣者利用他人扩大其自己的活动范围，提高自己的活动能力。[5] 在扩大的过程中，受雇者辅助于雇佣者，并承担着为了雇佣者扩大其活动范围而产生的风险。因此，如果让收益并已经扩大自己的活动范围的雇佣者免于受雇者的责任，使受雇者独自承担其风险，那么

---

〔1〕 王泽鉴：《侵权行为》，北京大学出版社 2009 年版，第 496 页。

〔2〕 毛瑞兆：《论雇主的替代责任》，载《政法论坛》2004 年第 3 期。

〔3〕 同上。

〔4〕 参见史尚宽：《债法总论》，台北，监狱印刷厂 1954 年版，第 180 页。

〔5〕 参见王泽鉴：《侵权行为》，北京大学出版社 2009 年版，第 499 页。

雇佣者就会毫无忌惮为扩大其自己的利益,而安排高风险的职务工作。因此,笔者认为,从这个角度出发,雇佣者应与受雇者在责任分担上有所牵连,从而来保护受雇者的个人权益。而且雇佣者侵权责任并不仅是民法逻辑上的应用,而且是法政策学上的优先考量。雇佣者通常是在经济上相对有实力的一方,其具有其他补偿、转移、分散损失的渠道,并且一般来说有实力来弥补受害人的损失。相比公平正义,在法政策学的考量下,则将以法经济学的视角来考虑"利益与风险共存"的问题,即雇佣者应为自己在经济上的获利而需承担在经营过程中与获利有因果关系的损失承担相应的责任。[1] 笔者认为,以分工社会的风险分配原则的视角下来看雇佣者侵权责任,即应以公平正义与法政策之整体主义的法理念,而不是主流法理的机械的单一的主义法理念来思考风险社会的风险损害及其法律应对。[2] 受雇者帮助雇佣者承担了风险,也就是说,受雇者分担了雇佣者在其经济活动中的风险。因此,在被分担的风险中,也应由于这份风险源于雇佣者,雇佣者由此也承担了雇佣者的侵权责任。雇佣者获得利益,利益与风险共存,雇佣者应为此获利承担由与获利有因果关系的受雇者导致的损失相应的责任。

三、雇佣者侵权责任的界限

如何确定雇佣者侵权责任其界限?笔者认为,其界限源自风险承担之范围,那么何种风险是因风险分配原则使得雇佣者承担呢?

法律后果的发生需满足其成立的相关要件,法律在其中的规范,因社会分工的雇佣关系、发生侵害他人的风险分配、损害赔偿、相关被害者、被雇佣者以及雇主的利益而进行考量。就一般成立要件而言,雇佣者并不需承担所有的其受雇者一切的侵权责任,侵权行为必须与雇佣关系存在某种特定的关系,因此,对于受雇者在非雇用关系中进行的活动,雇佣者侵权责任并不发生。解决问题的重点在于如何结合认定被雇佣者的活动在雇佣关系中,也就是被雇佣者其职务的范围大小,以合理地确定雇佣者的责任范围,从而定性被雇佣者的活动,分配雇佣者与受雇者的应承担的责任。

美国著名案例 Christensen v. Swenson 中以"三要素"检验法(Swenson Test)用以确立的雇佣者侵权责任的职务范围,包括以下 3 个方面:(1)受雇人的行为属于受雇行为;(2)受雇人的本质的行为发生在合理的时间和空间内;(3)受雇人的行为主观动机是为了雇主的经济上的获利。[3]

在大陆法系国家中,划定侵权责任范围一般以雇佣关系中的职务范围为核心标

〔1〕 参见毛瑞兆:《论雇主的替代责任》,载《政法论坛》2004 年第 3 期。
〔2〕 参见刘水林:《风险社会大规模损害责任法的范式重构》,载《法学研究》2014 年第 3 期。
〔3〕 Christensen v. Swenson, 874 P. 2d 125(1994).

准,职务范围要件将执行的职务的认定分为若干类型,并均以因执行职务不法侵害他人权益为核心要件。职务的认定一般分为雇佣者的命令、委托职务中的合理行为以及执行职务必要行为。[1] 雇佣者命令的执行即关于职务的范围的确认,也正是雇佣者为了达到其活动的目的所需要做出范围的扩张。从受雇者的角度来看,恰恰也正是因为雇佣者的命令,所以其需要承担命令中的风险;在委托职务中的合理行为中,受雇者受委托于雇佣者,受雇者为雇佣者委托办事,在事务处理中,雇佣者需要牵连进完成本委托事项的需要应承受的风险责任中;执行职务必要的行为未必是雇佣者本意中的行为,也意味着其也未必属于雇佣者本人认为在完成职务中的合理行为。然而,由于特殊情况的发生,受雇者不得不采取其认为的必要的行为,并且假设雇佣者为受雇者,则非常有可能的是,雇佣者也会采取此类行为从而进行扩大本经济利益的范围的活动。这种必要的行为,假设雇佣者代入进这种特殊情况,雇佣者主观上也未尝认为其不合理。

然而,一旦受雇者"跳出"职务的范围,独自创设了风险。换言之,即将缺少雇佣者侵权责任之要件,一般来说,雇佣者不必负责。换句话说,此时雇佣者不具备合理界限侵权的范围中的相当性条件,使侵权法的运行条件得以丧失。[2] 首先,侵权法的运行需要损害的确定性。在"跳出"职务范围表述中,其损害的确定性中的因果关系的确定性是需要推敲的。暂不论主体的确定性与客体的确定性,仅在因果关系的确定性中,损害的原因应是能架构在雇佣者与受害者之间也就是意味着因为风险分担中的受雇者行为,使其加害了受害者,那么雇佣者就需以分工社会的风险分配的原因,使因果关系的确定性要件成立。并且侵权法的运行条件还需可预期性和可控制性。雇佣者才能根据侵权法预期其行为后果,并选择是否违法,最终法律才能实现对职务范围进行合理的规范,侵权法的威慑预防功能才可实现。如果受雇者"跳出"雇佣者的预期并进行相应的其他的行为,对于雇佣者的侵权法缺失了侵权法预期的行为后果,即缺失了可预期性和可控制性,那么侵权法就无法适用于此时的雇佣者。

四、工伤事故的责任认定的界限

我国实施的《工伤保险条例》规定了工伤的认定。其中,除显著说明其行为与工作时间与工作场所有关联性的情况外,我国的《工伤保险条例》并没有为对与工作存在模糊关系的情形划出范围的界定。包括"在上下班途中"这一特殊的情况。

在上下班途中受到机动车事故伤害的。上下班途中的时间是为了执行职责并不是为了自己目的而行为,因此,是工作时间的延伸,因意外事故遭受损害的也认为

---

[1] 参见王泽鉴:《侵权行为》,北京大学出版社2009年版,第512页。

[2] 参见刘水林:《风险社会大规模损害责任法的范式重构》,载《法学研究》2014年第3期。

是工作时间。[1] 对此,《工伤保险条例》规定,上下班途中遭受机动车事故伤害的,也认为是工作时间遭受的损害。例如,浙江省桐乡市某制衣厂职工杨某下班回家途中被一辆魏某驾驶的摩托车撞伤,住院治疗花费医疗费数万余元。经交通部门鉴定,杨某负次要责任。法院认为:在上下班规定的时间和必经的途中发生无本人责任或者非本人主要责任的道路交通事故应认定为工伤事故,享受工伤事故的待遇。既可以向直接加害人请求赔偿,也可以直接向单位请求工伤事故赔偿,因此判决制衣厂赔偿补偿。[2]

笔者认为,依旧应从那句法谚“通过别人作为手段实施的行为视为本人的行为”作为出发点,对应分工社会的风险分配原则,建立伤害与工作上的相关性来划定工伤事故的责任认定的界限。

在比较法上,曾经美国绝大多数州的法律规定,工伤的成立需要满足其4个条件:(1)存在人身伤害;(2)伤害因事故而发生;(3)伤害因工作产生;(4)伤害发生于工作过程中。[3] 然而,回到模糊关系的情形来看,如果伤害发生在“上下班途中”,但却是由于受雇者个人的行为而导致的,如上文所述接孩子的问题中,受雇者从事超出其通常的雇用活动而导致的伤害,又或者是受雇者采取类似紧急措施面对突发情形而遭受的伤害。在这些场景中,仅用“工作”的标准来判断问题,则受雇者很难得到工伤救济。因此,随着时间推移和分工社会的需求,新的判例则认为“工作”无须为伤害发生的原因,只需要工作与伤害的发生有相关性即可。伴随着前3个要件慢慢退出历史的舞台,如今,许多法院将“工作过程”而不是“工作”作为认定工伤的核心标准。[4] 那么,又如何划定“工作过程”的界限呢?第一,遵从“特殊危险”规则。当工作场所周围的特殊危险导致的伤害,法院则认为危险与工作有相关性,因此,工作与伤害有相关性。也就是说,上下班途中存在“特殊危险”,则途中发生的伤害一般来说也很有可能被认定为工伤。第二,遵从“特殊任务”规则。一般来说,当受雇者执行雇佣者特殊的命令,虽然超出其日常的职务范围,但由于依旧存在“通过别人作为手段实施的行为视为本人的行为”。即受雇者的伤害与工作存在相关性,因此,法院很有可能判断其依旧为工伤。第三,“双重目的”规则。当雇员在从事公务的过程中夹杂着私人事务时,则“双重目的”规则就会适用。如果该规则适用于“上下班途中”,那么在受雇者正常的上下班途中,即使受雇者存在从事私人事务目的,如接送孩子,但只要其没有显著离开公务目的的行程,法院即认为工作与伤害依

〔1〕 参见杨立新:《工伤事故的责任认定和法律适用(下)》,载《法律适用》2003年第3期。
〔2〕 参见蒋一峰、沈元明:《下班遇车祸属工伤厂方应支付补偿金》,载《法制日报》2003年2月19日。
〔3〕 参见谢增毅:《“工作过程”与美国工伤认定》,载《环球法律评论》2008年第5期。
〔4〕 同上。

旧可以建立相关性，因此，其应受工伤制度的保护。[1] 笔者认为，3 个规则之所以能够建立法院所要求的相关性，是因为在“特殊危险”规则中，受雇者承担面临危险的风险，因此才建立了工作与伤害之间的相关性。同理，“特殊任务”不但没有中断工作，反而创设了新的风险分配方式，使雇佣者面临新的承担责任的范围。最后，“双重目的”规则，即使受雇者夹杂着办私事的个人主观，但是由于依旧处在公务行程上，依旧承担着公务行程上的风险，因此，受雇者依旧受到工伤制度的保护。

同样在分工社会的风险分配原则的视角下来看工伤制度的问题。工伤制度同样建立在雇佣关系中。受雇者正是因需为雇佣者工作而承担了社会风险，如通勤、执行公务。既然分担了社会的风险，那么在雇佣关系中，雇佣者就要承担加害他人的风险，与雇佣关系类似，在工伤制度中，雇佣者同样需要承担“加害”受雇者的风险。因为受雇者在“工作过程”而分担了雇佣者的风险，并因为处在“工作过程”中而带来的风险造成了不必要的损失。根据分工社会的风险分配原则，只要工作与伤害具有相关性，那么雇佣者都需要分担受雇者在职务范围中承担的风险而承担责任。

同样在分工社会的风险分配原则的视角下来划定工伤事故的责任认定的界限。就一切责任的承担，也应处在雇员其合理或必要的行为范围内。也应具备雇佣者侵权责任上的损害的确定性、可预期性和可控制性。同样，在因果关系确定性中，受雇者所受遭受的损害需要与雇佣者架构起因果关系。即其损害的原因是因为雇佣者与受雇者分担风险，使受雇者需要进行通勤、执行公务等，并在这些分担风险的过程中遭受损害。在可预期性和可控制性中，受雇者应该在雇佣者可预期其行为范围内，如果受雇者进行不必要的行为且“跳出”了雇佣者的预期，对于受雇者来说，其独自创设了风险，那么雇佣者就不会因该分工社会的风险分担而承担责任。比如，在“双重目的”规则下，法院则认为“显著离开公务目的的行程”不具备相关性，换言之，“显著离开公务目的的行程”已然超出了雇佣者所需承担责任的合理范围，也就是不具备可预期性和可控制性。

结语

笔者认为，在分工社会的风险分配原则的视角下，工伤制度与雇佣者侵权责辅之同样的社会问题，因此，作为新兴事物的工伤制度的发展应着眼于学习历史悠久的雇佣者侵权责任。作为法政策上的建议，工伤制度应根据雇佣者侵权责任中规范相关性、可预期性和可控制性的思路来划定工伤制度相应的界限。

回归本案，笔者则认为，应需推敲受雇者吕某某是否独自创设了风险？其主观

---

〔1〕 参见谢增毅：《“工作过程”与美国工伤认定》，载《环球法律评论》2008 年第 5 期。

故意上的故意横穿铁路是否具备任何可预期性？受雇者的行为是否已经跳出了分工社会的风险分配的关系？其是否选择,不恰当高出正常风险的行为？这些问题的答案恰恰才是对此社会问题的说理。

互联网金融纠纷法院多层次在线解决机制研究

方宇菲*

互联网金融是传统金融机构与互联网企业利用互联网技术和信息通信技术实现资金融通、支付、投资和信息中介服务的新型金融业务模式。[1] 我国的互联网金融热潮始于2012年。2013~2015年,无论是与互联网金融相关的网络(移动网络)平台,还是互联网金融的成交额都出现了爆发式的增长。直到2015年12月"e租宝"因涉嫌违法经营而接受有关部门调查震惊了整个互联网金融行业,"e租宝"案件最终被定性为非法集资。

2016年4月为了鼓励和保护真正有价值的互联网金融创新,整治违法违规行为,切实防范风险,建立监管长效机制,促进互联网金融规范有序发展,国务院制定并公布了《互联网金融风险专项整治工作实施方案》,开始了对互联网金融行业新一轮的全面整治。尤其是互联网借贷行业经历了野蛮生长之后,随着《网络借贷信息中介机构业务活动管理暂行办法》的出台,终于迎来了监管元年。互联网金融行业也慢慢从之前的疯狂中逐步回归理性。互联网借贷行业在历经了接近3年的爆发式发展后,面对监管机构的重压,出现了优胜劣汰的局面,部分运营不善的平台纷纷退出,由此引发了一系列的违约纠纷。

一、传统诉讼解决纠纷机制与互联网金融纠纷的契合性问题

(一)互联网金融纠纷的类型

通过互联网金融纠纷类型化梳理,有助于本文进一步归纳抽象出其特征,以下本文将按照两种不同的分类标准进行讨论。

1. 标准一:引发纠纷的风险因素

互联网金融是金融与现代互联网技术有机结合的产物,其本质还是金融,并没

---

* 中国政法大学民商经济法学院经济法专业硕士研究生,从事金融法、互联网金融等相关研究。

本文是2015年中国政法大学硕士研究生创新实践活动资助项目"互联网金融纠纷法院线上解决机制研究——以浙江法院"互联网+审判"模式为视角"(项目批准号:2015SSCX121)部分成果。

〔1〕 参见《关于促进互联网金融健康发展的指导意见》。

有改变金融的风险本质，但其有自身的特殊性。[1] 这一特殊性体现在金融行业的传统风险与互联网技术带来的新型风险的双重叠加，进而增加了引发纠纷的风险因素类型及其复杂性。

（1）因信用风险引发的纠纷

在传统的金融行业中，信用风险本身就是引发纠纷的最主要原因，而通过互联网技术的叠加效应，互联网金融行业的信用风险更是大大增加，引发更多的纠纷。一方面，我国规范互联网金融有序发展的相关法律还存在欠缺，已有的相关法律法规还有待配套，导致了互联网金融经营者违法成本较低，相关经营者易通过各种手段逃避对合同的履行，引发纠纷；另一方面，我国的信用体系不健全，互联网金融并未纳入银行信用体系之中，加之互联网本身的虚拟性，导致对借款人或投资对象的信用水平存在不理性的判断，最终由于借款人或投资对象的逃避或无力履约而引发纠纷。

（2）因法律风险引发的纠纷

互联网金融的法律风险，是指在企业经济活动及法律实施过程中，因为企业外部的法律规定、政策发生变化而致企业的经营行为不符合法律规定或签订的合同因违法失去效力的风险可能性。我国互联网金融近几年兴起，无论是对于立法机构还是监管机构而言都是新领域，面对的都是新问题。相关的法律法规政策也都是在摸索中制定贯彻。尤其是2016年以来，监管机构陆续颁布与互联网金融行业相关的管理规定，互联网金融企业的经营者或者从业人员面临的法律风险增加，引发的纠纷也相应增加。例如，2015年7月18日十部委联合发布的《关于促进互联网金融健康发展的指导意见》（以下简称《意见》）中关于“股权众筹”的定义，是指通过互联网形式进行公开小额股权融资的活动。其中的重点在于“公开小额”，这与实践中命名为“股权众筹”，实则为私募股权融资的形式有着本质的不同。《意见》也导致了通过互联网形式进行私募股权融资的整改，期间因为所谓的“股权众筹”不再符合相关政策的规定，导致相关合同的无效，从而引发了纠纷。

（3）因技术风险引发的纠纷

互联网金融的技术风险一方面是企业自身计算机系统、身份认证系统、移动软件的技术缺陷、安全漏洞；另一方面是攻击方伪造身份进行金融诈骗，或未经授权进行访问对其的系统进恶意攻击、盗取客户资料和隐私等。在实践中，鉴于技术性能隐患的普遍存在，互联网金融消费者往往易于遭受账户资金损失与个人合法信息不当泄露的法律风险，从而引发互联网金融消费者与互联网金融企业或者侵权第三方

〔1〕 参见李爱君：《互联网金融的本质与监管》，载《中国政法大学学报》2016年第2期。

之间的民事法律纠纷。[1] 其中,互联网支付领域首当其冲,是因技术风险引发纠纷最多的业态领域之一。

2.标准二:引发纠纷的行为性质

违约行为和侵权行为是两种不同的民事违法行为,违约行为的当事人之间事先有合同关系,当事人对合同义务的违反构成违约;而侵权行为的当事人之间没有特定的法律关系,当事人的侵权行为产生损害赔偿之债。因此,违约行为是不法侵害当事人因约定产生的债权,而侵权行为是不法侵害他人的非合同权利。在引发互联网金融纠纷的行为中,主要也是这两类性质违法行为。

(1)因违约行为引发的纠纷

违约行为是合同当事人一方未能履行约定合同中的义务而致另一方的利益受损的行为。传统金融的违约风险在互联网金融中愈加放大,一旦发生违约极易引发纠纷。而这种因违约引发的纠纷因其往往无伤人格性权利,所形成的损失也基本在交易利益范围之内,非违约方当事人主要考虑的是挽回经济损失,这就决定了此类纠纷的解决具有较强的可协商性,当事人首先会考虑通过相互协商来解决问题。如协商失败,不得不诉求外部纠纷解决机制时,则必遵循"低成本"的首要原则。倘若解决纠纷所需付出的时间、精力、金钱等成本过高,以至于远超出当事人从交易中所获得的利益,则当事人往往会选择放弃主张权利。

(2)因侵权行为引发的纠纷

侵权行为侵害的是权利人的支配性权利,违反的是法律事先规定的义务,其主体可以是不特定的任何人,与违约损害赔偿仅限于财产损害不同,侵权行为的后果还可以是精神损害赔偿。互联网金融领域因侵权引发的纠纷类型之多,不胜枚举。例如,随着网络借贷平台数量的增加,催生出一种新的职业,即"网络催客",他们一般为放贷者和多家网络借贷平台服务,成为网络借贷产业链中的重要一环。催收的方式如下:短信催收,发送威胁信息给借贷人;电话催收,使用循环呼叫系统,"一分钟打一次,连呼一周";网络曝光个人基本信息,在网上曝光借贷人手机号码、身份证、住址、网络账号等;通知欠款者亲友、同事、同学等熟人催收;极端方式催收,恶意曝光"裸条"及其他隐私信息。这些行为都涉嫌侵犯借款人的隐私权,进而引发纠纷。

侵权行为与违约行为虽然是不同的违法行为,但是在互联网金融的实践中常常出现两种行为发生规范竞合或重合的情况。当发生竞合时,当事人可以择一行使请求权,当发生重合时,当事人的请求权可以分别实现。

关于纠纷的类型还可以按照互联网金融中具体业态为标准来进行分类,如网络

---

[1] 参见徐海宁:《互联网金融纠纷解决与商事仲裁的运用》,载《长沙理工大学学报》(社会科学版)2014年第6期。

借贷行业、互联网支付、互联网基金销售等不同业态内的纠纷;还可以按照纠纷主体的类型进行分类,如从事互联网金融相关企业间的纠纷,以及互联网金融企业与投资者、借款人、投资对象间的纠纷等。

(二)互联网金融纠纷的特征

1. 纠纷总体数量巨大

截至2016年12月末,我国网贷平台累计数量达到5881家,2016年全年网贷行业成交量达到了20,638.72亿元,相比2015年全年网贷成交量(9823亿元)增长了110%。[1] 然而,从图1来看,2015年12月至2016年11月近1年的时间内停业及问题平台数量逐月增加,一直保持上升趋势。2016年12月新增的停业及问题平台就有97家,其中提现困难的有11家,停业的74家,"跑路"的有12家。截至2016年12月31日全国累计的停业及问题平台一共有3454家。而在新增停业及问题平台中95%左右是属于民营平台,并且自《网络借贷信息中介机构业务活动管理暂行办法》出台后,在监管重压下停业的平台增加,由此引发的纠纷的数量可想而知。

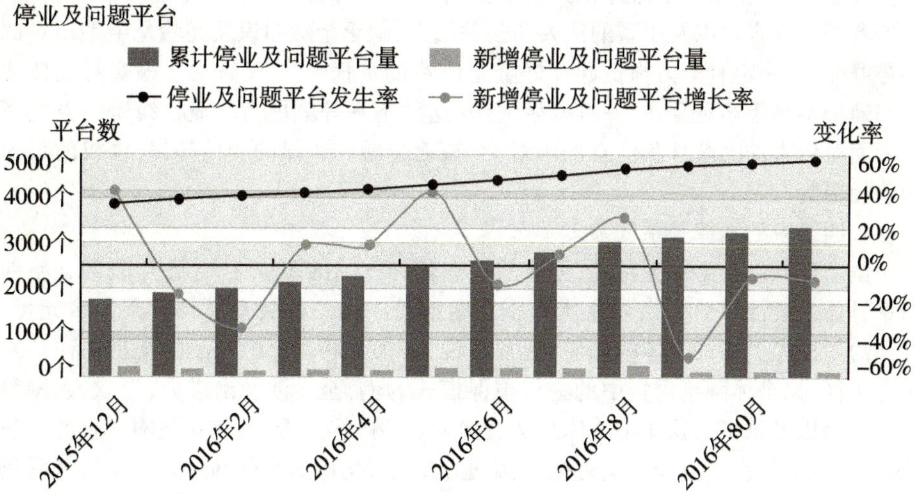

图1[2]

2. 多数纠纷涉众人数庞大且分散

传统金融机构服务对象主要是大中型企业等优质客户,占社会大多数的小微企业以及普通大众的金融需求并未得到充分满足,互联网金融恰恰覆盖并服务了这一

[1] 参见《2016年网贷行业年度最新报告》,载网贷之家网站:http://www.wdzj.com/news/yybb/51424.html。

[2] 资料来源网贷之家网站:http://shuju.wdzj.com/problem-1.html。

"盲区",取得了"长尾利益",但同时必然面临"长尾风险",在诉讼上的重要表现即为涉众案件多。[1] 以互联网借贷为例,其借贷多采用多个借款人将资金出借给一个借款人这样的模式,在这种模式下,一旦借款人无法按时履行约定,则极易产生集体诉讼。而互联网金融的开放性也决定了服务对象的广泛性,它突破物理的地域限制,为不同区域、层次的消费者提供机会。这就必然导致数量庞大的涉众群体分散在全国各区域,而且加剧了纠纷解决的难度。

3. 涉及纠纷一方的消费者普遍缺乏专业性

互联网金融与传统金融消费者相比,其有以下两个特征:第一,由于是通过互联网的方式购买互联网金融产品和享有互联网金融服务,而非在传统金融消费时有相关的专业人员"面对面""一对一"进行销售讲解,消费者面对的是显示于网页或手机之上的信息,个人主观判断成为是否进行消费的最主要因素;第二,由于我国的互联网金融具有普惠金融的特点,少有类似于传统金融中的合格投资者制度,其面向的往往是一般投资者,对投资者也只是在民事行为能力上有所要求,而对其是否具有投资能力、专业知识不作评估判断。投资者分为一般投资者和专业投资者,一般投资者即零售客户以及小型的法人和公益法人,缺乏金融知识及经验是金融市场的弱势群体,不一定有能力担负起良好金融决策的责任。[2] 互联网金融交易主体之间的地位不平等客观存在,一旦发生纠纷,这种不平等就更为凸显。纠纷一方的消费者面对侵害的隐蔽性和信息的不对称,缺乏金融和法律的相关知识,维权的渠道和途径更为有限。

4. 纠纷中的法律关系复杂多元

由于互联网金融的独特性,创新的快速化和产品的多样性,导致互联网金融纠纷中具体呈现出法律关系往往比传统金融纠纷中的法律关系更具复杂性多元性。从纠纷中法律关系的主体的来看,通常来说,一个互联网金融产品的交易往往涉及多方主体,以个体网络借贷中的物权担保模式为例,至少涉及出借人、借款人、网络借贷平台以及抵押人这4类主体。从法律关系的内容来看,虽然互联网金融的本质仍然是金融,但在其复杂的交易技术、渠道、方式架构出的互联网金融产品的背后仍然是传统的借贷、居间、委托、担保等法律关系,但是按照不同的经营模式,具体的法律关系的定性也不同,导致了对法律关系定性的困难。

(三)传统诉讼方式解决互联网金融纠纷的缺陷及影响

诉讼作为传统的纠纷解决方式,具备权威性、规范性、适用广泛性等特点,虽然诉讼在定分止争时具有很多优点,但是在对互联网金融纠纷这种新型的纠纷类型进

---

〔1〕 参见江苏省高级人民法院民二庭课题组:《互联网金融纠纷民商事审判实务问题研究》,载《法律适用》2016年第1期。

〔2〕 参见李爱君:《互联网金融的本质与监管》,载《中国政法大学学报》2016年第2期。

行解决时带有一些无法回避的缺陷,主要有以下几点。

1. 成本高昂

这里的诉讼成本包括时间成本和费用成本。根据我国民事诉讼法的规定,一审普通程序的审限为6个月,简易程序为3个月,一审结束之后还得经历上诉,还可能经历公告期、管辖权异议期、鉴定期间、法院间的卷宗传递期等无法预测的期限,使审判的时间非常漫长,不利于纠纷的迅速解决。并且互联网金融纠纷专业性极强,其要求法官不仅具备良好的法律素养,而且对于金融以及互联网技术要有相当程度的了解,但当前我国法官资源较紧张,审理复杂的互联网金融纠纷案件所需时间更长。除了时间成本外,当事人还得承担高额的诉讼费成本。然而,正如上文中所提到的,互联网金融纠纷的当事人中有很多无投资经验和法律知识储备,投资金额不大的一般投资者,在高昂的诉讼费、律师费面前往往会选择放弃。除此之外,在互联网金融纠纷中,原告方的重要证据载侵权方网页,被告方反驳对方诉讼请求的证据也多来自于网页。而由于电子文件具有不稳定性、易改性等特点,纠纷双方为保证己方证据的真实性、可靠性,在向法庭提交证据时都会不约而同地采用公证方式,这就增加了一项新的诉讼成本——公证费。

2. 立案困难

首先,根据民事诉讼法的规定,提起诉讼必须有明确的被告。而互联网金融的特性之一在于其依赖于互联网计算机技术,具有虚拟性。比如,互联网借贷就借助于虚拟的网络借贷信息中介机构,出借人获取的有关借款人的一切信息均来自这个网络借贷信息中介机构,虽然依据《网络借贷信息中介机构业务活动管理暂行办法》第9条的规定,中介机构有义务对借款人的资格条件、信息的真实性、融资项目的真实性、合法性进行必要审核,但是由于各中介机构审核能力不一,也无法保证中介机构获得的借款人的相关信息是真实准确的。这就导致出现纠纷诉诸法院时,有可能因无法确认借款人身份而难以提起诉讼。

其次,在司法管辖权上存在较大争议。由于网络身份的虚拟性与不确定性,被告所在地也不容易确定。以互联网借贷的借款人违约引发的纠纷为例,简要探讨管辖权的确定。最高人民法院《关于适用〈中华人民共和国民事诉讼法〉的解释》第20条规定,以信息网络方式订立的买卖合同,通过信息网络交付标的的,以买受人住所地为合同履行地;通过其他方式交付标的的,收货地为合同履行地;合同另有约定的从约定。而在网络借贷中,借款人与出借人的关系并非第20条所称买卖合同关系,因而无法据此确定管辖。借款人违约引发的纠纷属于合同纠纷,如果合同中对诉讼管辖有约定,则应该从其约定;若无约定,则应以被告住所地或合同履行地作为管辖地。问题的关键在于合同履行地的认定,借款合同属于双务合同,存在出借人借出款项和借款人归还款项两项主要义务,在合同对履行地点没有约定或约定不明的情形下,出借人主张归还款项的如何确定管辖不明确。[1]

3. 举证、保全困难

互联网金融纠纷中的证据主要是以电子证据的形式出现的,而电子证据具有易变和不易保存的特点,且极易受到破坏,难以对证据进行事后保全,使在进入诉讼程序后难以通过证据来还原案件事实,导致法官难以作出判断,令审判陷入僵局。

互联网金融纠纷具有传统金融纠纷不具备的特性,其纠纷的总体数量巨大,且多数纠纷涉众人数庞大、分散,涉及纠纷一方的金融消费者往往缺乏与金融和法律相关的专业知识,纠纷中的法律关系复杂多元,法律关系的定性困难。尽管法院在解决互联网金融纠纷上有如此之多的不便利,但互联网金融纠纷寻求司法途径解决依旧是现实的呼唤。由于互联网金融纠纷的类型主要属于民商事纠纷的范畴,其解决机制主要包括诉讼、仲裁、调解和协商。其中,诉讼依旧是最为重要也最为依赖的处理方式。当前我国互联网金融纠纷解决机制主要还是以诉讼为主,仲裁和协商较少。互联网金融纠纷的解决还需要根据其特性创新解决机制以适应其特征。

二、我国法院在线解决纠纷机制的发展实践、典型案例及对互联网金融纠纷解决的意义

信息化是当今时代最主要的特征,它将数字化、网络化和智能化的特性集于一身,深刻改变着社会的各方面,司法活动也不可避免地波及其中。依赖于电子信息的形式呈现司法活动的场景以适应互联网和信息化的趋势的法院在线解决纠纷机制,是司法活动数字化和电子化的制度创新。面对互联网对传统司法活动的冲击,不少地区的法院在法律的允许的范围内进行了一定限度的创新,以适应互联网带来的新型纠纷。然而,这些制度创新在程度、阶段与科技依赖度上不尽相同,呈现出碎片化的特征,且缺乏体系。这些因互联网引起的法院解决纠纷机制的制度创新显现在内部和外部。我们主要以探究当事人能够体验到的显现于外部的创新样态为主,选取了与之相关典型案例,用以梳理司法实践中已经出现的依赖于互联网信息技术产生的创新。

通过对实践中相关案例的分析,依据与互联网信息技术和计算机技术相结合的程度这一标准,可以将我国法院现存的多种创新形式其分为两个层次,在这两个层次的内部又有进一步的划分,基本的层次结构如图 2 所示。

---

〔1〕 参见江苏省高级人民法院民二庭课题组:《互联网金融纠纷民商事审判实务问题研究》,载《法律适用》2016 年第 1 期。

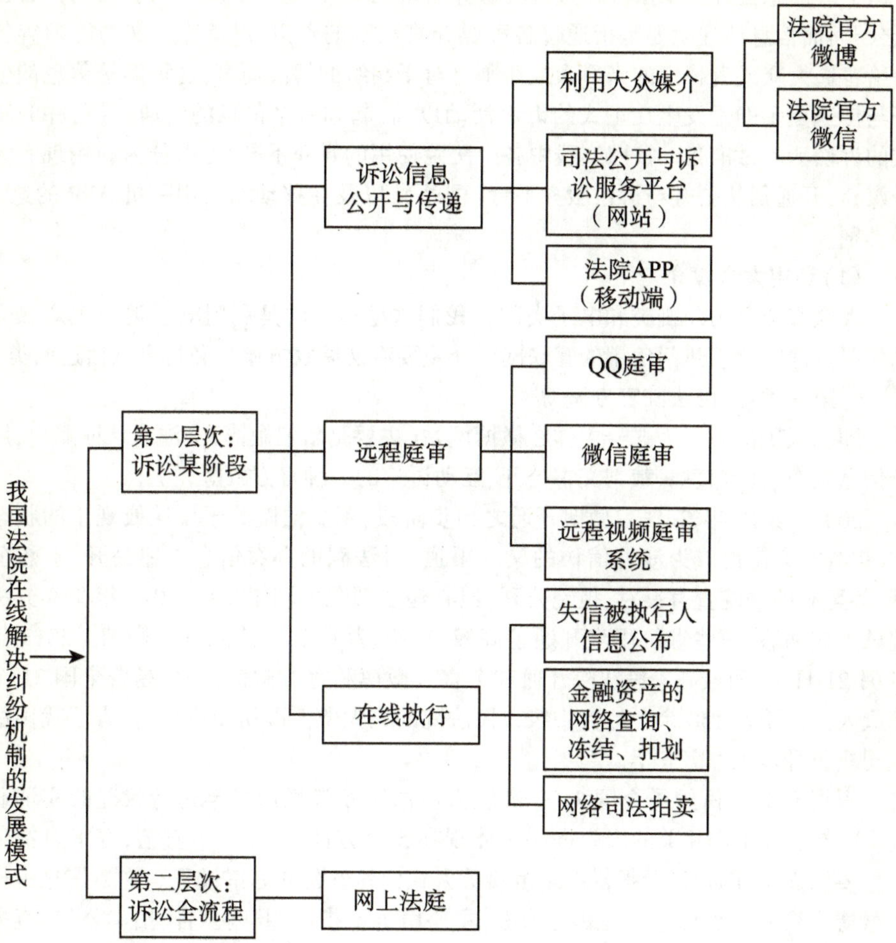

图 2

第一个层次是网络信息技术与诉讼某阶段的结合，这种结合是一点或一面，既可能是与一个诉讼阶段结合，也可能与多个诉讼阶段结合，结合的形式也存在交叉；第二个层次是网络信息技术与诉讼流程的全面结合，贯穿诉讼的始终，这是信息技术与诉讼更深入与全面的结合，也涉及更多的法理、制度设计与实践操作问题。

（一）第一层次：利用互联网在诉讼某阶段为当事人提供便利

结合民事诉讼程序的不同阶段，主要以互联网信息技术在制度创新中的作用为依据，分别以诉讼信息公开与传递、远程庭审、在线执行 3 个方面来作梳理。

1. 诉讼信息公开与传递

在这方面，法院与信息网络技术的结合所产生的作用主要体现在信息的公开和传递上。信息公开是指法院通过各种媒介将裁判文书、庭审实况等内容面向社会公众公开,而信息传递主要是指通过各种媒介将法院的资讯,以及法律文书等内容传递给普通大众或者特定的当事人或律师。对于纠纷的解决而言,这种诉讼信息的公开与传递更多的是发生在正式的诉讼活动以前,起到一个信息的沟通作用,并为正式的诉讼活动做准备。按照实践中各个法院使用的媒介不同,可以分为利用现有大众媒介,开通司法公开与诉讼服务平台(网站),以及在移动端利用手机 APP 的这 3 种类别。

(1)利用大众媒介

大众媒介分为印刷类和电子类的。我们这里讨论的是利用电子类的大众媒介的情况。法院比较热门使用的互联网媒介主要有法院官方微博和官方微信这两类。

①第一类:人民法院官方微博

即以人民法院作为账号主体在微博网站(主要是新浪微博)上注册认证账户,用于信息发布、庭审直播、裁判文书公开、互动讨论的一种官方微博。

2009～2010 年,在法院微博开通之初步阶段,不少法院处于排斥或观望的状态中,担心官方微博成为涉诉信访的又一渠道,对法院的办案信息不愿公开、不想公开,甚至有的法院直言反对、拒绝公开,担心违法现象"露馅"。[1] 2011 年在部分法院试点成功后,一些省份逐步开通了高级、中级、基层人民法院官方微博。2013 年 11 月 21 日,伴随最高人民法院开通首个官方微博和官方微信,一个涵盖全国 31 个高级人民法院及 150 余个地方中级人民法院的庞大微博群初步成形,宣告了我国法院司法公开步入"微"时代。[2]

根据有关一份给予全国 31 个高级人民法院新浪微博半年运行状况的实证研究,[3] 与法院工作相关的内容进一步体现在 5 个方面:一是庭审直播,庭审直播信息主要以文字、图片以及提供网络链接等方式向粉丝公开庭审过程。这类信息占样本微博内容的 3.87%。二是诉讼服务,主要由诉讼指南、开庭公告、拍卖公告、直播预告、法律问答以及网上调解等构成,这类微博所占比例为 4.68%。三是职业感悟,主要体现为法官手记、法官札文或司法观点等,所占比例为 3.06%。四是法治教育,主要由法官说法、典型案例、法律知识等构成,所占比例为 7.66%。五是法院资讯,这类信息所占比例最多达 69.2%,包括审判执行类资讯和综合类资讯,法院动态、法院要闻、领导活动、会议精神等综合类资讯占 54.68%。而其他类的传播内容,其微

---

[1] 参见孙伟峰:《法院微博:司法效用与规范路径》,载《河北法学》2015 年第 2 期。

[2] 参见徐隽:《全国法院微博群初步成型曾直播庭审薄熙来》,载人民网:http://www.chinanews.com/fz/2014/01－23/5769810.shtml,最后访问日期:2014 年 1 月 23 日。

[3] 参见彭霞、杨睿:《司法信息公开视域下法院微博的功能治理与运行矫正——基于全国 31 个高级人民法院新浪微博半年运行状况的实证分析》,载《全国法院第二十六届学术讨论会论文集》。

博内容与法院工作无直接联系,包括社会新闻、心灵鸡汤、天气提醒、生活常识、法律格言、好文共赏等,所占比例为11.5 3%。统计发现,各类微博信息占全部样本微博的比例由高到低依次为法院资讯占69.2%,法治教育占7.66%,诉讼服务占4.68%,庭审直播占3.87%,职业感悟占3.06%,其他类占11.53%。

以北京市海淀区人民法院的官方微博为例,其主界面上有“主页”“司法公开”和“相册”3个部分。“主页”上主要显示的是北京市海淀区人民法院发布的案件、法律知识的咨询,如案件播报、法官讲法。“司法公开”这个模块之下的内容更为丰富,包括了最新案件的公告、视频的直播、裁判文书的公布、典型案件的公布等。这主要起到的是司法信息公开的作用,在具体的诉讼服务上则几乎没有涉及。

对于纠纷的解决,法院的微博成为一个提供了解各种解决纠纷资讯和司法信息公开的平台。实际上起到的是诉讼前的资讯服务。除了庭审的直播外,不会更深地涉及诉讼中的活动。从数据来看,对于解决纠纷有直接意义的诉讼服务,如对诉讼规则和诉讼指南的发布,在信息上法院微博没有充分的提供。对于互联网金融纠纷解决的意义在于这些公布或直播在微博平台上的典型互联网金融纠纷案例对互联网金融消费者的指引作用和教育意义。

②第二类:人民法院官方微信公众号

即经过腾讯认证的以人民法院为主体注册的公共应用账号。在传统的网站、微博被广泛利用后,考虑到微信用户的广泛普及性,15年以来,我国多数法院逐步开通了微信公众号。

我国法院官方微信推的主要功能有以下几个方面:一是信息公开。公开的内容包括有法律法规、法院工作情况、重大审判信息、庭审直播等,与微博上公开的内容大体一致。并借此信息公开对公民进行了相当程度的普法教育。二是对话沟通。基础的对话沟通,主要用于咨询、查询、询问;进阶的对话沟通则包括接收公众评价、进行判后答疑、受理投诉举报和信访答复等,此时采用类似于O2O的模式(线上—线下—线上)进行处理。[1] 三是诉讼查询服务。当事人可以凭借身份信息点击公众号的相关板块,查询与当事人相关案件的立案、审判、执行的最新进展,还能对有关问题进行咨询和搜索。

同样以北京市海淀区人民法院为例,北京市海淀区人民法院的官方微信于2015年2月9日完成微信认证。其对于功能的介绍为“提供诉讼服务,促进司法公开,发布重要信息,开展普法宣传”。点击进入北京市海淀区人民法院(微信号:bjhdfywx)的官方公众号,可以看到除了推送的图文信息,海淀区人民法院设计了“诉讼指南”“诉讼服务”“司法公开”这3个板块。“诉讼指南”包括了立案流程、立案须知、立案

〔1〕 参见洪彦伟:《人民法院微信公众平台的注册与应用》,载《法制与社会》2015年第7期。

导航、文书样本、诉讼费用。"诉讼服务"包括了网上立案、案件查询、档案查询、执行信息查询和案件审理。其中,档案查询和案件审理暂未开通。点击"网上立案""案件查询"以及"执行信息查询"页面则跳转至"北京法院审判信息网"。可以看到,北京市海淀区人民法院微信公众号中的诉讼服务功能实际上是一个诉讼服务的引导功能,引导相关的当事人、律师前往有关网站(如北京法院审判信息网)进行诉讼活动,而并非利用微信公众平台本身进行。其并没有利用微信公众平台真正实现提供除了信息公开、查询、传递以外的诉讼服务。

对于纠纷的解决,法院的微信依旧只是一个提供了解各种解决纠纷资讯和司法公开的平台。实际上提供的是诉讼前的资讯服务和诉讼中的信息查询服务。对互联网金融纠纷的解决如法院官方微博一般没有实质意义上的推进。通过对公众对法院官微的内容需求的相关调查,[1]有高达82%的当事人、63%的一般公众、53%的律师和法律工作者希望从法院微信公众号上获取更多的诉讼服务信息。

微信公众号支持"编辑模式"和"开发模式"两种模式,目前大部分法院服务号仅实现了一些"编辑模式"下的基本功能,如开设了法院动态、立案指南、诉讼费用、风险提示、投诉建议等子栏目。[2] 但想要真正的让人民法院的微信公众号提供更全面、便利的诉讼服务,促进纠纷的解决,还依赖于对"开发模式"下功能的进一步挖掘。

(2)司法公开和诉讼服务平台(网站)

互联网司法公开和诉讼服务平台,将一系列诉讼便民利民应用集成于一个统一的平台,为案件当事人、诉讼代理人及社会公众提供贯穿于诉前、诉中及诉后全部诉讼过程的一站式集约化在线服务。

2013年11月21日最高人民法院印发《关于推进司法公开三大平台建设的若干意见》的通知,要求全面推进审判流程公开、裁判文书公开和执行信息公开三大平台的建设。通过建设与公众相互沟通、彼此互动的信息化平台,全面实现审判流程、裁判文书、执行信息的公开透明,使司法公开三大平台成为展示现代法治文明的重要窗口、保障当事人诉讼权利的重要手段、履行人民法院社会责任的重要途径。[3] 在最高人民法院的推进下,各地区法院都展开了三大平台的建设工作。有些地区是在法院的官方网站上分别有三大平台的链接,可以分别进行访问。有些地区的法院则

---

〔1〕 参见杨甜甜:《指尖上的司法公开:"手媒"时代法院官微的运行现状与规范路径——基于Z省47家法院官微的实证分析》,载《安徽大学法律评论》2015年第1期。

〔2〕 参见李义山:《互联网思维下的法院信息化——人民法院微信平台建设初探(下)》,载《人民法院报》2014年6月15日,第2版。

〔3〕 参见《最高人民法院关于推进司法公开三大平台建设的若干意见》(法发〔2013〕13号),载《人民法院报》2013年11月29日。

将三大平台相融合,在增加诉讼服务的基础上,建立了包括司法公开和诉讼服务的一体化平台。

以北京法院审判信息网为例,北京法院于2014年1月1日正式开通北京法院审判信息网,在全国率先建成全市三级法院统一的司法公开与诉讼服务平台。

在信息公开上,实现全部生效裁判文书上网公开,立案、审判、执行、审限、结案等15类62项流程信息全公开,失信被执行人信息、执行惩戒信息的全公开,具体包括面向社会公众公开75项,面向诉讼当事人公开93项。通过信息共享向北京市各委办局单位公开了195项信息。[1] 开通2年以来,已有90万当事人、2.6万名律师注册,总访问量达到2.3亿人次,日均访问量近30万人次。[2]

在诉讼服务上,值得关注的是当事人和律师可以通过审判信息网进行网上立案,其中网上直接立案采取"线上登记+线下邮寄"的方式,无须再到法院提交材料。目前,北京高级人民法院及辖区的中级人民法院开通了网上直接立案服务,面向北京律协律师,在案件的类型上限定为一审民商事案件(特别程序案件以及诉讼保全案件除外);一审知识产权案件(包括知产民事案件和知产行政案件,但诉讼保全案件除外);部分执行案件,即执行依据为民事类生效裁判文书、仲裁裁决书、仲裁调解书、公证债券文书等执行实施类案件。网上预约立案可通过审判信息网提交申请,审核通过后到达法院提交纸质材料进行立案,北京全市法院均开通网上预约立案;面向的对象包括了当事人(参与人)和律师;案件的类型包括了一审民商事、知识产权案件、执行部分案由的一审案件。同时,律师、当事人、参与人通过身份信息登录北京法院审判信息网可以实现网上阅卷。这就大大便利了诉讼服务,节省了相关当事人的时间、经济成本。

司法公开与诉讼服务平台的建设无疑有利于互联网金融纠纷的解决。虽然通过此类平台在具体的诉讼流程中的操作止步于立案,且在案件类型、法院级别、律师资质上有限制,但对于立案困难、管辖不明确的互联网金融纠纷,能通过在线的方式提出立案申请确实节省了当事人的精力。面向人数众多的互联网金融纠纷的当事人,电子送达的实现也有利于节省司法资源和当事人的诉讼时间成本。

(3)法院APP

APP是英文"Application"的简称,它是智能手机上的第三方应用程序,第一方是用户,第二方是硬件平台,第三方是程序软件,如最高人民法院网站客户端APP就是第三方程序软件开发出的智能移动应用平台。我国目前人民法院的APP实际上是将诉讼司法公开和诉讼服务平台置于手机移动端。

---

〔1〕 参见叶欣:《北京法院打造"三网合一"的立体化诉讼服务平台》,载北京法院网:http://bjgy.chinacourt.org/article/detail/2016/05/id/1874155.shtml,最后访问日期:2016年5月19日。

〔2〕 同上。

以防城港掌上法院为例，由广西防城港市中级人民法院统筹开发的“防城港掌上法院”APP 平台设有“法院预约、案件公开、文书公开、执行公开、庭审直播、阳光司法”等 11 个版块，基本上与电脑端的诉讼服务平台所提供的诉讼服务一致。

目前，我国人民法院的诉讼服务 APP 基本停留在信息的查询、传递、公开上，并没有更深入的介入正式的诉讼活动中去。比如，案例中的立案、调解服务业仅是预约，在实践中当事人仍然需要前往法院进行相关的诉讼活动，对于解决互联网金融纠纷没有实际的推进作用。但多位技术专家认为 APP 不仅可以在立案、送达、审判、执行等多个环节被开发利用，而且还能弥补现行的信息化审判管理存在的缺陷，能够更节约、更便捷地提升审判管理，利用 APP 在未来推进立案、审判、执行的新发展。[1]

2. 远程庭审

在这方面，法院与信息网络技术的结合所产生的作用主要体现在远距离的进行法庭审判上，处于诉讼流程中的庭审阶段。而远程视频庭审与 QQ 庭审和微信庭审的区别在于以下几个方面：一是远程视频庭审当事人双方及法官三方相互可视，但 QQ 庭审和微信庭审多数情况采取文字模式，三方不可见；二是采取远程视频庭审的法院通常使用法院研发的终端进行，采用的是法院专网平台，即通过法院系统内部的广域网来进行远程审判，而 QQ 庭审和微信庭审采用的是来自腾讯公司的互联网社交类聊天软件；三是庭审现场的不同，远程视频庭审存在本地庭和异地庭，也就是说，远程视频的几方都处于物理显示的法庭之中，但是 QQ 庭审和微信庭审却不然。

(1)远程视频庭审(内网)

利用远程视频庭审方式审理案件，就是审判人员与当事人、诉讼参与人分别在异地法庭或远程审理点，通过计算机及网络技术建立的声音、视频图像传输通道和终端设备等，同时同步完成接待当事人、开庭审理或开庭宣判等审理活动。[2] 传统的审判法庭只有一个庭审现场，而在远程审理方式下，审判法庭借助网络视频技术，通过虚拟空间将法庭延伸到异地审理点，因此，在远程审判方式下，审判法庭包括本地庭(审理法庭)和异地庭(远程审理点)两个组成部分。[3] 从使用远程审判的案件类型来看，从早期的以刑事案件为主，不断扩展到事实清楚、法律关系简单、标的额较小的民事案件。2010 年 9 月 8 日上午，北京市第一中级人民法院通过远程视频

---

〔1〕 参见唐亚南、高新峰：《浅析 APP 有效推进法院信息化与审判管理工作》，载《法制日报》2015 年 6 月 17 日，第 12 版。

〔2〕 参见陈欧飞：《网上法庭的建设与发展》，载《人民司法》2016 年第 13 期。

〔3〕 参见方斌：《远程审判及其法律规制》，载《河南警察学院学报》2016 年第 1 期。

庭审的方式审理了一起因为家庭装修引发的装饰装修合同纠纷上诉案,[1]这是北京市第一中级人民法院首次通过远程视频审理民事纠纷。

远程视频庭审在合法性上,最高人民法院《关于适用〈中华人民共和国民事诉讼法〉的解释》第259条明确规定:"经当事人双方同意,可以采用视听传输技术等方式开庭。"据此,在民事纠纷的解决上使用远程视频的方式进行庭审不存在制度上的障碍。

远程视频庭审有利于的解决互联网金融纠纷中纠纷人数分散的问题,便利分散各地的当事人通过远程视频庭审进行诉讼,节约诉讼的时间和金钱成本。然而互联网金融的纠纷呈现出的其独有的专业性、复杂性,以及证据多以电子数据的形式呈现,通过远程视频庭审恐怕难以厘清复杂的法律关系,难以查明电子数据的真实性。而且涉及多对一的诉讼,能够实现多人多地同时远程视频庭审也是问题。

(2)QQ庭审

QQ庭审是指利用腾讯公司的QQ软件中的视频窗口进行庭审。早在2005年,贵州省榕江县人民法院在受理一起离婚纠纷时,被告潘某声称在外打工回不来,承办法官创造性地利用QQ这一当时十分普及的互联网即时通信软件解决了该案的距离难题。[2] 2016年6月17日芜湖经济技术开发区人民法院民事审判庭经原、被告双方当事人同意,采用QQ庭审方式开庭审理被告在北京的一起承揽合同案件。在合法性上,依据《最高人民法院关于适用〈中华人民共和国民事诉讼法〉的解释》第259条之规定:"经当事人双方同意,可以采用视听传输技术等方式开庭。"因而在司法制度上,QQ庭审的应用在满足一定的条件下也不存在障碍。

QQ庭审的优势是显而易见的,如避免缺席审判,便利当事人诉讼等。但庭审实则仅仅是诉讼活动众多环节中的一环,在法院没有相关其他的在线配套硬件设施、制度安排的情况下,立案、质证等环节仍需要当事人前往法院。同时,QQ庭审更适合案件事实清楚简易程序的案件,对于争议较大的复杂案件,QQ庭审显得力不从心。而且QQ庭审中如何确认当事人的真实身份,如何在庭审笔录上签字都是问题所在。利用类似QQ庭审等试听传输技术方式开庭的相关指引急需出台,具体规范亟须建立。

(3)微信庭审

2015年12月17日河南省郑州市中级人民法院试行"微信庭审",把法庭开到微

---

〔1〕 参见李佳:《北京一中院首次通过远程视频审理民事纠纷》,载中国法院网:http://old.chinacourt.org/html/article/201009/09/427004.shtml,最后访问日期:2010年9月8日。

〔2〕 参见陈欧飞:《网上法庭的建设与发展》,载《人民司法》2016年第13期。

信上。主审法官利用“微信办案群”进行庭审询问,整个审判程序不足 1 小时。[1] 采用微信方式进行庭审与 QQ 庭审具有相似性,相关问题此处不再赘述。

3. 在线执行

网络信息技术与法院的结合体现在诉讼流程中的执行上。目前人民法院的在线执行是要表现为失信被执行人信息的网络公布、金融资产的网络查询、冻结及扣划以及网络司法拍卖这三个方面。

(1)失信被执行人信息网络公布

登录“中国执行信息公开网”(http://shixin. court. gov. cn/),在主页面的搜索框内输入被执行人姓名、名称即可查询到实行被执行人的信息。全国法院失信被执行人名单信息公布与查询平台实际上是利用网络的渠道将失信被执行人的名单予以公布,发挥信用惩戒的作用,而中国执行信息公开网仅起到较为简单的信息公开和查询作用。互联网金融纠纷同样面临着执行难的问题,失信被执行人信息的网络公布有一定意义,但对于纠纷解决的直接作用还是很有限的。

(2)金融资产的网络查询、冻结、扣划

2015 年最高人民法院和中国银行业监督管理委员会联合下发了《人民法院、银行业金融机构网络执行查控工作规范》的通知。这意味着 2016 年 2 月以后,人民法院将与全国 4000 多家银行业金融机构实现网络对接,对被执行人在全国任何一家银行的账户、银行卡、存款及其他金融资产,执行法院可直接通过网络方式采取查询、冻结、扣划等执行措施。[2] 在具体实践时操作方法也更为信息化便捷化,法院与银行间的处理结果、回执等法律文书都可采用电子形式通过互联网。

这在很大程度上减轻了一线执行人员和银行员工的工作量,大大提高执行工作效率,降低司法执行成本。互联网金融纠纷具有总体数量大和涉案人数多且分散的特性。法院执行部门能通过网络查询、冻结、扣划金融资产对于互联网金融纠纷的最终解决具有重大意义。这不仅节省了法官办案的时间、法院的司法资源,提升了法院的办案焦虑,而且有利于保证涉案资金的稳定和纠纷的最终解决。

(3)网络司法拍卖

2016 年 1 月 1 日最高人民法院《关于加强和规范人民法院网络司法拍卖工作的意见》正式执行,意见明确法院开展司法拍卖应全面推行网上拍卖方式。我国目前存在两种种网络司法拍卖模式。

第一种为借助电子商务交易平台模式。在这种模式下,电子商务交易平台为买

---

〔1〕 参见李贵刚:《中国首例“微信庭审”诞生记》,载新华网:http://www. sc. xinhuanet. com/content/2015 - 12/19/c_1117515109. htm,最后访问日期:2015 年 12 月 19 日。

〔2〕 参见罗书臻:《人民法院执行查控专线将与全国所有银行实现对接》,载中华人民共和国最高人民法院:http://www. court. gov. cn/zixun-xiangqing - 16355. html,最后访问日期:2015 年 12 月 22 日。

方和卖方提供交易平台服务和交易程序,由买方和卖方自由地进行网络拍卖,交易平台不参与到拍卖程序中。目前,同人民法院建立了合作关系的有电子商务交易平台有淘宝网、京东。拍卖的主体可能是法院本身,也可能是法院委托的拍卖公司。第二种是专门的拍卖网站模式,主要有最高人民法院组件的人民法院诉讼资产网(网址 http://www.rmfysszc.gov.cn/),以及上海市拍卖行业协会建设的公拍网(网址 http://www.gpai.net/sf/)。这类网站是专门进行司法拍卖的网络信息发布和竞价公共平台。法院、法院委托的拍卖公司以及竞拍人都可以在平台上进行交易。平台上能够看到较为成熟的拍卖规则、流程以及资金监管制度,公拍网还提供了拍卖直播服务。同时,以上的这些网络拍卖渠道大多数都设置了手机移动端,更为便利。

网络司法拍卖的发展和规范有利于互联网金融纠纷的最终解决。在很多情况下,当事人已经通过法院诉讼方式获得了有利于自身判决书,也有了清晰的赔偿方式,但资产的变现的困难重重,导致执行效率低。在互联网金融中,如网络借贷中常可以看到借款人为了提高自身信誉往往披露房产、车辆、金融资产等信息,有的会直接将其抵押以获得担保以此增信。当借款人无力偿还借款,纠纷诉之法院时,通过网络司法拍卖,利用其零佣金、标的物变现快、监督力度大、竞拍者众多的优势,将大大提高这些资产变现的效率,有利于纠纷的最终彻底地解决。

(二)第二层次:覆盖诉讼全流程的网上法庭模式

第一层次仅是在繁杂诉讼流程的某一阶段为当事人、参与人和律师提供在线解决,而第二层次是互联网信息技术和计算机技术对司法审判工作全方位的影响,是几乎覆盖诉讼全流程的在线解决机制。本文的第一部分已经详尽分析了互联网金融纠纷的类型和特性,其对司法服务的便捷性、高效性、数据化、互联互通提出了迫切的需求,由此包括起诉、调解、立案(管辖异议)、举证、质证、开庭、判决、执行等覆盖诉讼全流程的全在线司法服务平台应运而生,即网上法庭,也称电子法庭、在线法院等。以下本文将通过发展相对成熟的浙江、吉林两地的网上法庭来梳理和探讨网上法庭的相关问题。

1. 浙江法院电子商务网上法庭

近年来,浙江全省法院涉电子商务的新类型消费方式纠纷案件明显增加。就西湖区人民法院而言,其辖区内已有互联网金融企业近 400 家,涉互联网金融的案件逐年攀升。2015 年 4 月 27 日经浙江省高级法院党组研究决定,同意在西湖、滨江、余杭 3 个基层人民法院及杭州市中级人民法院专设审理网络支付、网上著作权、网上交易纠纷以及前述纠纷上诉案件的电子商务网上法庭。[1]

在受理案件的类型上,截至 2016 年 8 月末,在浙江省得范围内共有 13 家试点法

〔1〕 参见《浙江省高级人民法院关于同意杭州市中级人民法院等四家法院专设电子商务网上法庭的批复》(浙高法〔2015〕50 号)。

院，试点期间受理的为淘宝网、天猫网、聚划算、蚂蚁微贷平台上发生的由基层试点法院管辖的一审案件，以及上述一审案件的上述案件。能通过网上法庭处理的互联网金融纠纷的案件主要是电子商务小额借贷纠纷，财产保险合同纠纷两类。官方网站的声明称，未来根据试点情况，会不断增加其他纠纷案件类型，最终以法院规定为准。在“浙江法院电子商务网上法庭”网站上，法院对电子商务小额贷款纠纷的法律名词解释是“指通过互联网在线订立借贷合同的借款人与小额贷款公司等具有放贷资质的机构之间，因借贷合同权利义务的履行产生的纠纷”。

当事人进入“浙江法院电子商务网上法庭”网站（www. zjwsft. gov. cn），可以通过点击“获取帮助指南”快速学习如何利用这个网站资源打官司。当事人、参与人、律师通过网站页面可以了解到不同诉讼阶段的操作流程、规则以及所需材料。如果需要进入实质的诉讼流程，则需要进行注册和实名认证。而浙江法院电子商务法庭的实名认证则是通过支付宝进行的。法院在其网站上称使用支付宝进行实名认证的原因如下：“支付宝实名认证核实会员身份信息是被广泛接受，能有效识别身份信息的一种方式，通过支付宝验证身份，不绑定支付宝账户，对支付宝资金不会有影响。”

比照网上法庭的诉讼流程和传统线下方式，“浙江法院电子商务网上法庭”的诉讼流程按照《民事诉讼法》的有关规定进行，和传统线下诉讼途径并无显著差异，网上法庭将线下开展的诉讼流程搬到了线上进行。但在程序上还存在以下几点不可忽视的差异：一是在起诉后立案审核之前，会有一个 15 天的调解期限；二是当事人需在线填写、提交起诉状以及相应的证据材料，将传统纸质文本转换成电子数据提交网上法庭；三是在线进行举证质证，进行视频庭审。对于诉讼法律文书，法院将以电子方式进行送达。

2. 吉林电子法院

吉林是中央确定的首批司法体制改革试点省份，2015 年 6 月 19 日吉林电子法院在吉林省全面开通应用。吉林全省电子法院整体上线以来，2015 年全年当事人和律师通过网上立案 25,854 件，其中，民事一审案件 24,377 件，占同期民事一审案件受案总量的 32.5%。[1] 已经有相当大比重的诉讼案件通过电子法院来完成。

其与浙江法院电子商务网上法庭不同的是，吉林电子法院囊括的案件类型更为广泛，横向包括了网上立案、审理、执行、公开、阅卷等办案流程，纵向包括了一审、二审、申诉、再审、信访等诉讼各阶段，内容包括了民事、行政、刑事等案件各类型。

与浙江法院电子商务网上法庭第二个不同之处在于对当事人、参与人及律师的身份认证方式。吉林电子法院要求填写身份证号码和手机号码，并通过短信进行验

---

〔1〕 参见赵英、孙兵：《法院工作报告解读》，载中国吉林网：http://www. chinajilin. com. cn/2016zhuanti/content/2016 -02/01/content_3862632. htm，最后访问日期：2016 年 2 月 1 日。

证。在这之后还要签署同意《吉林电子法院网络平台协议》(以下简称《协议》)。《协议》中称“本协议在当事人和电子法院间具有合同上的法律效力”,解释了“电子诉讼服务”的含义,规定了当事人的权利义务,全面列举了电子法院服务的内容,进行了风险提示,说明了服务费用以及账户的安全管理,还涉及了隐私保护和知识产权保护的条款。

3. 对网上法庭的质疑及其进步意义

对网上法庭的质疑在法律上主要有两个方面:一是网上法庭是否具有程序合法性;二是网上法庭是否具有公信力。

在程序合法性上,最高人民法院《关于适用〈中华人民共和国民事诉讼法〉的解释》第259条明确规定:“经当事人双方同意,可以采用视听传输技术等方式开庭。”因此,在线开庭这一环节不存在绝对的制度障碍。但网上法庭并非只有开庭这一环节在网上,而是涵盖了所有的诉讼活动流程。那么,将其他的诉讼活动都置于互联网是否具有程序上的合法性?比如,对当事人身份的信息的查明和对当事人的认定是否能做到真实可靠;在证据上,法官对证据的查明是否能做到诉讼法所要求的全面、客观;双方在质证环节在客观上是否有条件对证据的真实性、合法性、关联性以及证明力的有无、大小进行法律所期盼的充分辩论。如果这些在网上法庭提供的诉讼服务中无法得到保障,实际上是有违我国诉讼法律的相关规定。

在公信力上,网上法庭是否具有公信力决定了通过网上法庭得出的判决和裁定是否具有公信力。由于电子商务网上法庭是浙江省高级人民法院联合阿里巴巴共同打造的,该模式在成立之初就曾遭受“这会不会是浙江法院为配合阿里巴巴专门设立的诉讼模式”的质疑。从电子商务网上法庭公开的案例信息来看,尤其是在电子商务小额贷款诉讼上,阿里巴巴小额贷款公司作为原告的比重极大,而电子商务交易纠纷的一方又大多包含了浙江淘宝网络有限公司或者浙江天猫网络有限公司。法院作为司法机关本身缺乏建立网上法庭的技术条件和技术人才,因此,部分需要建立网上法庭的法院选择了与拥有技术的企业合作。但这种合作是否会动摇法院公正中立的态度,或者在主观上使当事人一方缺乏对法院公正司法的信心还需要更为深入的研究。实践中,不仅只有阿里巴巴引入司法领域的电子法庭,还有新浪等互联网技术公司在不断开发开放网上法庭的相关技术。

虽然有以上的质疑,但网上法庭在客观上确实有效降低了当事人的诉讼成本,有效减轻了法院压力,增加了司法透明度。开庭过程全程录摄,有助于保障法官的独立性,也利于当事人诉权得到平等保障。同时,便利的形式有利于证人“当庭”作证的价值。对于互联网金融纠纷而言,更深入的意义在于全流程的互联网覆盖。对于选择互联网金融产品的投资人而言,选择投资互联网金融产品而非传统金融产品的原因之一在于购买互联网金融产品的便捷性,节省了精力、时间和金钱。一旦发生纠纷，这些投资人更为渴求足不出户解决问题，保障自己的权利。在法院解决纠纷机制的第一层次中，只是诉讼某一阶段的网络信息化，也就是说，要进行诉讼的一方无论如何，都要参与传统线下的诉讼活动。而在第二层次中，当事人在时间、空间上得以解放，有利于当事人积极解决纠纷，最终不仅带来自身权益的保护，更能通过法律的指引作用促进行业的健康发展。

2017年6月26日中共中央总书记、国家主席、中央军委主席、中央全面深化改革领导小组组长习近平主持召开中央全面深化改革领导小组第三十六次会议并发表重要讲话，会议审议通过了《关于设立杭州互联网法院的方案》。会议认为，杭州互联网法院的设立是司法主动适应互联网发展大趋势的一项重大制度创新。[1]

三、互联网金融纠纷与法院多层次在线解决机制

本文的第一部分探讨了互联网金融纠纷的类型、特征，以及传统的诉讼活动在解决互联网金融纠纷时的种种不适。第二部分梳理了近年来法院在互联网及移动互联网上的服务当事人、解决纠纷、便利诉讼的多项措施，并探讨了这些措施对于解决互联网金融纠纷的意义。

互联网金融纠纷的解决在很大程度上依赖于诉讼途径，而人民法院为了解决传统诉讼面临新型纠纷显露的种种不适，接轨互联网的飞速发展，推进信息化建设进行着不断的实践创新。有些创新举措对于纠纷的解决收效甚微，有些饱受争议，有些已经取得相当大的成效，极大地便利了诉讼活动，促进了大量纠纷的解决。而在创新的同时，更应当注重举措的合法性、公信力和实效性。

---

〔1〕 参见最高人民法院：《中央深改组批准设立杭州互联网法院》，载最高人民法院微信公众号：http://mp.weixin.qq.com/s/creLOlpVy9Kgh7TDbW5e9Q，最后访问日期：2017年6月26日。

浅析农村土地承包经营权信托流转制度

——以中信农村土地承包经营权集合信托计划1301期为例

王　宾*

引言

党的十八届三中、四中全会都提出要在我国农业经营体制中建立"三权分置"的模式,[1]即承包权与经营权分离,建立所有权、承包权、经营权三权并行分置的农地权利体系。[2] 建立这种模式的目的,是利用新设的"土地经营权"引入第三人建立农场来经营农业,以规模化农业解决"二轮承包"以来农村耕地分布条块小型化造成农业低效,也不能引入科学种田等方面的现实问题。[3] 实现这一目标的有效路径为将信托引入农地流转,从而实现农业的规模化生产。2013年10月中信信托在安徽省成立国内第一只农村土地承包经营权流转信托计划,拉开了土地信托的序幕。中信信托依托市场化的运作模式开展土地信托流转,打破了土地承包经营权市场流转的困境,将农民从土地中解脱出来,同时也缓解了农企的融资难题,这也显示土地权益证券化的发展趋势。不可否认,该制度同时也存在弊端,在信托关系中,作为委托人一方(区政府)实际并不享有土地权益,而作为实质上的委托人及受益人——农户,却并不是信托合同的当事人,该种制度设计极大可能损害农民的利益;在监督机制缺失的情况下,将土地交给农企经营,土地的非农化风险较高。

一、宿州土地信托模式分析

根据《中信—农村土地承包经营权集合信托计划1301期成立公告》,中信信托首期土地承包经营权集合信托计划2013年10月10日正式成立,信托期限为12年,信托计划的A类委托人为安徽省宿州市埇桥区人民政府,信托计划流转的土地面积

---

* 西北政法大学本科生。

〔1〕 参见孙宪忠:《推进农村土地"三权分置"需要解决的法律认识问题》,载《行政管理改革》2016年第2期。

〔2〕 参见张红宇:《从"两权分离"到"三权分离"—我国农业生产关系变化的新趋势》,载《人民日报》2014年1月14日。

〔3〕 参见孙宪忠:《推进农村土地"三权分置"需要解决的法律认识问题》,载《行政管理改革》2016年第2期。

为5400亩。中信信托接受埇桥区人民政府的委托对土地进行管理,并采用财产信托的方式将土地交给安徽省帝元现代农业投资有限公司进行经营。信托计划存续期间,作为受托人的中信信托可根据信托计划项下的土地整理投资需求等决定发行适当规模的B类信托单位募集所需资金,以便促进农村土地流通良性运营。T类信托单位在信托计划出现兑付A类基本收益、B类信托单位投资本金或预期收益的流动性资金缺口时由受托人决定发行,募集资金全部用于补充信托计划兑付的流动性资金要求。具体交易结构参见图示。[1]

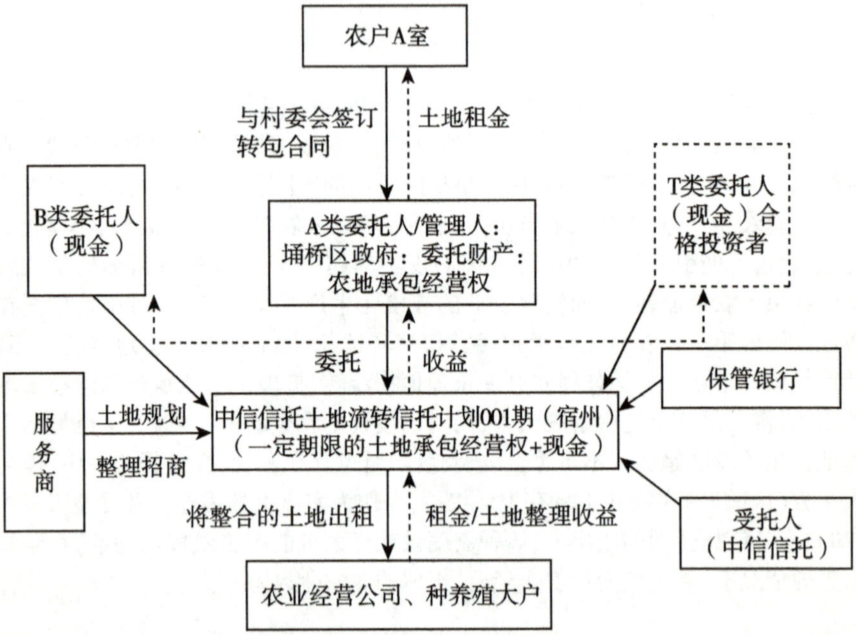

(一)土地信托流转中各方当事人关系

宿州土地信托分为3步,即村民把土地经营权委托给村委,村委委托给镇政府,镇政府委托给区政府,区政府与中信信托签订信托合同,将土地承包经营权委托给中信信托公司。中信信托与帝元现代农业有限公司签订租赁合同,由帝元公司对流转的土地进行规模化经营。流转后的土地拟建设现代农业循环经济产业示范园,实现环境保护型的现代农业。[2] 涉及该信托计划的农户与村委会签订《农村土地承

[1] 参见阎庆民、张晓朴:《农村土地产权抵质押创新的实现路径》,中国经济出版社2015年版,第183页、第184页。

[2] 参见王莹、阮文彪:《我国农村土地信托制度探析——以宿州模式为例》,载《兰州文理学院学报》(社会科学版)2014年第4期。

包经营权委托转包合同》,村委与镇政府、镇政府与区政府之间签订农村土地承包经营权的委托管理合同。要厘清土地信托流转各方当事人的关系,确定真正的委托人,就必须分析农户与村委会签订合同的性质。有观点认为,农民与村委会之间形成了转包关系,村委会与镇政府之间形成了民事代理关系。所以,最终的委托人是村委会,[1]该观点将农户与村委之间的委托转包合同视为转包合同。也有观点认为农户与村委会之间属于委托关系,委托的内容是转包权,其依据是浙江省农村土地承包经营权流转合同的示范文本,[2]村委会代为流转土地时,既可以代理农户与转包者签订合同,也可以由农户自己来签订合同。在宿州土地流转计划中,与签订信托合同时,区政府是委托人,同时之所以设计多层委托关系,就是为了将土地承包经营权集中起来,这样操作更加方便高效,我们也可以认定农民已经授权村委会代理农民将土地转包出去。[3] 根据我国《信托法》的规定,信托的委托人必须具备以下两个基本条件:第一,具有完全民事行为能力;第二,享有信托财产权利的相应处分权,两者缺一不可。因此,若农户与村委会之间签订合同为转包合同,则财产权的享有者为村委会,村委会是真正的委托人,可依据信托法享有委托人的权利;若双方为委托关系,则土地承包经营权仍归农户所有,农户是真正的委托人。

农户与村委会之间的合同应认定为委托合同,有以下3点理由:第一,土地承包人享有对承包地的用益物权,而用益物权属于财产权,故作为该用益物权享有人的土地承包人,在该项财产权上设定信托后,是当然的土地信托法律关系中的委托人。[4] 依次倒推,土地承包人是委托人,那么其必然享有土地承包经营的权利,那么也就不存在该权利被转包给村委会的问题。第二,《农村土地承包经营权流转管理办法》第35条明确规定,转包是指承包方将部分或全部土地承包经营权以一定期限转让给同一经济集体组织的其他农户从事农业生产经营。显然,村委会并不属于"同一经济集体组织的其他农户"的范畴,并不是转包的适格受让主体,而且此种形式的农地流转明显属于反租倒包行为,违反国家相关政策。第三,土地信托制度能够兼顾土地保护、土地的生产要素性、土地的社会保障性和承包经营人的投资人地

---

〔1〕 参见于霄:《中国农村土地信托法律问题研究》,上海人民出版社2015年版,第188页。

〔2〕《农村土地承包经营权委托流转协议》(适用于村经济合作社或其他中介服务机构代为农户流转土地承包经营权时使用)中规定:……委托权限乙方按照下列第____种方式授权范围内行使相关权利:(1)乙方与土地受让方协商流转事宜,流转合同由甲方与受让方签订。(2)乙方与土地受让方协商流转事宜并代为签订土地委托流转合同,监督土地受让方履行流转合同约定。

〔3〕 参见刘光祥:《土地承包经营权信托流转主要法律问题研究——以中信—农村土地承包经营权集合信托计划1301期为例》,载《时代法学》2014年第5期。

〔4〕 参见李莉:《土地承包经营权信托流转中承包经营权人的权利保护》,载《暨南学报》(哲学社会科学版)2015年第2期。

位这几项功能。[1] 若要真正的确保承包经营人的投资人地位,保护农民的权益,最好的方式就是赋予其信托委托人的地位,基于此,农户与村委之间签订的合同应当认定为委托合同。综上所述,农户与村委之间、村委与镇政府以及镇政府与区政府之间均为委托关系,尽管区政府以自己的名义与中信信托签订信托合同,成为委托人,但是其并不具备委托人的条件,对信托财产并无相应的处分权,实质上的委托人应当认定为农户。

(二)土地承包经营权信托的信托财产

《信托法》第7条规定,设立信托,必须有确定的信托财产,并且该信托财产必须是委托人合法所有的财产。其还规定,本法所称财产包括合法的财产权利。然而,在《中信—农村土地承包经营权集合信托计划1301期成立公告》中,并未说明信托财产是什么,其原因之一可能是作为委托人的区政府对土地并不享有任何土地权利,只是代理农户或者村委会对外"转包"土地。如此分析,便难以弄清信托财产到底是什么,这也是将政府而非农户作为委托人所面临的法律困境之一。从应然的角度来看,土地承包经营权信托的主体是土地承包经营权人和信托公司,土地承包经营权人为委托人和受益人,信托公司为受托人,土地承包经营权为信托财产,[2] 该观点立足于真正的委托人——农户,将其合法享有的财产性权利土地承包经营权作为信托财产。

虽然《物权法》明确赋予土地承包经营权用益物权地位,但是法律也对土地承包经营权的流转规定了诸多限制,而且这一权利具有明显的人身属性,必须具有集体经济组织的成员身份,才能享有承包土地并经营的权利,故而农户将"土地承包经营权"委托给受托人存在法律上的障碍,受托人也并不可能享有完整的土地承包经营权。因此,土地承包经营权信托的信托财产并不是土地承包经营权,而是土地经营权。土地经营权是在"三权分置"的背景下产生的,经营权与承包权权能分离的目的在于实现农地资源配置的最大化,经营权人在不改变土地集体所有和农户承包的基础上,具有土地的使用权、流转权和收益权。[3] 这恰好满足了信托制度中对于信托财产的要求。承包权与经营权的分离,是实践中农村土地流转的产物,虽然现行法律并未对其加以明确规定,但我们不能否认其存在的合理性。确定土地经营权的合法地位,可以有效减少农民在土地流转过程中所面临的失地风险,达到"稳定承包

---

[1] 参见李莉:《土地承包经营权信托流转中承包经营权人的权利保护》,载《暨南学报》(哲学社会科学版)2015年第2期。

[2] 参见陈进:《农村土地信托流转的法律适用》,载《2014年金融创新与经济转型博士后学士论坛论文集》。

[3] 参见李国强:《论农地流转中"三权分置"的法律关系》,载《法律科学》(西北政法大学学报)2015年第6期。

权，放活经营权”的目的。

（三）土地信托的信托收益分配

在宿州土地流转信托计划中，农户的收益分为基本收益和增值收益。基本收益为1000斤中等质量的小麦，按国家颁布的中等质量小麦价格兑付等值人民币，兑付的人民币最低不得少于1000元。受托人对土地进行规模化经营，扣除土地整理和基础设施投资等成本后形成的增值收益，70%归农户，30%归受托人。中信公司承诺，不管该项目运作情况盈利与否，都保证支付土地租金，信托服务商在未找到承租方的时候，必须承租信托项目下的所有土地，项目开发初期，信托服务商即为承租方，且项目后期获得的实际租金不足以支付基本收益时，资金缺口仍由信托服务商补足。

宿州土地信托采取了一种稳健的方式，其最低目标为保障农民最基本的生活，即使土地并未产生增值收益，农民依然可以享受到土地基本的生活保障功能。这也体现了土地信托与传统商事信托存在很大的不同之处。对于商事合同中的保底条款，法院通常会认定该类条款无效，其理由为信托合同本质上属于商事合同关系，在商事活动中，风险和收益是成正比的。当事人应当共担风险，共负盈亏，而保底条款将风险转嫁给合同一方，违反了合作双方共同投资、共负盈亏、共担风险的原则。同时，这种约定违反了公平原则，违背了商事活动的基本原则，因此应当认定信托关系中的保底条款无效。在埇桥区区政府与中信信托公司签订的信托合同中，中信信托承诺给予农户的基本收益可以看作信托合同中的保底条款，但是却不能认定为无效。土地信托制度是在探索农村土地流转过程中的一项新的尝试，该制度的出发点是为了“让农民成为土地流转和规模经营的积极参与者和真正受益者”，而且此项制度正处于探索阶段，势必应将农民利益保护的问题放在首位，因此，保证农民的基本收益这一条款应当是有效并值得推崇的。

二、农村土地承包经营权信托流转制度的价值

（一）打破了土地承包经营权市场流转困境

党的十八届三中全会提出了深化农村土地改革的目标，致力于让农民的土地承包经营权活起来，而在其中最为重要的就是推进土地承包经营权流转。[1] 根据《农村土地承包法》的规定，[2] 家庭土地承包经营权的流转方式主要是转包、出租、互换、转让，而且其受让主体多为同一集体经济组织的成员，对受让方具有较多的法律限制。上述土地流转方式均难以实现土地的市场化、规模化经营，难以发挥土地融

〔1〕 参见于霄：《中国农村土地信托法律问题研究》，上海人民出版社2015年版，第56页。

〔2〕《农村土地承包法》第32条规定：通过家庭承包取得的土地承包经营权可以依法采取转包、出租、互换、转让或者其他方式流转。

资功能,使农民获得土地资产收益。土地信托借助信托的现代金融工具,实现了土地生产要素的合理流动和资源的优化配置,有利于优化土地资源配置,解决耕地零散分割、规模过小的问题,改变了传统农业生产方式,促进农业结构战略性调整和连片开发,提高土地的经济效益,并有利于促进农民增收和劳动力转移,加快新型城镇化进程。[1]

(二)发挥土地的融资功能

1. 拓宽承包土地抵押路径

中共十八届三中全会明确提到赋予农民对承包地进行抵押的权利,以期解决农村贷款难、利率高等问题,使更多金融资本流向农村,实现农村现代化发展。但是,法律对家庭土地承包经营权抵押做了诸多限制,金融机构也因为缺乏相应的土地评估机制,农地价值不高,农地抵押权实现困难等原因,而对这一政策缺乏信心,实践中,直接用土地抵押来获取贷款仍然难以实现。"信托+抵押"模式可以看作用土地经营权进行抵押的一种间接融资方式。中信信托可根据信托计划项下的土地整理投资需求等决定发行适当规模的B类信托单位募集所需资金,发行B类信托单位时,中信信托实际上使用了其获得的土地经营权进行抵押,此时,中信信托是抵押人,投资者按照自己的投资份额享有抵押权。在经营者出现偿债危机时,由信托机构对抵押土地进行再流转,以流转收益保障抵押债券购买者的权益。[2] "信托+抵押"的模式在一定程度上回避了当前农村土地产权抵押所面临的法律约束问题,并采用市场化的机制推动土地收益证券化,对于实现农村土地产权市场价值无疑是一种进步。[3]

2. 满足农企的融资需求

安徽帝元农业投资公司的总经理张启民称,宿州农地流转信托最直接的现实意义是可破解农企的融资"瓶颈"。[4] 安徽帝元农业投资公司是由宿州招商引资引来的合肥帝元生物科技有限公司投资建设,上马的多个项目迫切需要一大笔资金。作为宿州土地信托的服务商,中信信托在资本市场上为其多个项目募集资金。相较于银行贷款而言,这种融资方式成本低、手续简单、额度大,可以有效解决农企融资难题。对于企业,低成本的钱最方便的是资本市场,农企可以借助土地信托的融资优势,获得流动资金,以实现自身的扩大再生产。

(三)加快农业现代化发展

科学技术是实现农业生产现代化和农村经济发展的推动手段,规模化、集约化、

---

〔1〕 参见阎庆民、张晓朴:《农村土地产权抵质押创新的实现路径》,中国经济出版社2015年版,第178页。

〔2〕 同上书,第24页。

〔3〕 同上书,第25页。

〔4〕 参见杨仕省:《土地信托宿州模式追踪》,载《华夏时报》2014年2月24日,第5版。

知识化、机械化的生产模式已成为共识。包产到户的组织形式已经不适合现代科技所要求的农业,农村土地所有制使碎片化的土地根本无法达成这个目标,土地流转已是大势所趋。[1] 土地以信托方式流转不仅可以将农民从土地中解放出来,减少良田被抛荒现象,还可以将土地资源与人才、技术整合到一起,从而提高土地利用率,发挥土地最大效益,加快农业的现代化发展。

三、土地承包经营权信托流转模式存在的问题

(一)信托制度中受益人环节缺失

在宿州土地信托模式中,双方签订了信托合同,委托人是区政府,但并未明确受益人身份。信托收益由中信信托交给区政府,区政府再经由镇政府、村委会层层派发,最终分到农民手中。理论上,信托关系成立以后,委托人应基本退出,所以受托人和受益人的权利义务关系在信托关系中尤为重要。[2] 在宿州信托过程中,应当指定农户为受益人,为农户设立专门账户,信托收益直接发放。确定农户的受益人地位对于保障农民的基本权益具有重要意义。在土地信托合同中,“蕴含着大量诸如严格限定农民收益获取条件及加大责任和义务的软性条款”,[3]这会使本就在知识结构上处于天然弱质地位的承包经营权人无所适从,[4]因此,在信托合同中,明确农户的受益人地位,农户便可以依法享有受益人对受托人的监督职责,可以查阅、抄录或者复制与其信托财产有关的信托账目以及处理信托事务的其他文件,从而能够积极行使自己的权利,维护自身利益。

(二)受托人面临较大风险

受托人主要面临以下两大风险:第一,政策风险,2014 年被称为“土地信托元年”,曾有人大代表提案,国家应尽早出台措施鼓励信托公司参与农村土地流转,尽早将农民手中的土地资源盘活。时任农业部副部长牛盾受访时表示,农业部不赞成工商资本长期超大规模地集中农村土地,并表示正在观察、调研和评估土地信托的影响。从银监会对信托公司的监管要求来看,信托公司需要将进行的项目在银监会备案,而且每年必须从收入中提取一定的保证金;如果其中有一个项目存在问题,之

---

[1] 参见蒲坚:《财富管理试验田土地流转与信托机制》,载《清华金融评论》2014 年第 5 期。

[2] 参见王莹、阮文彪:《我国农村土地信托制度探析——以宿州模式为例》,载《兰州文理学院学报》(社会科学版)2014 年第 4 期。

[3] 邓昂:《基于信托制度的农村土地流转制度的改革路径探析》,载《农业经济》2013 年第 8 期。转引自李莉:《土地承包经营权信托流转中承包经营权人的权利保护》,载《暨南学报》(哲学社会科学版)2015 年第 2 期。

[4] 参见廖原:《土地信托服务模式的合法性审查》,载《江西社会科学》2014 年第 7 期。转引自李莉:《土地承包经营权信托流转中承包经营权人的权利保护》,载《暨南学报》(哲学社会科学版)2015 年第 2 期。

后的同类项目都会被叫停。北京大学法学院楼建波老师表示，农地通过信托与金融结合，当然是一种进步，但是相关政策转化成法律尚需一定的时间。“很多情况还不明确，土地流转信托项目存在很大风险。”[1]第二，市场风险，农业有着投资大、周期长、市场风险大的特点，易受天时地利的影响，往往种植作物的价格越高，技术难度越大，市场风险也越大。目前，国内并没有遍布全国的专业农业种植公司，信托公司获得土地经营权以后，如何找到一个具备科技、资金实力的服务商是一个问题。在宿州模式中，中信信托预先与帝元农业公司签订农地租赁合同来保证信托计划能够顺利进行。除此之外，土地的信托流转未来必将涉及金融与农业的对接，土地通过信托进入金融市场，本身就会给金融机构带来资金压力，一旦农业出现亏损，可能会有引发金融风险的危险。

（三）行政干预的潜在可能

在宿州信托模式中，区政府作为一方合同主体参与其中，极有可能会扰乱信托市场自发性资源配置机制作用的发挥。政府拥有行政权力，属于合同中“强势一方”，目前尚无有效手段来防止政府发布行政命令进而代替信托公司的自主决策，从而导致信托市场参与者活力降低，损害政府和农户的长期利益的后果。由于信托财产的收益经由区政府分发，在这一环节中同样难以保证政府官员不会挪用应当分给农户的信托收益。同时，该信托合同的成立的前提为两次委托合同，复杂的法律关系会带来信托法律关系不够稳定的问题。综上可知，政府不宜直接参与到信托合同当中，政府在土地信托过程中应当起引导作用，操作层面的问题最终还要落实于市场运作。

四、农村土地信托流转的风控措施

（一）设立信托监察人制度

《信托法》第64条[2]规定了公益信托的信托监察人制度，其存在目的就在于弥补委托人和受托人专业能力的不足，更好地监督受托人的行为。相较于公益信托，农地信托同样需要信托监察人的存在。主要原因有以下两点：第一，农民虽然重视自身的权利，但是由于其自身知识的局限性，容易受到蒙蔽，使自身权益受损而难以得到救济，因而需要专业人士辅助其维护权益；第二，土地问题关乎国计民生，加之农地信托各项制度不够完善，极易出现损害国家土地安全、粮食安全的事件，因此需要对农地信托进行个案监察。目前，我国农地信托监察人的职责应当由行政部门承担，且相关执法人员必须具备专业资质，具备农地的经营管理经验，熟悉公司财务制

[1] 杨仕省：《土地信托宿州模式追踪》，载《华夏时报》2014年2月24日，第5版。

[2] 《信托法》第64条规定：公益信托应当设置信托监察人。信托监察人由信托文件规定。信托文件未规定的，由公益事业管理机构指定。

度。同时,对农地信托监察人也要设立相应的考评机制与激励措施,使这项制度真正落到实处,发挥应有的作用。

(二)建立双层受托人的信托关系

诚如前文所示,政府直接参与到信托关系中存在种种弊端,不利于信托市场的发育,也不利于土地信托的长久发展。可以通过建立双层受托人的信托关系来解决上述问题,即引进土地信托公司来代替政府发挥作用。在该种信托模式中,土地信托公司和商业信托公司为共同受托人,共同管理信托事务,其各自权限由信托文件规定。例如,土地信托公司在前期主要做好归集土地、确权土地,在管理阶段主要代表农户做信托监察人,同时分配农户利益,解决与土地相关的农业纠纷;而商业信托公司则主要负责引进高科技农业公司,发行后期信托资金以支持土地承包经营权信托中所需要的资金。[1] 双层受托人的信托模式可以有效避免政府直接的行政干预,使土地信托能够按照市场规律和市场价值规律有序进行。

(三)完善土地信托相关法律法规

我国应当制定《土地信托法》等特别法,首先,确定土地承包经营权信托的信托财产的性质,使实质作为信托财产的"土地经营权"获得合法地位;其次,应当明确村委会、镇政府及区政府在农地信托交易中的合法地位,根据现行法律,它们并非承包经营权的直接所有者,但应承认其代理广大农户成立农地信托的地位;[2] 最后,应当以对农户委托人利益的保护为核心,明确受托人的义务,提高受托人进入土地信托市场的门槛,降低处于弱势地位的委托人权益受损的风险。

(四)健全农村金融保障体系

改革农村金融服务具体要求如下:国家必须扶持和引导农村金融改革发展,发挥政策性和合作性金融的作用,加大对涉农信贷的投放;加大对农村土地信托流转的信贷支持力度,[3] 降低农企的融资成本,解决其融资难、融资贵的难题。政府可以出台政策,金融机构的涉农信贷资金应当达到一定比例,同时农业存款应当主要用于农企、农村发展,银监会对此进行监督。培育具有实力的农业经营企业是土地信托流转过程中最重要的一环,也是实现农业产业化、规模化的重要保障。

结 语

农村土地承包经营权信托流转是我国农地金融发展中的有益尝试,其本身就是

---

〔1〕 参见刘光祥:《土地承包经营权信托流转主要法律问题研究——以中信—农村土地承包经营权集合信托计划 1301 期为例》,载《时代法学》2014 年第 5 期。

〔2〕 参见王维:《降低农地经营权信托制度风险》,载《中国社会科学报》2015 年 4 月 8 日,第 A08 版。

〔3〕 参见常冬勤、蒲玥成:《我国农村土地流转信托的现状、问题及对策》,载《农业经济》2016 年第 1 期。

一种促进土地流转与资金集合的融资方式，例如，在中信信托宿州模式中，除了以土地权利为基础的A类信托计划外，同时发行B类、T类信托以此弥补资金缺口。通过农地信托流转的方式将分散的农村土地使用权集中于信托流转平台之上，可以在发挥信托制度的内在优势和信托公司的综合金融优势的基础上，促进农村土地的有效流转及其金融化。但是，在农地信托法律制度尚不完善的背景下，土地信托流转仍可能存在委托人、受托人、受益人三方利益失衡的问题，从而会对土地安全、农民利益造成重大损害。因此，各方在农地信托流转过程中应当加强风险防范意识，建立信托监察人制度，设计双层受托人体系，发挥政府的引导作用，完善相关法律法规，从而使土地信托流转计划稳健运行。

农村普惠金融发展中农民消费者保护的困境与对策研究
——以重庆地区的实证调研为探索进路

梁 琦* 韩玉婷**

一、调研背景

(一)调研对象和目的

基于我国现有研究基础缺乏将“农村普惠金融发展”和“金融消费者中的农民群体”保护结合的探索,笔者打算以农民消费者为探进中心点,从人本主义的关照维度充实农村普惠金融推行理论。本次调研采用了实地调研、电话访谈及网络问卷调查等方式,试图以重庆农民金融消费者、政府部门及相关金融机构的现状为例,考察农村不同地区普惠金融程度,梳理农民消费者保护困境的表现形式。本次调研旨在通过理论分析和实地调研双轨制,掌握农村普惠金融制度发展中农民消费者保护现状,分析权益维护的困境,分析突出问题原因所在,尝试构建农村普惠金融中农民消费者保护模型,以模型为依托,在配合农村普惠金融制度发展全局的方向上,提出一个更为深入、可行的农民消费者保护框架。

(二)调研意义

本次调研具有一定程度的理论及实践意义。当下学界对该主题的广泛社会调查与数据案例解析不足,同时相关研究未整合多学科研究成果,以致“思维单一化”。为增强实践性,克服农村消费者保护机制在法律体系中存在缺位困境,笔者于2017年2月初开展本次调研。发现中国农业银行重庆分行等金融机构针对农村普惠金融的推进存在一定的问题,如存在农村小额贷款存在风险,相关倾斜性规定实施现状低于预估水平等。同时,本次发放问卷500份,有效问卷487份,有效问卷占97.4%。从该问卷中可以看出重庆农村金融消费者对自身权益保护力度较低,绝大多数人未听说过普惠金融及其居住地附近金融机构种类单一,不能满足需求等问题(相关调查数据及图表见附录)。

* 西南政法大学本科生。
** 西南政法大学本科生。

二、普惠金融发展下的农民消费者保护现状

2005 年由联合国正式提出并定义的普惠金融概念，旨在以可负担成本为社会弱势群体提供有效的金融服务，其落实必然以整个金融行业在农村地区的发展为保障，经济的发展必然推动、受助于法制的完善，而二者目前都因普惠金融的推进而处于不断完善的攻坚时期。本文就是以此为背景，以重庆农村地区为示例，多角度解读"金融消费者中的农民群体"（本文所称农民消费者）保护现状及困境，并尝试提出助力法治建设的实际建议。

（一）金融机构视角下的农民消费者保护

笔者以中国农业银行重庆分行为主要调研对象，探究金融机构创新型惠民金融产品类型，普惠金融相关倾斜性政策实施情况，金融机构视角下的农民消费者保护等问题，试图从多角度对农民消费者保护困境加以现实描述。

1. 农户小额贷款存在风险

以中国农业银行重庆分行为例的部分银行在农户小额贷款方面推行了农户联保模式，这种模式来源于孟加拉国，但由于基本国情并不相同，我国金融机构实行起来存在还款困难、诚信缺失等风险。农户小额贷款一般都存在周期性、季节性，相互联保时又难免基于熟人社会的基本情况，导致多为熟人相互联保，无法仿照其他国家利用宗教信仰、个人诚信等力量起到农户小额贷款积极还款的监督导向作用，故而不能履约之风险除要由银行必要承担之外，还将有部分农户基于难以拒绝、不好催款等人情往来方面的因素，而造成自身的不能继续借贷，享受优惠金融产品的困境。也正是基于银行业对于农户小额贷款政策的保守，近年来，小额贷款公司受到广泛关注，但由于缺乏相关有效规定，小额贷款公司运行十分不规范，农民消费者权益更难得到保证，还款难、利率高等问题也仍然不能得到有效解决，成为农民消费者极大的金融消费负担。

2. 金融机构对农民消费者权利的限制

（1）知情权局限。一些金融机构依靠自身的信息充分性，选择部分隐瞒相关金融产品的信息，笔者在对金融机构进行调研和在部分金融机构官网搜索相关信息时发现，对于金融产品的描述，特别是关于金融产品的风险性、不稳定性，并没有给出详细解读，由此，农民消费者需要面临信息不充分所导致的选择不理性等巨大风险，这成为农村地区金融排斥的潜在原因。

（2）金融服务权局限。农村金融机构网点相对较少，覆盖率相对较低，重庆市不同区县相差较大，而且金融机构的服务效率、服务质量也参差不齐。同时，出于利益考量，金融机构在农村贷款投放方面缺乏积极性，对金融业务和金融产品的创新主动性不强，农村居民接受金融服务受到限制。

(3)公平交易权局限。在具体实践中,金融机构多利用事先印制好的格式合同与金融消费者确定法律关系。农村金融消费者由于金融和法律知识有限,无法判断合同中是否有欺诈和侵犯权益的条款,导致其难以维护自己的正当权益。

(二)农民消费者眼中的普惠金融

基于农民消费者相较于金融机构信息不充分,且自身权利意识不足等情况,笔者以该群体实际金融消费情况为基础,从生活现实出发,以普惠金融概念的推广为切入角,探究农民消费者对农村地区金融服务、金融产品的满意程度、消费水平,从而揭示农民消费者的保护困境,即从农民消费者眼中的普惠金融,探究普惠金融下的农民消费者保护。

1. 金融服务不能完全覆盖

调查结果显示,农民消费者对居住地附近的金融机构网点数量的满意程度上,有30.95%的人还不能满足需求,结合对于这些金融机构网点的类型调查,直接显示了该群体在进行金融消费时渠道不够多元化,方式不够便捷化,现有的金融机构网点还不能满足广大消费群体的消费需求,普惠金融的发展还没有能够形成普惠式、覆盖式的经济网络,使部分农民消费者还处于“消费不能”的阶段。

2. 金融产品不被广泛接受

根据农民消费者的消费体验,大多数的农民消费者都选择过传统的金融消费方式,即银行贷款、购买保险,但对于一些新型的、受到普惠金融概念影响而被大力推广的金融产品,如小额贷款、信贷仍未能被大众所接受,除了贷款利率较高等经济原因外,农民消费者的金融消费理念不完善以及相关金融机构宣传、服务不到家等,都是金融产品仍不能被农民消费者群体广泛接受的重要因素。

3. 金融消费不达实体维权

有54.76%的参与人员都曾在金融消费过程中遭遇到侵权情况,绝大多数都只选择了与金融机构工作人员沟通解决,这一方面是法治思想没有深入人心,另一方面也反映了金融消费的维权在农民消费者群体中还并不多见,也并不为他们所熟悉。并且在试图维权的农民消费者中,仅有38.1%的人权利得到了救济,还有46.43%的人仅维护了部分权益,其他消费者均不能达到维权目的,甚至在维权过程中,人身权益也受到了伤害。消费者在金融消费过程中,不能完全地保护自己的合法权益,甚至会出现因维权而被伤害的情况,这足以反映了农民消费者作为金融消费领域的弱势群体,他们不仅无法享受到同等的、适当的金融产品,还无法被确保进行公平的、有效的金融交易,这无疑会成为普惠金融理念推进的巨大障碍。

三、农民消费者保护的困境根源

(一)法学视角下的原因思考

1. 法治观念:保护意识薄弱

(1)农民消费者本身主要为低收入人群,兼之处于信息还不能充分流通的农村地区,更处于我国法制建设还在不断发展的时期,法治观念并不能深入人心,自我保护意识普遍较为薄弱。同时,还存在金融知识匮乏、侵权识别度低、维权意识不强等问题。

(2)金融机构出于经济人的自利理性,在经济发展水平不同的农村地区部署、实施进度不同的普惠金融计划,导致农民消费者无法获取同质的金融服务,无法接触到更多适当的金融产品,金融消费出现较大缺口,资金不能得到更快速高效的运转流通,进一步形成农村地区经济缓慢发展、农民消费者金融消费观念较难提升的不良循环。

(3)农村的金融分支机构往往呈现小、微态势,这些金融经营者往往无法保证自己的服务质量、业务水平,在金融风险防范、金融信息披露、金融知识教育、维权救济等方面也缺乏保护农民消费者的意识和动力。

2. 立法保障:法律机制缺口

(1)体系性很弱。关于农村普惠金融和农民消费者保护的现有制度多散见于金融机构内部规定、行业自治文件等非法律规范性文本,个别制度体现在部门规章或地方规章中,效力偏低,适用困难,且制度内部缺乏对应衔接,各地规定亦不一致,实施情况相对也并不乐观。

(2)规范性不足。在农村金融消费市场的秩序规整方面,已有的立法规范、行业内部政策多从金融机构可持续发展角度考量,规制金融机构内部行业准则,但对农民消费者的利益关照度很低。另外,在市场主体规制法方面,农民消费者的权利保障、保护机构等规定存在明显缺位。结合起来看,在对金融消费中的两大主体进行权利与义务的规范时,农民消费者的权益保护问题都被不约而同地、无意识地弱化,这一领域的法制缺陷不容忽视,否则将难以适应农村地区普惠金融的发展,难以解决、应对实际经济生活中的农民消费者遭受侵权的各种问题。

(3)科学性欠缺。法律规定与农村实际不接轨,城乡不同的金融消费理念、金融产品消费差异、金融领域流通资金差距等问题均未能予以区别考虑,现行规定不适于进行普遍性的规范,且监管亦呈现同质化态势,审慎性监管指标也未依据农村与城市、农村不同区域、金融机构间差异化发展要求进行相应区分,这在一定程度上造成了农民消费者保护的缺口,也阻碍了普惠金融在农村地区的发展。

（二）其他视角下的原因探进

1. 社会学维度的分析

我国农村普惠金融体系中，综合考虑金融机构的商业可持续性和农民消费者的可获得性，我国农村特有环境下形成了严重而复杂的金融排斥现象，不仅使农村普惠金融过程中消费者对金融产品和服务的选择权直接受到限制，而且容易导致某一金融机构垄断，金融产品和服务质量难以提升，进而影响消费者知情权、求偿权等其他一系列权利的实现。

2. 经济学维度的分析

金融机构自身的逐利性会导致金融资源严重向城市和发达地区倾斜，造成市场失灵，难以推进金融普惠；相较于城市居民，农民消费者在享有金融产品和服务方面存在待遇的非公平性；同时，在贫困、偏远的农村地区，经营者狭隘的利益动机亦会为农村金融普惠带来广泛和普遍的消费歧视。

3. 历史学维度的分析。回溯我国农村金融市场的发展进程，我国曾因过度偏重金融安全，而在主导性监管政策的选择上倾向于金融抑制，与金融普惠、金融公平理念背离的路径择取，表现为政府失灵，使农民消费者在金融资源、信息、救济的获取方面皆严重受限。

四、国外相关成熟理念及保护手段

国外农村普惠金融的成熟理念与保护手段如下：

1. 丹尔·马歇尔（Jneill Marshall）、V. 里拉（V. Leeladhar）等学者对英美普惠金融经验进行了总结

英国的普惠金融专责小组将“进入银行，获得负担得起的信贷和面对面的理财建议”确定为优先领域并建立金融包容性基金。美国则注重立法：颁布社区再投资法，禁止银行对低收入和中等收入社区的歧视；通过公平住房和平等信贷机会法确保消费者的知情权与公平交易权等。

2. 萨拉斯·钱德兰（Sarath Chandran）、B. P. 和万寿（Manju）、T. K. 等学者提出：一个包容性的金融体系，有利于生产资源的有效分配，从而有可能降低资本成本；普惠金融有利于大量的新经济主体的经济交易，提高生产力，能帮助低收入家庭更好地管理资源，提升金融消费者生活质量，促进经济独立和经济建设。

3. K. 拉维韩顿（Dr. K. Raviehandran）、哈立德·阿尔哈文兰博士（Dr. Khalid Alkhathlan）等学者总结了印度普惠金融发展经验，主要包括银行—自助组织团体联动模式、银行和小额信贷机构合作模式、ICICI 合作模式、MF—NBFC 四种模式。安娜米卡·夏尔马（Anamika Sharma）、R. 莱玛克里斯南（R. Ramakrishnan）领衔的另一

个课题团体指出,印度在普惠金融发展过程中形成了消费者保护的整体模式:金融机构注重对大众传播其缺乏的金融知识;为创业的人提供简易账户和优先部门贷款;给予弱势群体理财建议、ATP 和 IT 安装含有本国语言和生物识别等倾斜性设计。

4. 霍夫(Hoff)、斯蒂格利茨·伯格(Stigliz Berger)、德尔(Udell)、瓦吉斯(Varghese)等学者就发达国家或地区农村金融供给问题表明:所有能促进信息生产的主体都应该被纳入农村金融供给组织体系;发挥好正规与非正规金融以及大型金融机构与中小型金融机构各自的优势,实现优势互补或金融互联,提高对农民消费者金融供给能力及金融资源配置效率是农村金融供给模式创新的主要思路。

5. 埃里克·范·泰索尔(Eric Van Tassel)、麦崔什·加塔克(Maitreesh Ghatak)、尹帕维多(Impavido)主持的发展中国家课题研究表明,农村的微型金融是一种成功的扶贫方式及金融发展手段,以孟加拉乡村银行为代表的主要经验在于采取了创新性的运作机制——小组联保及连带责任、贷款发放次序、分期付款、强制储蓄及动态的信用激励。

6. 亚当斯(Adams)、哈亚(Hayaha)、拉坦(Ruttan)、蒂莎(Tsa)等学者对政府在农村金融中的地位和作用进行研究,形成了信贷补贴理论下的"政府主导"观、金融市场化理论下的"政府退出"观和不完全金融市场理论下的"政府介入"观。另外,一些国外同类课题也表明,应用立法手段保障农村金融对农业发展的支持,政府应当提供持续的正向激励措施扶持农村金融机构,农村金融机构应提供宽松优惠的贷款条件支持农民经济发展。

综合比较,国外的体制建构及立法手段都相对先进,并不能完全适用于我国国情,所以,以下将融合国外成熟经验,立足于我国社会基本情况,尝试提出切实有效的建议。

五、构建适配农村普惠金融发展的农民消费者保护框架

为解决普惠金融发展中农民消费者所面临的困境,笔者认为,我国应当构建适配农村普惠金融发展的农民消费者保护框架,该框架分为 3 个层面的设想,以下将分别阐述其各自的具体实施内容。

(一)宏观层面

1. 完善农村普惠金融体系建设

根据重庆实证调研得出的结论,尝试重述农村普惠金融体系的关键要素,也就是将农民消费者权益维护的程度放入普惠金融考衡目标中,对金融机构的义务约束要逐步加强,同时针对农村地区不同的金融购买力现状,分别提出具体制度的改进方法,对农村普惠金融的完善提供现实出路。

2. 构建金融监管和财税联动机制

这需要从以下两个方面出发：第一，提出监管双重优化方案，从外部监管规定和内部金融创新激励两方面建设农村金融监管框架，引导金融消费权益保护成为金融机构风险管理框架的一部分；第二，配合金融可持续性要求，提出财政综合配置制度，扶持金融机构，提升农民消费者可得金融资源质量。

3. 完善农村立法体系，健全金融法制

我国目前与农村金融机构、保险机构相关的配套立法都没有，重庆市也没有自主出台相关法规，显然这种法律体系是达不到重庆市农村金融体系目前的发展要求的。在此可以借鉴浙江省的经验，重庆市地方政府除了遵循全国性法律外，还可根据本市特点订立一定的补充的规章制度，给予农村市场和农村金融机构以公平竞争的市场环境和法律保障。

（二）中观层面

1. 营造良好的农村金融消费权益保护外部环境

（1）大力发展各类规范化的中介组织，最大限度地降低涉及农村居民的确权、过户以及登记等中介服务成本，进一步满足农村居民在信贷方面的实际需求。有效改善农村地区在金融机构方面的硬件环境，借助推进银行建设、增设银行服务窗口、引进电子化服务工具、在农村地区金融机构普及征信体系等措施，从根本上提升服务质量以及服务效率，切实维护农村居民的金融消费权益。

（2）加强对农村金融机构的考核力度。金融监管部门将农村地区金融消费权益保护作为金融评估重要指标，要求金融机构不断加大服务项目的信息披露，明确各项服务内容、收费标准和设立专职部门或配备专职人员具体负责金融消费权益保护投诉的受理、调查、处理等各环节的工作。

2. 设置专门保护机构

没有专门的机构就没有相应的主管负责人员。对此，笔者认为可以以中国人民银行为中心，“一行三会”统协设立专门机构，专事农村普惠金融发展过程中农民消费者的保护工作，包括建立金融交易信息披露机制、金融知识普及机制、金融消费争端处理机制等，以此来保证农民消费者的知情权、受教育权、救济权等。

3. 建立农村社会信用建设长效机制

深入开展以诚信区县、诚信政府、诚信乡镇、诚信村社、诚信社区、诚信农民为主要载体的“诚信重庆”建设系列活动，全面整治社会信用秩序，大力倡导信用文化，增强农村信用观念，为统筹城乡发展营造和谐的金融投资环境。

（三）微观层面

1. 完善农村金融机构相关建设

以乡镇银行、贷款公司、农村资金互助社等承担普惠功能的农村金融机构为主体,一方面,有针对性地从差异化监管、资金供给、税收配给上提出支持农村普惠金融可持续性发展的建议;另一方面,进一步完善信息披露制度、收费制度、监管制度等,将农民消费者保护引入普惠金融发展的核心轨道。

2. 落实提高农民消费者金融权利

在构建基础金融服务惠农机制的同时,开掘其他金融业务经营者的进入可能性,即以农民消费者的具体金融需求为微观目标,探究农民消费者金融发展权的落实;同时,以村委会等基层组织为依托,建立长效教育机制,提升农民消费者金融活动的维权意识,帮助其主张权利和增进金融知识。

六、结语

本次调研主题为农村普惠金融发展中农民消费者保护的困境与对策,笔者在采用多种方法进行调查分析的同时,还从金融机构和农民消费者两个角度对此进行研究。在对中国农业银行重庆分行的采访中,笔者发现农户小额贷款存在风险,农民的知情权等权利也受到了一定的限制。与此同时,从重庆农民金融消费者的调查报告中可以发现,普惠金融并没有完全发挥其应有的效用,在农民消费者中存在金融服务不能完全覆盖、金融产品不被广泛接受、金融消费不达实体维权等诸多问题。从法学角度分析,这是由于农民的保护意识薄弱、法律机制存在缺口而导致的,农民自身文化水平本就有限,若法律不给予适度的保护,则农民消费者的权益更加无从保障。同时,笔者从社会学、经济学、历史学多角度分析,力求全面分析农民消费者所处的困境。由于相较于我国,国外一些国家对于普惠金融的研究更加深入彻底,笔者在此次调研报告中列举借鉴了相关资料,尝试增强本次调研的深度以及广度。综合分析以上内容,笔者尝试构建了适配农村普惠金融发展的农民消费者保护框架,并提出了宏观、中观、微观 3 个层次的设想,并分别阐述了其各自的具体实施内容。

尽管本次调研重点力求探索农村普惠金融制度发展与农民消费者保护存在紧密的内在关联性,但由于多方面原因导致笔者不能全面深入地探讨该问题,更无法全面地解决制度同步发展的衔接性和协调性问题。同时,由于现有国内关于农民消费者保护的学术成果非常有限,针对我国农村普惠金融过程中的消费者保护理论更为缺乏,使本次调研可资借鉴的本土基础研究严重不足。与此同时,尽管我国面对普惠金融的完善困难重重,但这也反映了学界对更多针对农村普惠金融探索的需求,相信通过国家政策的大力推行以及学者的不懈努力,我国定会成功构建普惠金融政策体系。

附录

附录A:以中国农业银行重庆分行工作人员为对象的访谈内容

1. 问:中国农业银行重庆分行(以下简称农行)设在农村金融机构的网点数量及覆盖率如何?

答:农行重庆市分行设在农村的人工物理网点个数为176个;因未统计重庆市共有多少乡镇,故未计算覆盖率。

2. 问:金穗惠农卡迄今在重庆农村地区发行量如何?农户使用率如何?有多少网点已开办此项业务?

答:截至2017年2月末,农行重庆市分行已发放200余万张金穗惠农卡,全市农行营业网点均可申请办理金穗惠农卡。

3. 问:基础金融服务获取渠道有哪些?银行网点人员到申请人所在村集中办理有无数量底线?可提供上面门激活服务的情况有哪些?

答:基础金融服务包括柜台(ATM)存取款、转账、汇款、查询、申贷等,目前可通过物理网点、离行式自助银行、惠农通、网上银行、掌上银行,以及我行即将推出的"四融"平台等渠道办理业务。只要符合我行内部规定,预约网点人员到村集中办理业务,无数量底线。如行动不便等特殊情况不能到网点办理业务,我行可提供上门服务;如激活数量多,也可预约我行上门服务。

4. 问:农村相较城市有无金融产品的创新?相同产品在两地推出量和推出时间的差距有多大?

答:农行重庆市分行针对农村特殊情况,创新开发出快农贷、精准扶贫贷、农民安家贷等特色金融产品,通过金融扶贫帮扶贫困地区人民脱贫;我行在农村地区布放惠农通机具,方便农民朋友办理存取现、转账等业务需求;我行即将推出的"四融",集融智、融资金、融通、融商于一体,将极大方便农村地区群众办理金融业务。

5. 问:针对农村金融消费者倾斜性规定有哪些?(银行具体措施举措举例)推出的政策中可否举一例说明其实施情况及成效如何?(是否已经带给农户切实利益?)

答:我行推出农民安家贷等信贷产品,帮助农民朋友实现居者有其屋。同时,我行推出的精准扶贫贷款,执行基准利率、政府贴息、免担保的方式,为重庆市金融扶贫做出了重大贡献。

6. 问:农户小额贷款农户联保模式是否真正实行?效果如何?(孟加拉国方式在我国社会基础下能否行得通?)

答:在实行,目前我行对农户小额贷款存量客户可继续实行多户联保的担保模式,对采取多户联保担保方式的新增客户,在客户和开办支行符合一定准入条件的基础上可以办理。从前期开办的情况来看,多户联保贷款存在联保小组成员一旦有

1户不还的情况,其他成员也会存在不能履约的风险。

7.问:自助可循环方式如何核定最高额度和期限?(判定标准是什么?底线又在哪里?没有固定资产证明还款能力的农户能否获得此种服务?)且农户在同一时间能否只能取得一项贷款?(不能偿清上一款,就不能继续贷款?即银行优惠政策是否落得实处,自主可循环方式能否真正优于一般贷款方式?如何解读自主可循环方式之利处:节省利息?)

答:采用可循环自助方式的,原则上要求借款人采取房地产抵押或存单、国债、具有现金价值的人寿保单质押,或信用融资性担保公司担保。可循环贷款额度有效期不超过3年。具体额度应根据客户的信贷需求、信用等级评定结果、担保情况、还款能力等因素确定具体贷款额度,最高不超过10万元(含10万元)。

8.问:在一般贷款方式下,农户若未能还款,银行会采取什么措施?

答:在一般情况下,若农户贷款逾期未还,商业银行会采取电话催收、上门催收和提起诉讼的方式。

9.问:银行授信流程(特别是调查环节)一般需要多久?能否在农村地区完成,还是需要向上级进行备案?(农户贷款效率如何?)且有无紧急办理情况?

答:在一般情况下,农户贷款授信审批流程在1个星期内完成,如经办支行无相应的贷款审批权限,则需向上级行提请审批流程。我行个贷中心专业能力强,审批效率高,只要满足规定条件,皆能在1个星期内完成审批和贷款发放。如有特殊需要,可申请紧急办理。

附录B:农民消费者为对象的调查数据统计图

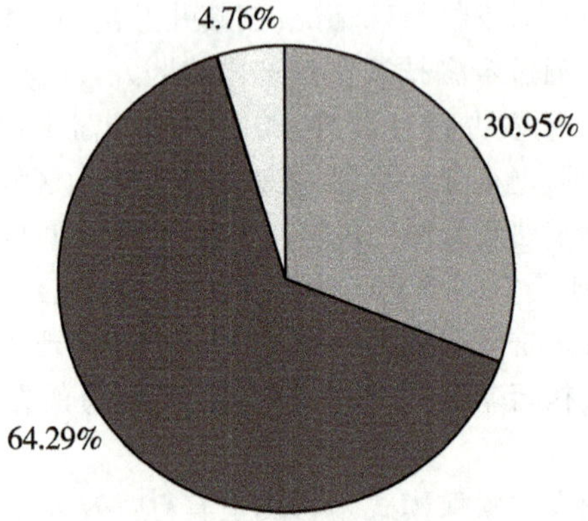

图1 农民消费者对居住地附近金融机构网点数量满意程度调查

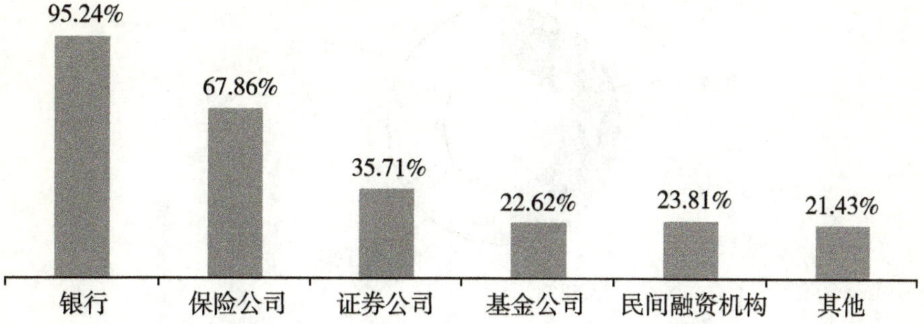

图2　农民消费者居住地附近金融机构网点类型

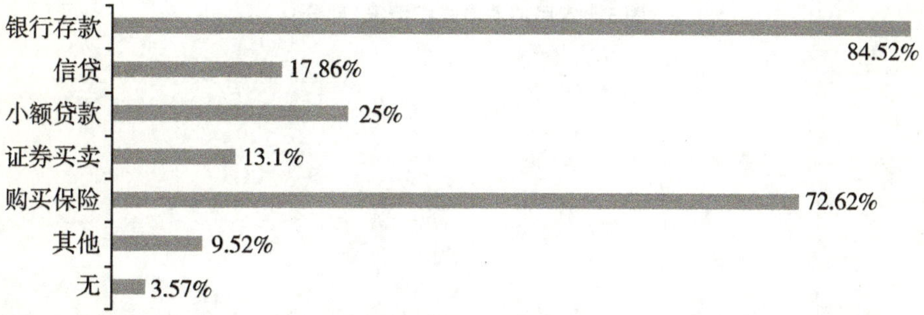

图3　农民消费者金融消费的产品类型及其所消费产品在样本群体中所占比例

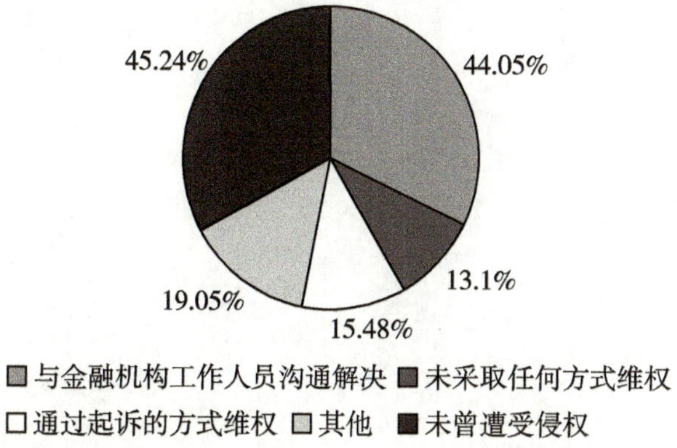

图4　农民消费者金融消费过程中侵权情况发生比例及维权方式占比

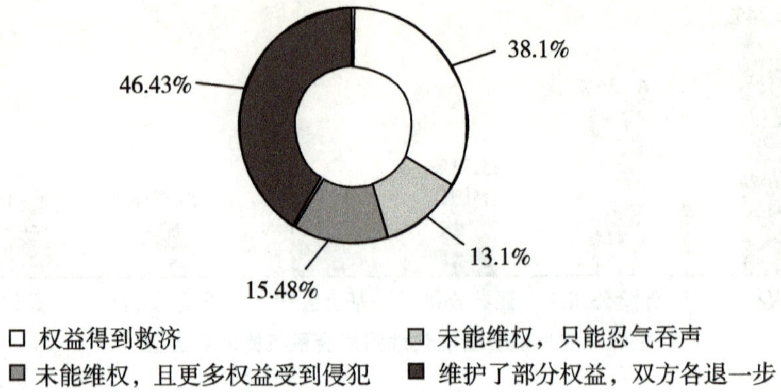

图5　农民消费者维权情况(部分)

征稿启事

互联网技术、信息通信技术的发展与不断突破,推动了“互联网 + 金融”的快速融合,促进了金融创新,提高了金融资源配置效率。与此同时,也存在一些问题和风险隐患。金融发展的历史表明,新技术的出现是促成金融创新的主要原因,特别是网络技术在金融业的应用,是促成21世纪金融创新的重大因素。为防范金融创新风险,进一步发挥我国金融创新在提高金融服务效率、满足多元化投融资需求、提升金融服务普惠性和覆盖面等方面的积极促进作用,中国政法大学以雄厚的法学学术优势为核心,集社会各界法学专家、学者和研究人员的研究力量,对金融创新的法学理论与金融创新中出现的法律问题进行深入系统研究,为促进我国金融创新的规范发展与完善我国金融创新的法律制度提供重要的理论借鉴。

《金融创新法律评论》(*Financial Innovation Law Review*)由中国政法大学互联网金融法律研究院、中国政法大学金融创新与互联网金融法制研究中心主办,研究院院长、研究中心主任李爱君教授担任主编,编辑部设在中国政法大学互联网金融法律研究院。

《金融创新法律评论》拟设“前沿热点观察”“金融法制”“金融监管”“海外动态”等栏目,一年4辑,由法律出版社出版。第1辑于2016年9月出版。

《金融创新法律评论》编辑部诚挚欢迎社会各界专家、学者、博士研究生等研究人员投稿,对选用的稿件支付稿酬,并对每年选用的文章进行评奖(一等奖2名,二等奖3名,三等奖5名)。

投稿电子邮箱:jrcxflpl@163.com
投稿地址:北京市海淀区西土城路25号新科研楼A521室
邮编:100088
电话:010-58908398

审稿期限:50天。如50天未收到修改意见或录稿通知,可自行处理。

附投稿要求:

1. 一般不超过1万字。编辑部有权对采用稿件做必要修改,如不同意请在来稿时声明。

2. 请随稿件附上姓名、邮寄地址、联系电话、电子邮箱、作者简历(包括最高学历、学位、工作单位、职位、研究方向、发表论文或著作等)。

3. 作者对投稿文责自负。

4. 注释体例:

(1)注释以必要为限,提倡引用正式出版物,出版时间应精确到年;根据被引资料性质,可在作者姓名后加"主编""编译""编著""编选"等字样。

(2)文中注释一律采用脚注,每页重新编号,注码样式为:①②③等。

(3)非直接引用原文时,注释前加"参见";非引用原始资料时,应注明"转引自"。

(4)数个注释引自于同一资料时,请补全脚注。

(5)相邻引文出自于同一资料时,注释体例为:同上,第67页以下。

(6)引用自己的作品时,请直接标明作者姓名,不要使用"拙文"等自谦词。

5. 具体注释体例:

(1)著作示例:

李爱君著:《互联网金融与法律实务》,机械工业出版社2015年版,第55页。

(2)期刊文献示例:

李爱君:《互联网金融的本质与监管》,载《中国政法大学学报》2016年第2期。

(3)报刊文献示例:

陈景善:《日本地震与市民社会》,载《法制周末》2011年3月20日,第7版。

(4)学位论文示例:

心园:《股权众筹与投资者保护》,中国政法大学经济法学系2016年硕士学位论文,第20页。

(5)论文集示例:

张婷:《中国危机保险公司风险化解及市场退出机制研究》,载陈景善编:《东亚金融机构风险处置法律评论》,法律出版社2015年版,第3页。

(6)网络资料示例:

苏力:《中国现代化进程中的法制问题》,载北大法律信息网文献库:http://chinalawinfo.com/fzdt/xwnr.asp? id=11223.,最后访问时间:2004年1月5日。

(7)译著示例:

[日]上村达男著:《公司法改革与公开股份公司构想》,陈景善译,法律出版社2015年版,第126页。

(8)外文论文示例:

Joseph C. Shenker and Anthony J. Colletta, "Asset Securitization: Evolution,

Current Issues and New Frontiers", *Exas Law Review*, *Vol.* 69, *May* 1991, pp. 1374 - 1375.

(9)外文著作示例：

Andrew Verstein and Filene Research Institute, *Peer-to-peer Lending*: *Update and Regulatory Considerations*, Filene Research Institute, Incorporated, 2008, pp. 1 - 2.

图书在版编目(CIP)数据

金融创新法律评论.2017年.第2辑:总第3辑/李爱君主编.--北京:法律出版社,2017
ISBN 978-7-5197-1663-9

Ⅰ.①金… Ⅱ.①李… Ⅲ.①金融法-文集 Ⅳ.①D912.280.4-53

中国版本图书馆CIP数据核字(2017)第282858号

金融创新法律评论(2017年第2辑·总第3辑)
JINRONG CHUANGXIN FALÜ PINGLUN
(2017 NIAN DI 2 JI·ZONG DI 3 JI)

李爱君 主编

策划编辑 沈小英
责任编辑 沈小英 刘晓萌
装帧设计 马 帅

出版 法律出版社
总发行 中国法律图书有限公司
经销 新华书店
印刷 北京京华虎彩印刷有限公司
责任校对 郭艳萍
责任印制 吕亚莉

编辑统筹 财经出版分社
开本 710毫米×1000毫米 1/16
印张 15.25
字数 285千
版本 2017年11月第1版
印次 2017年11月第1次印刷

法律出版社/北京市丰台区莲花池西里7号(100073)
网址/www.lawpress.com.cn
投稿邮箱/info@lawpress.com.cn
举报维权邮箱/jbwq@lawpress.com.cn
销售热线/010-63939792
咨询电话/010-63939796

中国法律图书有限公司/北京市丰台区莲花池西里7号(100073)
全国各地中法图分、子公司销售电话:
统一销售客服/400-660-6393
第一法律书店/010-63939781/9782 西安分公司/029-85330678 重庆分公司/023-67453036
上海分公司/021-62071639/1636 深圳分公司/0755-83072995

书号:ISBN 978-7-5197-1663-9 **定价**:48.00元
(如有缺页或倒装,中国法律图书有限公司负责退换)